KB107983

# 고려 태조 왕건의 동상

황제제도 · 고구려문화 전통의 형상화

노명호

서울대학교 국사학과 대학원 문학석사, 문학박사.
전남대학교, 중앙대학교 교수를 거쳐,
서울대학교 교수로 재직 중.
역사학회장 역임.
서울대학교 역사연구소장 재임 중.

저서 : 《고려국가와 집단의식: 자위공동체·삼국유민·삼한일통·해동천자의 천하》
공저 : 《시민을 위한 한국역사》
　　　《한국 고대·중세 고문서연구 (상)·(하)》
　　　《불국사 석가탑유물 중수문서》 등

## 고려 태조 왕건의 동상

초판 제1쇄 인쇄 2012. 2. 24
초판 제1쇄 발행 2012. 2. 29

**지은이**　노명호
**펴낸이**　김경희
**펴낸곳**　(주)지식산업사
　　　　　본사 경기도 파주시 교하읍 문발리 520-12
　　　　　　　전화 (031)955-4226　팩스 (031)955-4228
　　　　　서울사무소 서울시 종로구 통의동 35-18
　　　　　　　전화 (02)734-1978　팩스 (02)720-7900
　　　　　인터넷한글문패 지식산업사
　　　　　인터넷영문문패 www.jisik.co.kr
　　　　　전자우편 jsp@jisik.co.kr
　　　　　등록번호 1-363
　　　　　등록날짜 1969. 5. 8.

책값은 뒤표지에 있습니다.

이 책을 읽고 지은이에게 문의하고자 하는 이는
지식산업사 전자우편으로 연락바랍니다.

# 고려 태조 왕건의 동상

황제제도 · 고구려문화 전통의 형상화

노명호

지식산업사

책 머리에

고려 태조 왕건의 동상은 5백년 동안 고려왕국의 최고의 신성한 상징물로 경배되고, 왕조가 망한 뒤 1429년에 개성의 현릉 옆에 매장되었다. 그 태조 왕건의 동상이 1992년에 다시 모습을 세상에 드러내었을 때, 그를 제대로 알아 본 사람이 여러 해가 지나도록 없었다. 어째서일까? 그 이유의 하나는 우리가 가지고 있는 고려시대의 역사나 문화의 이미지와 너무 다른 면모를 왕건 동상이 보여주기 때문이다. 바꾸어 말하면, 왕건 동상이 한국사의 긴 흐름에서 잃어버리거나 잊혀진 중요한 연결고리를 간직하고 있기 때문이다.

이 책의 독자들 가운데 2006년 서울과 대구의 국립박물관에서 성황리에 전시된 왕건 동상의 실물을 직접 본 분들도 많을 것이다. 비록 동상의 하복부는 긴 천으로 가려 놓았지만, 노출된 부분에서도 일반적인 인체와 다른 독특한 모습의 신체부위들을 눈여겨 본 분이 있을 것이다.

왕건 동상은 태조 왕건의 신체 모습만을 입체사진처럼 그대로 옮겨 온 것이 아니다. 그 모습에 고려인들이 품었던 태조 왕건에 대한 이미지를 오버랩시켜 형상화한 것이다. 그 오버랩된 이미지를 분리시켜 보면, 우리에게 잊혀진 고려 초 문화의 코드들이 생생하게 드러난다. 그 잊혀진 문화의 코드들은 다행스럽게도 여러 곳에 흩어져 있는 기록이나 유물 등의 자료와 결합시키면 상당 부분이 해독된다. 이 점에서 왕건 동상은 눈으로 보는 것에 그치지 않고, 거기에 담긴 고려시대 문화의 코드를 읽어야 할, 역사의 살아 있는 자료가 된다.

우리 현대인들은 조선시대의 눈으로 걸러진 고려 500년의 역사와 문화를 바라보는 것에 너무 익숙해져 있다. 한국 역사학계는 오래 전부터 《고려사》나 《고려사절요》의 유교사관이 '선인先人의 자료를 통해 기술하고 자신의 설을 지어내지 않는다는 술이부작述而不作'의 원칙에 따랐다고 강조해 왔다. 그 점은 일면 타당성이 있다. 하지만 그 이면의 중대한 문제점을 제대로 직시하였는지 되돌아 볼 필요가 있다. 조선시대 성리학 단계의 유교사관은 그와 다른 것을 '이단異端'으로 몰아 철저히 배척하는 매우 경직된 이념성을 지녔다. 비록 자료에 바탕을 둔 역사서술의 원칙에는 매우 충실하였지만, 그 이념이 지향하는 노선에 맞추어 역사서술의 대상과 자료, 두 가지 모두에서 매우 편향적 취사선택이 이루어졌다.

고려시대 문화에 대한 조선시대 역사서술은 유교문화와 관련된 면은 크게 부각시켰다. 반면에 그것과 이질적인 불교문화나 한국고대에 뿌리를 둔 토속문화에 대해서는 혁파할 대상으로 일방적으로 비판하였다. 두 문화 요소와 관련된 사실들은 대부분 역사서술의 대상에서 제외하거나, 지극히 소홀하게 취급하였다.

불교문화에 대한 조선시대 역사서술의 문제점에 대해서는 근현대 역사학에서 일찍부터 보완하기 위한 노력이 기울여졌다. 그리고 연구성과도 어느 정도 축적되었다. 그 결과 국내외에서 간행된 한국사 개설의 고려시대 문화 서술을 보면, 유교문화와 불교문화에 대한 서술이 대부분을 차지한다.

한편 한국고대에 뿌리를 두고 내려 온 토속문화 요소들에 대한 조선시대 역사서술의 문제점은 역사학계에서 거의 주목되지 않았고, 그에 대한 연구성과의 축적도 거의 없다. 따라서 한국사 개설에서 이에 대한 서술은 대개 미미하며, 그나마 국가제도나 지배층의 문화와 멀리 떨어진 민간에나 의미를 갖는 것으로 소개된다.

왕건 동상이 보여주는 중요한 사실의 하나는 한국 고대에 뿌리를 둔 토속문화요소가 고려시대 최상층부의 핵심 정치 문화 속에도 자리 잡고 있었다는 것을 물증으로 드러내준다는 것이다. 왕건 동상만큼 생동하는 자료는 아니지만, 토속문화 요소가 사회 하층은 물론 상층부에서도 큰 작용을 한 것을 보여주는 자료들은 적지 않다. 왕건 동상은 한국 역사학계에 그러한 자료들에 대한 연구의 중요성을 제시하고 있다.

고려시대 유교정치문화와 관련하여서도 조선시대 성리학적 이념은 사대명분론에 배치되는 것은 역사서술에서 걸러내고 축소하였다. 왕건 동상이 착용하고 있는 통천관通天冠을 비롯한 황제의 복식에도 나타나는 고려시대의 황제제도가 그것이다. 황제제도와 관련된 일련의 사실들은 고려 국내의 정치는 물론, 외교 관계에서도 중요한 의미를 갖는 것이었다. 그런데 역시 이에 대한 우리 학계의 관심과 연구는 매우 부족하다.

고려시대의 역사와 문화를 바라보는 관점이 조선시대의 역사인식의 틀을 넘어서지 못하는 한, 그 시각에서 벗어나는 당시의 역사적 특성과 관련된 중요한 자료들을 우리가 직접 접해도, 그냥 무심히 지나치거나 일부 면만을 보게 될 것이다. 왕건 동상이 제시해주는 여러 가지 중요한 사실도 여러 각도에서 제대로 충분한 연구가 되기에는 아직 갈 길이 멀기만 하다. 이 책이 앞으로 그러한 연구에 밑거름이 되기를 바란다.

이 책은 역사에 관심이 있는 일반 독자도 고려하여, 가급적 쉽게 풀어쓰고, 참고 도판도 많이 넣으려 노력하였다. 고려태조 왕건 동상이라는 참으로 귀한 유물과 관련된 한국역사의 새로운 면을 보여주는 생생한 사실들을 일반 독자들과도 공유하고 싶다는 생각에서였다. 물론 그렇다고 해서 학술적으로 중요한 전문적이고 세부적인 자료와 사실들을 엄격히 다루는 데 소홀히 하지 않도록 주의를 기울였다.

이 책이 나오기에 앞서 왕건 동상에 대한 두 편의 논문을 발표한 바 있다. 2004년에 발표된 〈高麗太祖 王建 銅像의 流轉과 문화적 배경〉(《한국사론》 50)은 문헌자료를 중심으로 연구된 것이었고, 2006년에 발표된 〈고려 태조 왕건 동상의 황제 관복과 조형상징〉(《북녘의 문화유산》 국립중앙박물관)은 두 차례 왕건 동상의 실물을 정밀 조사한 일차 연구결과였다. 정밀 조사로 나만이 가지고 있는 미공개된 사진자료들이나 중요한 정보들을 학계에 공개할 필요도 있었고, 두 논문 이후에 이루어진 새로운 연구결과도 발표해야 했다. 이러한 내용과 함께 이 책에는 앞서 발표된 두 논문의 내용을 해체하여 재구성하였다.

고려 태조 왕건은 분열과 전란으로 점철된 고통스러운 시대를 끝내고, 앞장서 통일과 안정·발전의 새 시대를 연 인물이다. 그 왕건의 동상을 분단 시대 남북의 학자들이 함께 조사하고 의견을 나누며 교류하였기에, 이 책이 나올 수 있었다. 다만 이 책의 부족한 점들은 전적으로 나의 책임이다. 함께 하신 남북의 학자들, 그리고 교류를 가능하게 지원한 남북의 여러분들께 경의를 표한다.

지식산업사 김경희 사장께서는 이 책의 주제만 듣고도 출판을 흔쾌히 결정하여, 요즘같은 불황에도, 오로지 잘 만든 책이 되도록 정성껏 배려해주셨다. 도판과 본문을 아름답고 가독성 높게 한 면 한 면 엮어주신 지식산업사 편집부 여러분께도 감사를 드린다.

2011년 세밑을 앞두고, 서달산이 마주 보이는 서재에서

노 명 호

# 차례

**책 머리에**    4

## I    고려 태조 왕건 동상 탐사기

### 1. 기다림    12

매장기록을 접한 뒤 | 문헌연구 속의 기다림 | 동상의 근황도 듣지 못한 첫 북한 방문 |
소재만 확인한 두 번째 북한 방문

### 2. 북한 방문 세 번째에 이루어진 만남    20

예정에 없던 교섭 | 왕건 동상과의 첫 만남 | 북한학자들과 함께 한 현릉답사

### 3. 보고서에 없는 새로운 사실들    28

세 층의 현실 벽화 | 동상 출토의 알려지지 않은 일들 | 공사 중에 출토된 왕건 동상

### 4. 재 회    35

국립중앙박물관 전시를 앞둔 조사 | 왕건 동상 감상의 포인트

**왕건 동상 모습 보기 사진**

전신 정면 | 전신 정면 4시방향 | 상반신 좌측면 | 상반신 배면 2시방향 | 상반신 배면 |
전신 우측면 | 상반신 정면 7시방향 | 얼굴 정면 | 얼굴 정면 4시방향 | 얼굴 좌측면 | 뒷머리 |
얼굴 우측면 | 얼굴 정면 7시방향

## II    동상의 현재와 원래의 모습

### 1. 채색 청동상의 현재 상태    54

1) 왕건 동상의 자세와 의복    54
2) 소상塑像인가 주상鑄像인가    57
3) 왕건 동상의 채색과 도금    64

청동상인가? | 청동상의 채색과 안료 | 머리카락, 수염 등의 채색 | 석고 띠 | 금도금

4) 왕건 동상의 변형된 부분    76

다리의 각도 | 오른쪽 발가락 끝부분 손상 | 동상의 수리 흔적 | 엉치 바닥면의 손상 |
통천관 일월상의 손상 | 내관과 외관의 찌그러짐

2. 왕건 동상의 크기 실측    86


III  동상의 조형상징 태조황제의 신성한 권위

1. 황제의 관복    92
  1) 역사적 배경    92
  2) 황제의 관    93
    통천관 제도 | 통천관의 24량
  3) 옥대와 복식    100

2. 신성함의 조형적 표현    106
  1) 고구려계 신상의 착의형 나신상    106
    (i) 고려시대 토속제례의 조각상    106
      동북아 인접지역의 나체 조각상들 | 고려시대의 토속신상 | 민간의 부모제례용 초상들
    (ii) 태조 왕건과 혜종의 조각상에 내재된 고대 제례문화 전통    117
      동옥저의 조상 목각상 | 신라 탈해왕의 뼛가루 소상 | 원효의 뼛가루 소상 |
      고구려 동명왕과 유화의 조각상 | 고려시대의 동명왕상
  2) 전륜성왕의 신성함으로 묘사된 부분    129
    불교의 대인상 | 마음장상과 남근숭배 | 발과 다리 | 손과 상반신 |
    왕건 동상의 조형적 표현의 골자


IV  고려 조정의 왕건 동상 경배

1. 태조 왕건의 신망·카리스마·신화화    144
2. 광종의 봉은사 건립과 태조 왕건상의 제작    146

3. 성종대 종묘 건립 후의 변화    151

4. 현종대 천하다원론계 정책 부활 후의 봉은사    155
    최사위의 봉은사 중건 | 현종대 봉은사 태조진전의 중신 동기

5. 정종대의 제례법 제정    166
    연등회 봉은사 진전 어가 행차의 상례화 | 봉은사 진전의 공간 구성과 의례

6. 강도江都의 봉은사와 개경 환도    172
    강도 시절 | 환도와 연등회 어가행렬

7. 고려말 봉은사 태조진전의 명칭 변화    178
    두 계통의 명칭 | 누각 형태의 봉은사 태조진전 | '효사관' 명칭의 기원

# V  조선 건국 후 지워진 봉은사의 위치

조선시대 문헌의 언급회피 | 고유섭의 위치 추정 | 봉은사 위치에 대한 추가 증거    190

# VI  숭의전 제례의 성립과 왕건 동상의 매장

1. 조선 건국 후 매장되기까지    202
    임진강변 시골의 작은 암자로 | 유교 제례에 밀려 다시 충청도로 | 매장

2. 왕건 동상 매장의 동기    215
    전왕조 태조에 대한 예우의 문제 | 유교제례에 따른 초상물 부정 | 왕건 동상에 형상화된 문화의 부정

**맺는말**  고려 태조 왕건 동상의 역사적 의미    231

**부록**  고려시대 왕건 동상 및 관련제례 연표    239

**참고문헌**    255
**찾아보기**    259

# I

# 고려 태조
# 왕건동상 탐사기

1. 기다림

2. 북한 방문 세 번째에 이루어진 만남

3. 보고서에 없는 새로운 사실들

4. 재회

# 1. 기다림

## 매장기록을 접한 뒤

내가 왕건 조각상의 매장기록을 처음 본 것은 1983년 초여름 무렵 고려 왕실 인물들의 향리鄕里에 대한 연구에 착수하면서였다. 태조의 장남이자 제2대 군주인 혜종惠宗의 '어향御鄕'으로 되어 있는 전남 나주羅州 지역의 옛 문헌을 읽다가 관련 기록이 눈에 들어왔다.[1] 고려말에서 조선초에 이르는 나주의 읍사邑司 일지인《금성일기錦城日記》의 조선 세종 11년(1429) 2월 6일자에 태조의 조각상과 동시에 매장하기 위해 혜종의 소상塑像을 개성으로 운반해 떠났다는 기록이 있었다. 이 기록을 실마리로 하여 찾아 본《세종실록》에 따르면, 세종대에 태조 왕건의 조각상을 태조의 능인 개성開城의 현릉顯陵 어딘가에 묻어 둔 것이 확인되었다. 매장된 왕건상은 유실되지 않고 땅속에 보존되어 있을 가능성이 컸다. 어쩌면 언젠가 내 생전에 왕건상을 만날 수 있을지 모르겠다는 망상이 한 번 떠오른 뒤 마음 한 구석에 남아 지워지지 않았다.

'80년대의 상황에서는 남한 학자가 북한 개성을 답사한다는 것은 현실과는 아득히 먼 일이었다. 하물며 태조능역 어딘가에 묻어둔 태조상을 조사한다는 것은 너무도 비현실적인 꿈이었다. 그래도 나는《고려사》등을 넘기

---

[1] 고려시대에는 왕·공주 등 왕실 인물은 외조부·외조모 등의 출신지역을 고향에 준하는 특별연고지로 하여 '향리'라 하였다. '어향'이란 왕의 향리라는 의미이다.

다가 현릉이나 왕건 조각상 등에 대한 기록에 이르면, 나도 모르게 현릉 어디에 묻힌 왕건상에 대한 생각이 되살아나곤 하였다.

## 문헌연구 속의 기다림

그러다가 1997년 10월 3일자 《조선일보》에, 한국미술사 전공자인 일본 큐슈산업대학 기쿠다케 교수가 촬영한 해상도가 낮은, 동상의 조그만 사진과 간략한 사실이 보도되었다. 왕건릉을 확대 공사하는 과정에서 1993년에 동상이 출토되었다고 하였다.[2] 기사와 사진을 보는 순간 가슴 뛰는 큰 감회가 밀려왔다. 면밀한 확인과 검토가 남아 있지만, 문헌에

사진 1_ 1997년 10월 《조선일보》에 보도된 동상 사진

서 보던 왕조의 몰락 후 지하에 매장된 그 왕건상을 신문의 조그만 사진으로나마 정말 보고 있다는 사실이 참으로 놀라웠다.

신문기사 내용을 보니 그동안 북한쪽을 포함하여 보도에 관계된 학자들

---

2) 뒤에 북한학자가 확인해준 바로는 왕건 동상이 출토된 것은 1992년이다. 蔡藤忠, 1996, 《北朝鮮考古學の新發見》, 東京, p.155에도 〈사진 4〉와 같은 작은 사진과 함께 '청동불상'의 신발견 사실만을 반 페이지 정도로 수록한 것을 내가 본 것은 왕건 동상에 대한 연구를 본격적으로 착수하면서였다.

은 왕건 동상으로 추정하는 경우라도 왕건 동상에 대한 문헌기록을 모르고 있었다. 그들은 왕건 동상을 부장품으로 추정하고 있었고, 북한학자들은 금동불상으로까지 오해하고 있었다. 인터뷰한 기사에 따르면, 저승의 명부시왕冥府十王으로 추정하는 이도 있었다.

해상도 낮은 조그만 사진이었지만, 그 동안 산발적으로 접하던 문헌에서 보던 기록들에서 풀리지 않던 일부 문제들에 대한 해결의 단서를 보여주는 것이 있었다. 사진의 해상도가 조금만 더 높아도 문제는 더 풀릴 것으로 예상되었다. 문화재청 국립문화재연구소, 조선일보사, 국내 한국미술사 전공자들에게 문의하였지만, 신문에 보도된 이상의 사진은 구할 수 없었다. 실물의 조사만이 문제들을 전면적으로 푸는 길이었다. 언젠가 때가 오기를 기다릴 수밖에 없었다. 그래도 우선 보도된 작은 사진과 그 동안 읽었던 문헌자료들만으로 논문에 착수하기로 하였다. 본격적인 연구를 시작하고 나니 추가로 조사할 여러 문제들이 가지를 뻗으며 늘어났고, 다른 연구들이나 일들과 병행하여 틈틈이 진행된 연구는 생각보다 오래 걸렸다.

## 동상의 근황도 듣지 못한 첫 북한 방문

논문의 초고가 완성되어가던 2003년 8월 남북 역사학자 학술회의에 참여하게 되어 평양의 김일성대학을 방문하게 되었다. 학술회의 일정 후반에는 개성지역 역사유적 답사가 확정된 것은 아니지만 예정에 들어가 있었다. 드디어 왕건 동상을 직접 관찰할 날이 눈앞에 다가온 것이다. 그러나 그 예정은 무지개처럼 눈 앞에 있다 사라졌다. 평양에서 일정을 보내는 동안 개성지역 답사는 북한 측 사정으로 묘향산과 백두산 지역으로 바뀌고 말았다.

평양의 답사지역에 포함된 조선중앙역사박물관을 방문하였을 때, 박물관 직원에게 개성 현릉顯陵에서 출토된 동상에 대해 말하고, 혹시 그 동상이나 사진을 박물관에서 소장하거나 전시하고 있는지 물어보았다. 안내와 설명

**사진 2_** 평양 조선중앙역사박물관 정문 앞(2003년 8월)

을 담당한 여직원은 고려시대 유물들을 전시하는 곳에 그 유물이 전시되고 있다고 하였다. 개성에서 옮겨왔는가 보다 생각하며, 큰 기대를 가지고 안내하는 쪽으로 따라 갔다. 그러나 전시되고 있는 것은 다른 곳에서 출토된 불상이었다. 당시 북한의 관계자들은 고려 태조 왕건 동상의 엄청난 중요성을 모르고 있었다. 평양의 조선중앙역사박물관에서 그것을 다시 확인하였다. 제대로 된 사진이라도 구해 보려던 기대조차 허망하게 무너졌다.

어쩔 수 없이 연구는 문헌을 토대로 매듭지어, 2004년 서울대 국사학과 학술지 《한국사론》에 발표하였다.[3] 당시 이 논문의 내용은 2004년 10월에

---

3) 노명호, 2004, 〈고려태조 왕건 동상의 유전流轉과 문화적 배경〉, 《한국사론》 50.
　다음 해에 菊竹純一 교수도 왕건 동상에 대한 논문을 발표하였다.(2005, 〈高麗時代の裸形男子倚像〉 《デアルテ》 21).

《조선일보》 등의 뉴스 매체들에 보도되어 비교적 일반에도 널리 공개되었다. 해상도 낮은 두 컷의 신문사진과 문헌자료만으로도 왕건 동상이 고려시대 전 기간에 걸쳐 국가적으로 얼마나 중요시되고 신성시된 상징물인지 등이 잘 드러났다. 그러나 미심한 몇 가지 중요한 사항은 실물 조사를 통해 결론을 내릴 과제로 남길 수밖에 없었다.

## 소재만 확인한 두 번째 북한 방문

2005년 8월 하순에 같은 학과에 재직하고 있는 송기호 교수의 전화연락을 받았다. 현대아산에서 개성관광을 시작하며 먼저 시범관광을 시행하는 데 자리를 얻었으니 함께 가자는 것이었다. 답사일정에는 왕건 동상이 있는 것으로 알려진 개성의 고려역사박물관이 첫 방문지로 포함되어 있었다. 개성을 답사할 9월 7일이 다가오자 나도 모르게 가슴이 설레었다. 개성 답사에서 보고 싶었던 것이 많았지만, 단연 첫째는 왕건 동상이었다.

새벽에 집을 나서 현대아산에서 마련한 관광버스를 탔다. 파주 도라산 남북출입사무소에서 수속을 마친 뒤, 버스는 개성공단을 거쳐, 옛 고려의 수도 개경開京을 둘러 싼 성곽인 나성羅城의 남동쪽 옛 보정문 자리 근처를 통과하였다. 개성의 산천과 경치가 눈에 들어오자, 일제시대에 찍은 사진들의 장면이 머리에 떠 올랐다.

버스는 개성시내를 가로질러 북동부에 위치한 개성 고려역사박물관에 도착하였다. 고려역사박물관은 고려 말에 성균관成均館이 있던 곳으로 조선시대를 거쳐 내려온 건물들을 이용하여 만든 것이다. 그 가운데 왕건 동상이 전시되던 곳은 옛 성균관의 계성사啓聖祠 건물인 제3 전시관이었다.

북적대는 시범관광객의 행렬을 따라 제1전시관부터 유물들을 차례로 관람하고, 드디어 왕건 동상이 전시되던 제3전시관 적조사 철불 옆에 이르렀을 때, 그 왼쪽 자리가 텅 비어있는 것이 눈에 들어왔다. 전시되고 있었던 왕건

사진 3_ 개성 고려역사박물관, 고려 말의 성균관(2005. 9. 7)

동상이 자리에 없었던 것이다. 일본 학자들이 찍은 사진 속의 왕건 동상은 '청동불상'이라는 안내판과 함께 연화대蓮花臺 모양의 좌대를 만들어 그곳에 앉은 형상으로 전시되고 있었다.

설명을 하던 북측 여성 안내원이 잠시 쉬는 때를 기다려, 빈자리에 있었던 '청동불상'이라고 안내판을 붙여놓았던 유물이 어디로 갔는지 물었다. 그 안내원은 그곳에 어떤 유물이 전시되고 있었는지 전혀 몰랐다.

사진 4_ 개성 고려역사박물관에 '청동불상'으로 소개되어 전시된 왕건 동상

**사진 5_** 적조사 철불, 화살표 쪽이 왕건 동상이 전시되던 곳(2005. 9. 7)

안내와 설명 등을 맡은 북측 진행요원들은 시범관광을 위해 전부 평양에서 새로 파견된 인력이었다. 현지의 고려박물관 직원들은 관광객들과 격리된 업무장소에 있었다. 안내원은 근처에 있던 중간책임자로 보이는 검은 양복을 입은 남성 요원에게 도움을 청하였다. 그는 친절한 태도로 내 설명을 듣더니, 박물관 사무실로 사람을 보내 현지 직원에게 물어보게 하였다. 나는 관광객들의 행렬이 거의 모두 제4전시실로 지나가도록 제3전시관 밖에 서서 알아보러 간 사람이 좋은 소식을 가지고 오기를 기다렸다.

박물관 담당자를 찾는 데 시간이 걸렸는지 거의 십오륙 분가량이 지난 뒤 사무실로 간 사람과 남성 요원이 내게 다가왔다. 그가 전해준 말은 그 '청동불상'은 지금 박물관 수장고에 있다는 것, 그러나 일반인에게는 공개하지 않는다는 것이었다. 나는 고려시대 연구자인 내 신분을 밝히고, 다시 한 번 그 남성 요원에게 부탁해 보았다. 박물관에서 가지고 있는 '청동불상'의 사진이라도 보여 줄 수 없겠느냐고. 그는 친절하게도 다시 사람을 보냈다. 그리고 내게 다른 일행을 따라 관람을 하고 있으면 알려주겠다고 하였다. 그러나 잠시 뒤 내가 들은 회답은 사진이 준비된 것이 없다는 것이었다.

그렇게 두 번째 북한 방문은 왕건 동상을 바로 지척에 두고서 제대로 된 사진조차 보지 못하고 끝났다. 여러 날 전부터 기대가 적지 않았던 만큼 제3전시관에서 멀어지는 내 발걸음은 무거웠다. 다만 한 가지 소득은 왕건 동상이 아직도 개성의 박물관에 있다는 것을 확인한 것이다.

# 2. 북한 방문 세 번째에 이루어진 만남

**예정에 없던 교섭**

두 달 뒤인 2005년 11월 18일부터 21일까지 3박 4일 동안 다시 개성답사를 하게 되었다. 개성지역의 유네스코 세계문화유산 등록을 위한 남북공동 학술토론회 및 유적답사에 참여하게 된 것이다. 나는 학술토론회의 남한측 사회를 맡기로 되어 있었다.

새벽 4시 30분에 집을 나섰다. 오전 6시 30분경 서울을 출발한 버스에서 행사준비를 담당한 한국근현대사를 전공하는 정태헌 교수와 이 번 개성답사에 대해 이야기하였다. 나는 왕건 동상이 문헌자료를 볼 때 얼마나 중요한 유물인지를 이야기 하고, 일본학자에게는 공개된 바 있으나 아직 남한 학자들에게는 공개한 적이 없다는 것을 말하였다. 그리고 두 달 전인 9월에 개성을 방문했을 때 고려역사박물관에 소장되어 있다는 것을 확인하였으니, 이 번 답사에서 공동조사 대상 유물에 포함되도록 북측에 요청할 필요가 있다고 강조하였다. 정태헌 교수는 그런 중요한 유물이 있었느냐며, 노력해 보겠다고 하였다.

18일 학술토론회를 하고, 19일 오전 9시부터 고려역사박물관을 참관하도록 되어 있었다. 19일 아침식사 시간에 식당에서 만난 정태헌 교수는 잠을 제대로 자지 못한 듯 몹시 피곤해 보였다. 전날 저녁에 북측 담당자와 만나 답사일정에 대해 상의하고, 늦은 시간까지 왕건 동상의 공동조사를 교섭하다

보니, 제대로 잠을 못 잤다는 것이다. 왕건 동상 조사는 북측에 아무리 이야기해도 응낙해 주지 않아, 일본학자에게는 보여주면서 같은 민족인 남한학자에게는 감추느냐는 내용을 '강한 표현'으로 말하기에 이르러서야 응낙을 받았다고 하였다. 정 교수는 교섭을 끝내고 나오다 쓰러졌다고 한다. 술기운도 있었지만 얼마나 힘이 들었는지 짐작되었다. 정 교수는 일단 응낙은 받았는데, 정말 약속이 지켜질지는 모르겠다고 하였다.

개성 고려역사박물관에서 남북학자들이 왕건 동상을 공동조사할 수 있었던 데는 정태헌 교수의 공로가 컸다. 그리고 큰 결단으로 남북 역사학자들의 공동 학술조사의 내용을 충실하게 만든 북측 담당자들의 공로도 높이 평가해야 할 것이다. 왕건은 후삼국을 통일하였을 뿐아니라 많은 발해유민들을 받아들여 통합하고, 고려시대 한국사의 나아갈 방향을 제시한 특별한 의미를 갖는 인물이다. 한국사에서 국보급 가운데서도 국보라 할 특별히 중요하고 희귀한 유물인 왕건 동상을 남북학자들이 공동으로 조사했다는 것은 여러 가지 면에서 상징적인 중요한 의미를 갖는 일이었다.

## 왕건 동상과의 첫 만남

고려역사박물관에 전시된 유물들을 둘러보고 나니, 기다리던 왕건 동상을 북측에서 제3 전시실 적조사 철불 옆 공간으로 내왔다. 왕건 동상이 원래 전시되었던 곳이다. 남북의 학자들이 모두 왕건 동상을 에워싸고 모였다. 마침 북한학자 가운데 북한 사회과학출판사의 《고려무덤발굴보고》에 〈고려태조 왕건왕릉발굴보고서〉를 쓴 김인철 씨가 참가하고 있어, 나는 일동에게 그를 소개하고, 먼저 설명을 부탁하였다.

'90년대 이후 북한의 대부분의 발굴보고서가 그렇듯이 발표된 김인철 씨의 보고서 내용은 매우 소략하고 중요한 유물의 사진도 없다. 경제 사정 악화로 북한에서는 자세한 보고서를 발간하지 못하고 있기 때문에, 구두 설명에

사진 6_ 왕건 동상과 적조사 철불. (2005. 11. 19.)

**사진 7_** 개축전 현릉

서는 보고서에 없는 발굴 당시의 세부적인 사실에 대한 소개를 기대하였다. 그런데 그는 보고서 내용에 있는 범위 내에서 짧게 설명을 끝냈다. 나는 표현에 조심을 하며 몇 가지 질문을 했으나 그 이상의 내용은 들을 수 없었다. 묻고 싶은 의문들이 떠올랐지만 자칫 상대편의 곤란한 문제를 건드릴지 몰라, 분위기를 생각하여 덮어 두었다. 그런데 그럴 수밖에 없게 된 이유는 다음날 자연스러운 분위기 속에서 알게 되었다.

동상을 함께 조사하며 확인한 바, 북한 학자들은 1997~8년 이후 동상을 청동불상이 아닌 왕건상이라고 하였다. 그러나 내가 2004년도에 발표한 논문이나 왕건 동상에 대한 적지 않은 문헌자료들이 있는 것을 모르고 있었다. 김인철씨는 동상을 청동불상이 아닌 왕건상이라고 하였지만, 보고서에서 서술했듯이 여전히 왕건 동상이 현릉을 조성할 때 파묻은 부장품이고, 그 뒤 언젠가 다시 능의 봉분 북쪽에 내어다가 묻은 것으로 추정하고 있었다.[4]

합동답사팀 일행에게, 나는 2004년도의 논문에 정리한 여러 문헌자료들을 바탕으로 왕건 동상에 대해 비교적 자세히 설명하였다. 언제 어떤 경로로 만들어지고, 고려시대에 얼마나 중요한 국가적 상징물이었으며, 어떻게 숭배되고 있었는지, 고려왕조가 망한 뒤 어떤 과정을 거쳐 1429년에 현릉역에 묻히게 되었는지. 그리고 동상에서 주목해야 할 몇 가지 조형적 특징들을 문헌자료와 관련하여 설명하였다. 북한학자들은 뜻 밖이라는듯 표정이 달라지며 문헌자료를 바탕으로 한 나의 설명에 상당히 큰 관심을 보였다. 나는 당시 2004년도에 발표한 논문의 별쇄본 한 부를 가지고 갔는데, 설명을 끝낸 뒤 그것을 북한 학자들에게 건넸다.

설명이 끝난 뒤 왕건 동상을 실측 조사하고, 여러 각도에서 전체와 부분을 촬영하였다. 문헌자료들을 분석하며 의문이 생겼던 여러 가지 중요한 문제들이 실물을 조사하니 자연스럽게 풀렸다. 뿐만 아니라 문헌자료의 한계를 넘어서는 새로운 연구과제들이 발견되었다. 공동조사는 1시간 조금 넘게 진행되었다. 충분한 시간을 갖고 세밀히 조사하고 싶었으나, 같이 간 많은 학자들도 관찰해야 했고, 다음 일정이 잡혀 있었다. 될 수 있는 대로 많은 사진을 촬영하여 연구자료를 확보하는 것으로 방향을 잡았다.

## 북한학자들과 함께 한 현릉답사

다음 날인 20일 아침 첫 일정에 따른 출발 전에 북한학자들을 만났다. 북한학자들은 함께 모여 있다가 반갑게 인사하였다. 그들은 전날 밤 늦게까지

---

4) 《世界美術大全集》 동양편(1998, 東京, 小學館 발행) 제10권에는 왕건상의 정면 전신상 사진이 수록되어 있고(도판 118 王建肖像), 북한학자가(평양 조선역사박물관 송순탁, 조선민속박물관 천석근) 기고한 해설이 있다. 반 페이지 분량 해설에는 다섯 행에 걸쳐 왕건 동상에 대한 일부 문헌기록을 언급하고 있다. 이것을 보면, 북한학자들 가운데에도 왕건 동상에 대한 문헌 기록의 일부를 본 사람들은 있었다. 다만 본격적이고 체계적인 연구를 추구하여 발표한 학자가 없어, 북한학계에서 문헌기록에 대한 검토가 확산되지 못했던 것으로 보인다. 이 도록을 알려 준 오영찬 박사께 감사한다.

**사진 8_** 1992년에 확대 개축된 현릉 전경(2005. 9. 7)

내 논문 별쇄본을 돌려가며 읽었다고 했다. 북한학자들은 출토 초기에 불상이라고 여겼다가, 얼마 전부터 부장된 왕건 동상이라고 추정하고 있었는데, 그것이 부장품이 아닌 고려시대 전기간에 걸쳐 매우 중요한 국가적 제례의 중심적 상징물이고, 그 제작부터 매장에 이르는 과정을 기록을 통해 알 수 있다는 것에 상당히 고무된 것으로 보였다. 자연스럽게 내 논문에 인용된 문헌자료와 연관하여 여러 가지 의견교환이 이루어졌다. 그 이야기는 다음 답사지로 이동하면서도 계속 이어졌다.

태조 왕건을 안치한 현릉의 답사에서는 더 구체적인 사실들에 대해 논의가 이루어졌다. 현릉은 북한 김일성 주석의 특별지시에 따라, 1992년에 대대적으로 확장공사를 하고, 원래 있었던 석물들을 모두 새로 바꾸어 놓았다. 왕건 동상은 그 공사과정에서 출토된 것이다. 현릉을 조사하면서는 현릉과 관련된 새로운 사실에 대한 북한측의 설명을 들을 수 있었다.

**사진 9_** 현릉 현실 출입문. 확장공사를 하며 새로 만든 것이다. 봉분 서쪽에 위치. 사진 좌측은 원래 있었던 현릉 표지비를 옮겨 세운 것. (2005. 11. 20)

**사진 10_** 현릉 현실로 들어가는 지하 통로에 옮겨 세운 십이지신상이 새겨 진 병풍석. 원래는 봉분 주위를 둘러 싼 석물이다. (2005. 11. 20)

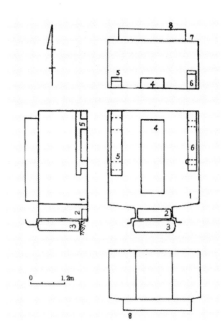

그림 1_ 현릉 현실 실측도.
① 현실. ② 무덤 안길. ③ 막음돌. ④ 관대. ⑤, ⑥ 부장품대. ⑦ 고임. ⑧ 천정. 안병찬, 〈왕건 왕릉에 대하여〉 수록.

이날의 조사는 일반에게는 공개하지 않는 현릉의 지하 매장공간인 현실까지 들어가 공동조사를 하였다. 밖에서 무덤 안으로 들어가는 문을 열면 통로 양옆 벽면에는 공사하기 전 현릉의 봉분 옆면에 둘려 있었던 원래의 병풍석이 옮겨져 배치되어 있었다. 병풍석은 화강암에 십이지신상十二支神像들이 부조되어 있다.(사진 10) 두 사람이 겨우 비껴지나갈 정도의 통로를 통과하여 현실玄室에 이르게 된다. 어둡고 공간이 좁아 가지고 간 사진 장비로는 사진 촬영이 잘 되지 않았다.

현실 안은 비좁아 몇 명씩 교대로 관찰하였다. 나는 북한학자와 함께 현실에 들어 갔다. 현실은 남쪽을 투명유리로 막아 보호하고 있었다. 유리면에는 외부와의 온도차와 지하의 습기로 물방울이 많이 맺혀 있었다. 귀중한 벽화 등을 보존하기 위해서는 습기를 조절할 장치가 필요하여, 남북협력 사업이 꼭 필요한 부분이었다.

# 3. 보고서에 없는 새로운 사실들

## 세 층의 현실 벽화

북한학자가 나에게 보라고 동쪽 벽화의 남쪽 아래 귀퉁이 부근을 가리켰다. 유리면에 바짝 붙어, 그곳을 자세히 들여다보니, 벽화를 그린 바탕 면이 깨어져 떨어져 나간 것이 희미한 불빛 속에 보였다. 두터운 유리에 김이 서린 상태에서 공간 확보도 되지 않아 가져간 장비로는 사진촬영을 할 수 없었다.

북한학자는 제일 위 바탕 면은 충렬왕대에 제작된 벽화라고 했다. 그런데 그 상층 면이 비스듬하게 떨어져 나간 아래로 두 층의 벽화 바탕 면과 채색한 흔적이 계단 모양으로 조금씩 노출되어 있었다. 충렬왕대에 만들어진 최상층 벽화면보다 앞서 만들어진 최소한 두 층의 벽화면이 더 존재하는 것을 알 수 있었다.

몽골과의 전쟁기에 최우 무신정권이 강화천도를 하면서 태조 시신도 함께 강화로 옮겨갔었다. 강화에서 개경으로 다시 환도한 뒤 태조 시신을 다시 현릉으로 안치하며 현실을 다시 단장할 때 만든 것이 최상층의 벽화이다.[5]

벽화가 형체를 알아 볼 정도로 남아 있는 것은 동벽과 서벽, 그리고 천정이다. 동벽에는 매화와 대나무 그리고 청룡靑龍을 그려 놓았다. 서벽의 그림은 소나무, 매화 그리고 백호白虎이다. 천정에는 천문도의 부분들이 남아 있다. 최상층 밑의 회벽 면에 그려졌던 그림들을 확인할 수는 없지만, 원래의 제도를 중시하여 아마도 처음 조성할 때의 그림 주제들은 뒤에 그린 벽화에도 그대로 살렸을 것으로 추정된다.

왕건릉 벽화에서 사신도四神圖를 매죽도나 청송도 밑에 그린 것이 고구려시기 고분벽화에서 다른 그림과 배합할 때 사신을 벽면의 아래 부분에 배치하는 전통을 계승한 것이라고 본 북한학자도 있다.[6] 사신도의 분포가 고구려 고분에만 한정되는 것은 아니지만, 고구려 후기 고분들에 사신도가 많은 것은 그 후 옛 고구려지역에 영향을 남길 가능성이 그만큼 높은 것으로 생각된다. 왕건릉이 위치한 고려 건국지역은 고구려유민의식과 함께 고구려에 뿌리를 둔 토속신앙 등이 내려오고 있었다. 뒤에서 검토하겠지만, 왕건 동상이 옷을 입히는 나체상 양식이라는 독특한 양식인 것은 고구려적인 토속신상, 특히 동명왕상東明王像의 양식에 연결된다.

## 동상 출토의 알려지지 않은 일들

현릉의 확장 개축공사에서 다행히도 현실玄室은 원래의 것을 그대로 보존하였다. 남북 약3.5m, 동서 약3.3m, 높이 약1.7m인 현실 안은 중앙에 폭 약 0.8m, 길이 약2.8m인 관을 안치하는 관대와 동서벽에 붙여 양쪽에 설치된 36cm 정도의 좁은 부장품대만으로도 여유 공간이 별로 없었다. 삼국시대의 왕릉들은 거대한 것이 많지만, 고려시대에는 물질이나 육신을 넘어서 마음의 수양을 추구하는 불교의 박장薄葬 풍속 영향을 받아 왕릉도 규모가 거대하지

---

5) 현릉의 태조 시신이 몇 차례(1018년, 1217년, 1232년) 피난을 한 바 있어, 강화로 최장기의 피난을 한 뒤 충렬왕 2년(1276)에 현 위치에 있게 된 것을 들어, 지금의 현릉 자리가 처음 태조가 묻혔던 바로 그 자리인지는 알 수 없다는 견해도 있다.(박종진, 2002, 〈4. 왕릉과 무덤〉, 《고려의 황도 개경》, 한국역사연구회, 창작과 비평사, p.81) 이것은 현릉이 피난에서 돌아 온 현종대나 충렬왕대 등에 위치를 옮겨 만들어진 것일지도 모른다는 견해이다. 그런데 현릉 벽화면에서 회칠을 하고 그림을 그린 면이 적어도 세 층이 확인되는 것은 피난 후 다시 시신을 안치할 때 다시 회칠을 한 것이 적어도 두 번이라는 것을 의미한다. 그리고 다시 안치할 때 벽면의 손상이 없다면 다시 회칠을 안 하고 다른 보수만 한 후 안치할 수도 있음을 고려하면, 3층으로 나타나는 현릉 벽화면은 피난 뒤 안치할 때 원래의 현릉에 안치했던 것을 보여주는 중요한 증거이다. 태조릉의 위치를 옮겨 이장을 한 사실이 있다면, 국가적 일급의 중대사이므로 역사서 등에 충렬왕대의 기록이 누락된 것을 생각하기 어렵지만, 벽화는 그것에 대한 분명한 사실을 보여준다.

6) 안병찬, 〈왕건왕릉에 대하여〉《사회과학원학보》1994년 1월호, (평양), p.11.

않다. 현릉 또한 원래 만들어질 때 봉분이나 현실의 규모가 작고, 부장품도 적게 검소하게 만들어졌다. 작은 규모로 검소함을 추구한 원래의 현릉은 그 자체가 앞 시대와 달라진 시대정신과 문화의 일면을 전해주는 것이었다.

전면적으로 규모를 키워 새로 만든 현릉의 외부에서 조사할 것은 왕건 동상의 출토지점이었다. 보고서에는 원래의 봉분의 북쪽에서 수평으로 5m 떨어졌다고 하였으나, 현재의 봉분은 확장된 것이어서 위치를 가늠하기가 어려웠다. 북한학자가 안내해준 지점은 현재의 능역 남북 중심축에서 약간 서쪽으로 치우쳐서, 봉분 끝과 북쪽 축대 사이 중간이었다. 현재의 지표면은 거의 원래의 높이 그대로인데 지하 2m에 매장공이 있었고, 위에는 석판이 덮여 있었다고 했다. 매장공의 자세한 위치는 보고서에 없었던 것이다. 왕건 동상이 출토된 시점은 1997년 남한 신문의 보도나 일부 북한의 보고서에서 1993년이라 하였으나, 1992년 10월이 정확한 출토 시점이라는 것도 듣게 되었다. 그리고 더 중요한 것은 왕건 동상의 출토당시의 과정에 대한 새로운 사실이다.

## 공사 중에 출토된 왕건 동상

지금부터 기술하는 내용은 왕건 동상의 현재 상태와 알려지지 않은 출토과정 때문에 제기되는 진품으로서의 신빙성에 대한 의혹을 불식시키는 데 꼭 필요한 것이다. 그 동안 나는 학술회의나 사석에서 왕건 동상이 북한에서 만든 위조품이 아니냐는 의혹을 제기하는 일부 학자들을 종종 만나 왔다. 중요한 사항을 이제야 공개하는 주된 까닭은 2006년에 두 번째 논문을 쓸 때만 해도, 구술증언을 검증할 추가 증거를 확보하기 위한 연구에 더 많은 시간이 필요했기 때문이다.

왕건 동상이 고려시대에 만들어져 조선초에 매장된 것이라는 것은 당시의 여러 문헌 기록을 통해서 확인되는 것이다. 하지만 동상의 공개되지 않은 출토과정과 〈사진 6〉에서도 잘 보이듯이 왕건 동상의 하반신과 넓적다리 표면

사진 11_ 현릉 북쪽 왕건 동상 출토 지표 위치: 화살표 표시지점. (2005. 11. 20)

의 산화되지 않은 붉은 빛 구리 광택 등, 현재의 상태에는 해명되지 않으면 의혹을 불러일으킬 것들이 있다. 그 점에서 북한 학자측이 알려 준 왕건 동상 출토과정에 대한 사실은 그것에 대한 언급이 없는 보고서를 보완해주고, 납득하기 어려웠던 문제들을 해명해 줌으로써 불신을 불식시켜 주는 중요한 것이다.

북한 학자의 설명에 따르면, 왕건 동상의 출토는 발굴에 의한 것이 아니었다고 한다. 공사과정에서 동상이 포크레인 삽에 걸려 나온 것이다. 지표면에서 굴착작업을 해나가는데, 지하 2m 정도에서 석판이 나왔다. 그 석판은 동상을 매장한 지하공간의 덮개이었다. 그렇지만 당시 현장에는 학자가 없었고, 포크레인 기사는 별생각 없이 그것을 파냈다고 한다. 석판이 제거되고 나서도, 학자들에게 연락하거나 하는 조치 없이 계속 파내려 가다보니 무언가

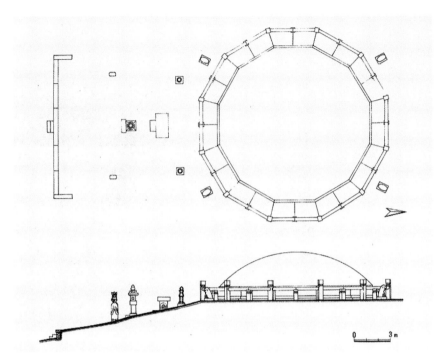

그림 2 _ 현릉 개조전 실측도

가 포크레인 삽에 걸려 나왔는데, 그것이 동상이었다. 중장비의 힘이 가해져 끌려 나오는 과정에서 동상은 오른쪽 다리가 부러져 떨어지고, 여러 곳이 찌그러지는 등의 손상을 입었다.

평양의 사회과학원 쪽에 그 사실이 보고된 것은 동상이 출토되고 나서 여러 날이 지난 뒤여서, 개성에 조사를 나온 것은 출토로부터 13일 정도가 경과된 때였다. 그 때문에 왕건릉 개축 및 수습발굴에 대한 첫 보고서를 쓴 안병찬 씨도 초기 출토 상태를 관찰하지 못했다고 한다.[7]

왕건 동상은 출토되었을 때, 흙이 많이 묻어 있고, 표면에 비단조각들과 금도금을 한 청동 박편들도 붙어 있었다고 한다. 뒤에서 검토하겠지만, 비단

7) 안병찬, 〈왕건릉에 대하여〉《사회과학원학보》 1994년 1호.(평양)

조각들은 왕건 동상에게 입혔던 옷의 천이고, 금도금 박편들은 동상이 쓰고 있는 통천관通天冠에서 떨어져 나온 것들이다.

연락을 받고 평양에서 조사팀이 개성에 도착해 보니, 동상의 표면을 깨끗하게 닦아 놓은 상태였다고 한다. 비록 제대로 된 발굴에 의한 것은 아니라도 출토 당시의 상태대로 손대지 않고 보존하였으면, 얻을 수 있었던 매우 중요한 정보들이 적지 않게 없어진 것이다. 이미 매장 장소는 포크레인에 의해 착란된 상태였지만, 수습발굴을 하여 함께 묻혀 있었던 유물들을 더 찾아낸 것은 다행이다. 그리고 뒤에서 보듯이 동상의 표면을 밝은 조명 아래서 확대 관찰하면, 도금이나 안료의 미세한 흔적들은 아직도 일부 부위에 남아 있으니, 불행 중 다행이다. 제대로 발굴이 되었다면, 중요한 정보인 동상의 매장 상태나 동상과 함께 매장된 것으로 기록되어 있는 다른 유물들의 흔적도 조사될 수 있었을 터인데, 아쉽기 그지없다.

최근 내가 진행한 사진 정밀분석 연구 결과에서는(자세한 것은 후술함) 왕건 동상의 표면의 손상만이 아니라 다음 장에서 보듯이 수리를 한 다리와 몸통 등이 약간씩 찌그러지거나 뒤틀린 상태가 잘 드러난다. 또한 왕건 동상이 쓰고 있는 통천관의 내관은 일월日月을 형상화한 원판 두 개가 깨져 완전히 손실되었으며, 내관內冠과 외관外冠은 같은 방향으로 약간씩 찌그러져 있다. 전체적인 찌그러짐이나 깨어져 손상된 상태는 흙속에서 동상의 한 쪽 방향이 강한 힘을 받아 밀리는 동시에 동상의 반대쪽은 진행방향의 흙을 밀쳐내며 그 반작용 힘을 크게 받은 상태와 부합한다. 포크레인 삽에 끌려나온 출토과정에 대한 북한학자의 증언과 동상의 손상된 상태라는 물증이 합치된다.

포크레인의 삽이 왕건 동상을 비켜난 위치를 찍어 끌어내었기에 망정이지, 그렇지 않았다면 어찌되었을까? 일부 손상은 참으로 안타까운 일이지만 그래도 천만 다행인 것은 왕건 동상의 나머지 부분은 거의 원형을 유지하고 있다는 것이다. 비록 원상에서 약간 찌그러진 변형 부분이 있기는 하지만, 북한에서 무리하게 펴서  복원하지 않은 것은 잘한 조처로 보인다. 참으로 큰 의미를 갖는 대단히 귀중한 유물인 만큼, 일차적으로는 보전에 만전을 다 해야 한다. 그리고 정밀한 복제품을 몇 개 제작하여 남북의 공동 역사교육에도 활용하고, 먼 후대의 후세를 위해 왕건 동상의 형상을 전해주는 보완책으로 삼는 것도 필요하다.

# 4. 재 회

**국립중앙박물관 전시를 앞둔 조사**

2005년의 조사로 첫 물고가 열리자, 왕건 동상과의 재회는 뜻하지 않게 빨리 찾아와 6개월 뒤 2006년 5월 16일에 이루어졌다. 국립중앙박물관에서 '평양에서 온 국보들: 북녘의 문화유산'이라는 이름으로 6월 13일부터 두 달 동안 기획전시되는 북한 소장의 문화유물 속에 왕건 동상이 포함되어 있었다. 나는 그 특별전시회의 도록에 들어갈 왕건 동상을 설명하는 기획논문을 쓰도록 요청받고, 전시회에 앞서 왕건 동상을 조사하게 되었다.

앞서 개성에서는 많은 인원의 남북한 학자들이 함께 몰려, 시간을 갖고 세밀하게 조사하기는 어려웠다. 두 번째 조사에서는 2005년 조사에서 관찰할 수 없었던 동상의 부분과 그 때보다 더 정밀한 관찰이 필요한 사항들을 추가로 조사하고, 확대접사 등 정밀촬영을 하였다. 박물관 측의 협조를 받아 동상의 각 부위의 크기도 정확도를 높여 다시 측정하였다. 동상의 표면에 남은 안료나 금도금 부분에 대해서도 미세한 흔적들을 조사하였다. 의외로 어떤 부분에서는 밝은 조명을 이용하여 세밀히 확대 관찰하면, 안료나 금도금의 흔적, 채색한 색조의 흔적이 비교적 잘 남아 있는 것이 발견되었다.

왕건 동상이 착용하고 있는 관冠이나 신체의 조형적 표현도 세밀히 조사하고, 그것으로 나타내고자 한 바가 그 시대의 제도 및 관념 등과 연관되는 면을 분석하였다. 그렇게 두 차례의 실물 조사를 바탕으로 당시까지 매듭지

**사진 12** _ 전시회의 왕건 동상

어진 일차적 연구성과는 〈고려 태조 왕건 동상의 황제관복과 조형상징〉(《북녘의 문화유산》 2006. 6, 국립중앙박물관)으로 발표되었다.

왕건 동상에 대한 우리 사회의 관심은 매우 높았다. 논문의 요지는 여러 일간지들과 MBC TV 등 뉴스 매체들이 보도하였다. 전시된 많은 국보급 유물 가운데 왕건 동상은 단연 가장 주목받는 대상이었다. 전시회 포스터는 물론 도록의 표지는 왕건 동상의 사진 하나로 가득 채워졌다. 그 무렵 TV 사극으로 〈왕건〉이 인기리에 방영된 바 있어, 박물관 주최측은 전시회 개막식에 그 주연 배우를 초청하여 소개하기도 하였다.

전시회 개막식 날, 나는 국립중앙박물관 특별전시실에 높직하게 설치된 전시대에 좌정한 왕건 동상을 또다시 만났다.(사진 12) 왕건 동상은 어두운 공간에서 부분 조명을 받으며 위엄어린 모습이었다. 비취색 빛 천이 하복부와 넓적다리 부분을 덮고 양쪽으로 바닥까지 길게 드리워져 있었다. 천으로 일부를 가린 것은 박물관 관계자의 말이 북한측과 합의한 전시 방식이라고 하였다.

## 왕건 동상 감상의 포인트

왕건은 사극이나 역사소설 등을 통해서도 대중들에게까지 널리 알려진 인물이지만, 그의 업적이나 역사적 의미에 대해서는 충분히 알려져 있지 않다. 왕건은 무정부상태의 혼란과 비참한 전란이 한반도 전역을 휩쓸며 계속되던 분열과 폭력의 시대를 끝내고 후삼국의 통일을 이루었다. 그리고 발해 세자 대광현大光顯과 많은 발해유민들을 받아들여 통합하였다. 즉위 초의 첫 조서詔書부터 나타나는 그의 정책들은 한 시대의 역사적 큰 흐름의 발전 방향을 제시하였다. 또한 그는 정복과 팽창을 멈추지 않는 대륙의 신흥 초강대 세력인 거란契丹의 고도의 책략을 간파하고 분쇄하며, 만주 동남부의 여진 부족들과 발해유민들을 규합하여 고려가 맹주가 된 대거란對契丹 동맹의 초석을 놓은 보기 드문 시대적 큰 영웅이다. 그의 치세가 계속되는 동안 그의 리더쉽은 절대적인 권위를 갖게 되었고, 국제정세를 보는 그의 안목과 정책은 사대事大이념에 젖은 후대의 사가들이 오랜 동안 그 실상을 이해하지 못할 정도로 스케일이 웅대하였다.

그를 접했던 고려인들이 왕건 동상에 표현한 것은 왕건 육신의 사실적 소묘만이 아니었다. 그에 더해 그 시대에서 최고의 신성함을 나타내는 상징적 형상이 가미되어 있는 것이다.(이 책 Ⅲ장에서 자세히 다룸) 그러한 부분은 일반적 인체상으로만 생각하면 부자연스럽게 보일 것이니, 그 시대 조각의 언어를 이해하며 보아야, 그 의미가 드러난다.

또한 왕건 동상은 나체상으로 만들어졌지만, 원래 옷과 옥대玉帶, 가죽신 등을 착용하는 것을 전제로 만들어진 것이어서, 나체상 그대로 보게 되어 있는 서양의 조각과 근본적으로 다르다. 더구나 동상이라고는 하지만, 원래 동상의 금속표면 자체로 보게 되어 있는 조각도 아니다. 그 표면에 금도금도 하고, 피부색의 안료를 두텁게 입히고 수염이나 입술 등에 색칠을 하기도 하였다. 그런데 지금은 그런 안료 등이 일부 표면에만 미세한 흔적을 남기고 금속표면이 그대로 드러나 있어 원래 보여주던 모습과는 많이 다르다는 것을 감안하며 보아야 한다.

왕건 동상을 감상하며 한 가지 더 알아두어야 할 것은, 대중들이 쉽게 바라볼 수 있는 광장에 전시된 조각상이 아니라, 웅장한 전각에 안치되어 극소수 최고위 인물들만이 우러러 보는 지극히 존엄한 대상으로 만들어졌다는 점이다. 그를 태조로 받드는 국가적 의식을 거행하는 고려 군주나 고위 대신들만이 공식적으로 가까이서 접하는 조각상이었다. 일반 백성은 그 조각상이 모셔진 전각만을 멀리서 볼 수 있었다.

안료가 다 벗겨지고, 옷이나 가죽신도 착용하지 않은 왕건 동상을 보는 것은 왕건상의 내부 골조 구조를 보는 것과도 유사한 것이다. 그런 상태로 박물관의 전시대에 앉은 모습으로 우리가 접하였지만, 원래는 웅장한 제왕의 전각, 옥좌에 앉아 있어 고려시대 최고위 인물들도 그 앞에서 함부로 고개를 들기 어려운 존엄한 대상이었다는 것을 기억하며 감상해야 한다.

전신 정면

전신 정면 4시방향

상반신 좌측면

상반신 배면 2시방향

상반신 배면

전신 우측면

상반신 정면 7시방향

얼굴 정면

얼굴 정면 4시방향

얼굴 좌측면

뒷머리

얼굴 우측면

얼굴 정면 7시방향

# 동상의
# 현재와 원래 모습

1. 채색 청동상의 현재 상태

2. 왕건 동상의 크기 실측

# 1. 채색 청동상의 현재 상태

## 1) 왕건 동상의 자세와 의복

태조 왕건의 동상은 고려시대 500년 동안 왕실과 국가의 최고의 신성한 상징물이었다. 그런데 나체 형상으로 남성의 성기까지 표현된 왕건 조각상의 형태는 유교나 불교의 조각상과도 계통을 달리하는 전통적 문화에 뿌리를 둔 것이며, 이에 대해서는 다음 장에서 살펴볼 것이다. 여기서는 실물의 조사에서 밝혀진 현재의 모습과 기록에 나타나는 제작된 이후 고려시대의 원래의 모습을 함께 검토하기로 하겠다.

태조 왕건의 조각상은 원래는 수도 개경開京의 봉은사奉恩寺에 마련된 진전眞殿에 모셔져 있었다. 태조 왕건의 원찰願刹이기도 한 봉은사는 고려 '황제'의 궁궐과 최고의 권력 기관이 위치한 '황성皇城' 남쪽 가까운 곳에 위치하였다. 그 태조 왕건의 조각상이 조선朝鮮을 건국한 이성계에 의해 지방의 작은 고을 마전현麻田縣의 초라한 암자로 옮겨지고, 세종의 정책에 따라 왕건의 능인 현릉에 매장되는 과정은 VI장에서 자세히 살펴볼 것이다.

이제 봉은사에 있었던 왕건의 조각상이 발견된 현재의 실물 조각상과 일치하는 것을 보여주는 고려시대의 기록을 보면, 우선 다음과 같은 것이 있다.

헌종獻宗 원년 6월 계사, 봉은사 진전의 어탑御榻이 스스로 움직였다.[1]

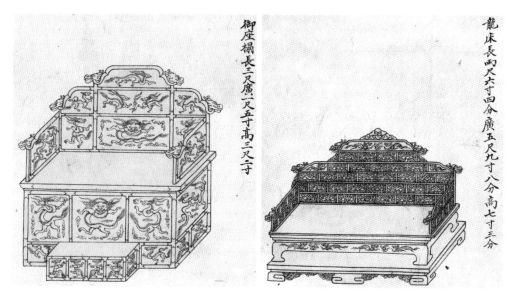

그림 1_ 어탑(좌)과 용상(우). 《高宗御眞圖寫都監儀軌》(1902). 위 의궤의 어탑은 폭이 약 91cm의 넓은 의자이다. 이에 비하여 용상은 폭과 깊이가 각각 약 2배 정도의 평상형 어좌이다.

　　위의 기사는 봉은사 태조진전에 안치되어 있었던 태조의 초상물이 왕건릉에서 발견된 왕건 동상과 부합되는 것을 보여준다. 출토된 왕건 동상은 의자에 앉은 형태의 자세이다. 위 헌종 원년의 기사는 봉은사 왕건의 조각상이 '어탑御榻'이라는 의자에 앉아 있었던 것을 기록하고 있다. 탑榻은 폭이 넓은 의자를 의미하는데, 태조 왕건의 조각상을 안치한 때문에 접두사 '어御'를 붙인 것이다. 고려시대 어탑의 실물을 볼 수 없지만, 〈그림 1〉 조선 고종시대 《의궤》에서 그 그림과 제도를 볼 수 있다. 어탑은 어좌의 한 종류로 폭이 넓은 의자였다.

　　신종神宗 6년에는 최충헌이 봉은사의 태조진전에 제사하고 겉옷과 내의를 바쳤다는 다음과 같은 기록이 있다.

---

1) 《고려사》 지 8 오행 2 木.

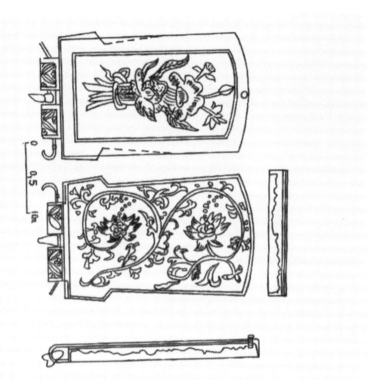

그림 2_ 왕건 동상과 함께 반출된 금동허리띠고리. 위부터 뒤, 앞, 옆면(김인철, 2002, p21)

(신종 6년) 9월 갑오, 최충헌崔忠獻이 봉은사에 가서 태조진전에 제사하고 겉옷과 내의를[의친衣襯] 바쳤다. [2]

이 기사는 출토된 왕건 동상이 겉옷은 물론 내의도 입지 않은 형상으로 만들어 별도로 착의를 해야 하는 완전한 나신상이라는 사실과 일치한다.(이에 대해서는 III장 2절 1)소절에서 자세히 검토함.) 출토 당시 왕건 동상에는 표면에 비단조각들이 붙어 있었고, 옥띠장식 등이 함께 출토되었다. 이는 매장될 당시 왕건 동상이 옷을 입고 옥띠를 두른 상태였던 것을 확인시켜 준다.

---

2) 위의 책, 세가 21 神宗 6년 9월 갑오.

## 2) 소상塑像인가 주상鑄像인가

봉은사 왕건 조각상에 대한 기록에는 흙으로 빚은 '소상', 금속으로 주조한 '주상', 두 가지가 나타난다. 다음에 보는 바처럼 고려 당시의 기록에서는 봉은사 태조진전에서 주된 왕건의 상징물이 '소상'이라고 되어 있다.

> 이해에(원종 11년) 니판동泥板洞에 집을 지어서 임시로 세조世祖와 태조太祖의 재궁梓宮 및 봉은사 태조소상太祖塑像과 (종묘의) 구묘목주九廟木主를 안치하였다.[3]

위는 강화로 천도할 때 옮겨 갔던 왕건의 소상 등이 다시 개경으로 환도한 때에 임시 봉안처를 마련한 것에 대한 기록이다. 여기서 봉은사 '태조소상'은 종묘의 아홉 목주들과 함께 조상제례의 가장 중요한 상징물이라는 사실이 나타난다. 유교적 종묘 제례보다도 봉은사 태조진전의 제례가 갖는 중요성을 고려한다면, 이 '태조소상'은 당시 고려의 조상제례에서 가장 신성시되는 대상이었다. 앞에서 보았듯이, 이성계가 조선을 건국하자마자 고려 선대의 제사를 마전麻田으로 옮기는 과정에서 '고려 태조의 주상鑄像'이 특별히 나타나는 것도, 바로 이러한 왕건 조각상이 고려왕실의 최고 상징물의 위치에 있었던 때문이다.

매년 초의 국가적 제전인 연등회의 의례는 첫날에 봉은사 태조 진전에 대한 제사가 거행되었다. 태조 왕건의 기일인 6월(윤달인 경우는 5월)에도 봉은사 진전에서 제사가 올려졌으며, 특별한 사유가 없는 한 국왕이 몸소 제사하였다. 또한 나라에 중대한 일이 있을 경우 봉은사의 태조진전에서 점을 치기도 하였다. 봉은사의 태조진전은 국가적 제전의 중심에 있었고, 그 진전의 중

---

3) 위의 책, 세가 26 元宗 11년.

심 상징물이 바로 왕건의 조각상이었다.

그런 까닭에 몽고 침입에 대항하기 위해 강화로 천도할 때도, '태조소상'이 종묘의 신주들과 함께 피난을 갔다가 환도와 함께 돌아 온 것이다. 전시 수도인 강화에서도 참정參政 차척車偁의 집을 봉은사로 만들어 연등회를 거행하였으니, 여기서도 태조의 조각상을 안치한 진전이 연등회의 중요한 제소祭所가 되었다.[4]

태조의 초상물로는 고려시대에도 여러 점의 영정의 존재가 나타나지만, 가장 중요한 초상물은 봉은사 진전에 봉안된 조각상이었고, 그것이 태조의 조각상으로 나타나는 유일한 것이었다. 고려시대 태조의 조각상에 대한 기록으로는 다음과 같은 것도 나타난다.

(충렬왕 16년 11월) 경술, 태조塑像을 받들어 모시고 강화로 옮겼다.[5]

위에서 '삭상塑像'은 '소상塑像'의 오기이다. 1290년에 태조의 소상을 강화로 옮기게 된 동기는 합단哈丹의 침공에 대비한 것이었다. 대몽전쟁 때 강화로 천도하며, 봉은사 진전 '태조의 소상'을 피난시켰듯이, 개경이 함락될 경우에 대비하여 '태조의 소상'을 가깝고 안전한 강화로 피난시키고 있는 것이다. 전례를 보아도 전화를 예방하려 우선적으로 피난시키고 있는 이 '태조 소상'이 봉은사 진전의 것과 별개의 소상일 리는 없다.

이상의 고려시대 네 기록에서 보면, 왕건의 조각상은 모두 봉은사의 진전에 봉안된 것만이 나타난다. 그리고 그 가운데 원종 11년과 충렬왕 16년의 것은 모두 그 조각상이 '소상'이라고 하였다. 소상이란 흙으로 빚어 만든 상

---

**4)** 강화도 봉은사의 '太祖眞'과 관련된 자료는 개경 환도를 앞두고 삼별초가 반기를 들 때 邦悅이 봉은사 태조진 앞에 나아가 점을 치고, 삼별초를 따라 간 것이 보인다. (위의 책, 열전 43 裵仲孫傳)

**5)** 위의 책, 세가 30 충렬왕 16년.

을 의미한다. 그렇다면 이성계가 역성혁명을 하자마자 바로 마전현으로 옮긴 고려 태조의 조각상을 '주상鑄像'이라고 한 것은 어떻게 이해해야 할까?

태조 소상은 충렬왕 16년 11월에 합단의 침공을 피해 강화로 피난한 후, 다음 해 5월 합단을 격파하고, 6월에 충렬왕이 개경으로 환도한 때로부터 머지않은 때에 다시 봉은사로 돌아오게 되었던 것으로 보인다. 적어도 충렬왕 22년부터는 다시 봉은사에서 왕이 친행한 연등회의 개최가 나타난다.[6] 그 뒤 우왕 3년에 왜구로 말미암아 '태조진'을 내륙 충주로 옮기는 문제가 논의된 것으로 보아, 태조의 조각상은 다시 피난을 다녀왔을 가능성이 있다.[7] 그러나 우왕 4년에는 천도를 놓고 봉은사 태조진전에서 점을 쳐 천도를 중단한 일이 있고,[8] 우왕 14년에는 왕이 연등회로 봉은사에 행차하고 있어,[9] 봉은사의 태조진전과 태조조각상은 고려 말까지 그대로 존속된 것으로 나타난다.

그렇다면 조선 태조 이성계의 즉위 10여 일 뒤에 옮겨진 주상은 고려왕실의 최고 상징물인 봉은사의 왕건상이라고 보아야 한다. 고려 말까지 고려왕실의 조상제례에서 최고의 신성한 상징물인 봉은사 진전의 왕건상을 놓아두고 왕건의 다른 조각상을 마전현으로 옮겼다고 볼 수는 없기 때문이다.

이와 관련하여 고려시대 왕실 최고의 진전 사원으로 신성시되며 국가제례의 중심에 위치하여, 고려말까지 기록에 자주 등장하던 사찰인 개경의 봉은사가 조선이 건국한 뒤 기록에서 자취를 감추게 된 것도 주목된다. 《실록》의 편년기사들에서 완전히 사라짐은 물론이고, 《세종실록》 지리지에도 개성의 다른 사찰들 일부는 언급되고 있어도, 봉은사는 보이지 않으며, 중요 사찰들은 폐사가 된 뒤에도 절의 이름과 위치를 수록하고 있는 《동국여지승람》에

---

6) 위의 책, 세가 31 충렬왕 22년 2월 임자.
7) 위의 책, 열전 39 李仁任傳.
8) 위의 책, 열전 46 우왕 4년 9월.
9) 위의 책, 열전 50 우왕 14년 2월.

서도 명칭조차 나타나지 않는다. 개경 봉은사의 운명과 관련하여 조선왕실에서 드러나는 것을 회피하는忌諱할 어떤 사실들이 존재할 가능성이 강하게 드러나는 부분이다. 이는 기본적으로 고려의 종묘를 헐고 고려왕실의 신주를 마전으로 옮겼던 것과 유사한 배경을 갖는 사실로 보인다. 봉은사 태조 진전의 왕건조각상이 마전으로 옮겨질 때 봉은사는 폐사의 운명을 맞았던 것으로 추정된다.(Ⅴ장에서 검토함)

조선 초에 마전현으로 옮겨진 '고려 태조 주상'은 봉은사 진전의 태조상이며, 이것이 왕건릉역에서 출토된 왕건 동상이다. 고려 헌종대의 기록에 보이는 봉은사 태조진전의 어탑(의자)에 대한 기록이나 최충헌이 옷과 내의를 바쳤다는 사실이 출토된 왕건 동상이 의자에 앉은 형상이고 나신상이라는 사실과 일치하는 것은 당연한 결과이다. 그렇다면 고려 원종 11년과 충렬왕 16년의 기록에서 태조상을 '소상'이라고 한 것이 조선 초의 기록에서 '주상'이라고 하였고, 발견된 왕건상이 '동상'이라는 사실과 관련하여 어떻게 이해해야 할지가 문제이다.

이에 대하여 몇 가지 가능성을 생각해보면, 첫째 혹자는 '소상'은 흙으로 빚은 상이라는 점을 들어 봉은사 진전의 태조 소상과 발견된 왕건 동상(주상)이 전혀 별개의 것이라고 생각할지 모른다. 그런데 이 경우는 고려시대의 기록에 봉은사 이외에 별개로 존재한 태조의 조각상의 기록이 없어 생각하기 어렵다. 그리고 무엇보다도 고려 말까지 고려왕실 조상숭배의 최고의 상징물로 내려오고 있었던 봉은사 진전의 왕건상을 놓아두고 다른 것을 마전현으로 옮겨왔다고 보기 어렵기 때문에 성립될 가능성이 없다.

둘째로는 충렬왕대까지 소상으로 내려오던 봉은사 태조진전의 왕건상이 그 뒤 어느 시점에 그 형체를 그대로 본떠서 동상으로 다시 제작되었을 경우를 가정해 볼 수 있다. 이 경우 첫째보다 가능성이 있으나, 다음과 같은 점에서 그 가능성은 낮다. 우선 현재 출토된 왕건 동상의 제작 양식 등이 10~11세기경의 제작품으로 추정되는 것과 배치되는 문제가 있다. 다음으로 태조 동상의 중요성에 비추어 볼 때, 다시 만들었다면 그 사실은 국가적으로도 매우 중요한 사건이니 반드시 연대기 등에 기록이 남아야 한다. 실제로 현종 9년(1018) 정월에는 서경의 태조 초상화를 거듭 새롭게 만들고[重新] 제사한 기록이 보인다.[10] 서경의 초상화와 견줄 수 없을 정도로 개경의 태조 동상은 국가적 의례 등에서 최고로 신성시되던

사진 1_ 표면 호분이 탈락되어 주조면이 드러난 장곡사철 조비로자나불좌상(사진 문화재청)

상징물이다. 더구나 충렬왕 16년 이후의 사실들은 《고려사》 등에 기록도 상대적으로 많이 남았고, 봉은사 진전 태조상의 상징적 중요성은 더욱 커진 상태였으므로, 태조상이 다시 제작되었다면 기록으로 남지 않았을 리 없다.

셋째로는 원래 동상으로 주조된 왕건상이 처음부터 겉에 두텁게 안료를 칠하고 눈이나 눈썹 입술 수염 등을 색칠하여 내려 온 것에서 그 이유를 찾을 수 있다.[11] 이 경우 제작된 소재와 관계없이 '태조진' 등으로 불리던 왕건상이 시간이 경과되면서, 고려후기에는 겉모습만 보고 '태조소상'이라고 했을

---

10) 위의 책, 세가 4 顯宗 9년 춘정월 을미.

11) 동상을 직접 조사하기 전에 문헌자료에 바탕하여 집필한 노명호, 2004,〈고려태조 왕건 동상의 유전과 문화적 배경〉《한국사론》 50에서는 동상에 灰를 두텁게 칠하거나 입혔을 가능성도 추정했었다. 그런데 동상을 정밀하게 조사한 결과 동상의 여러 부위에서 청동표면에 회를 칠한 것은 아니나, 직접 안료를 두텁게 칠한 것이 확인되었다.

**사진 2**_ 새로 표면을 칠한 장곡사 철조비로자나불좌상(사진 문화재청)

가능성이 있다. 실제로 고려시대 철불 등에서 표면에 칠을 한 경우 외면만으로는 동제, 철제불상 등을 가릴 수 없기 때문에 이미 알려진 불상 가운데 철불 등이 추가로 발견될 가능성이 지적되고 있다.[12] 실제로 청양 장곡사 철조비로자나불좌상長谷寺鐵造毘盧遮那佛坐像의 경우 전신에 호분胡粉을 칠했는데, 그 일부가 탈락된 상태로 알려지고 있다. 장곡사 철불은 호분 칠 위에 수염과 눈썹 등을 검은색으로 그렸다. 왕건 동상의 얼굴에도 수염이 주조로 형상화되어 있지 않은데, 전통시대의 초상인 '진眞'의 특성상 그 상태로 봉안되기는 어려운 것이다. 동상의 머리카락, 피부 등에 안료로 색칠한 것이 남아 있는 것을 보면, 안료로 피부색을 칠한 바탕 위에 다시 수염을 색칠했음이 분명하다.

이 처럼 왕건 동상에 두텁게 안료를 칠하였다면, 왕건상이 몽고 침입기에 강화로 피난하였다가 개경으로 돌아왔고, 충렬왕대에도 거란의 침공위험을 피해 강화로 갔다 돌아왔으며, 우왕대에도 왜구의 개경 침공 위협으로 피난을 갔다 왔을 가능성이 있어, 여러 차례 옮겨지는 과정에서 충격이 누적되어 오래된 안료 칠이 부분적으로라도 깨지고 탈락되지 않을 수 없었을 것이다.

이성계는 즉위하자마자 즉시 고려의 종묘를 헐어 없앴다. 그때 태조진전이 있는 봉은사도 철거되며 왕건 동상도 마전현으로 옮기도록 하였다. 이 과정에서 종전에 소상塑像으로 알려져 오던 왕건상의 안료 칠이 손상되며 동으로 된 표면이 일부 드러나 주상鑄像으로 알려진 것으로 이해된다.

《고려사》와《조선왕조실록》의 기록에 보이는 태조 왕건의 '소상'과 '주상'은 동일한 실체를 가리키는 것이다. 다만 오랜 역사 과정에서 초기 제작에 대한 전승이 희미해진 가운데, 당시의 조각상 표면 상태에 따라 '소상'으로 불리다가, 금속 주조 부분이 노출되고 나서 '주상'으로 불린 것이다.

---

12) 黃壽永, 1989, 《韓國의 佛像》, 문예출판사, pp.395, 398.

## 3) 왕건 동상의 채색과 도금

**청동상인가?**

　　현재 왕건 동상의 표면은, 주의를 기울여 관찰하지 않으면, 채색하지 않은 청동상으로 보게 된다. 전체적으로 푸른 구리 녹이 덮혀 있고 하복부와 등의 아래 부분, 대퇴부는 사진에서 보는 바처럼 구리의 금속광택까지 번쩍이고 있기 때문이다.

　　이성계가 즉위한 직후, 봉은사와 함께 진전을 없애고 옮기기 위한 준비를 하는 과정에서　주상鑄像으로 파악될 정도로 안료의 결정적인 손상이 있었다. 그 뒤에도 현재와 같은 상태가 되기까지 심각한 안료 손상과정이 거듭 있었다. 멸망시킨 왕실의 태조상인 만큼 운반에도 고려시대처럼 제대로 정성을 드리지는 않았을 것이니, 개성에서 경기도 마전현으로, 마전현에서 충청도 문의현으로, 그리고 최종적으로 문의현에서 현릉 매장지로 옮기는 과정에서도 안료의 손상이 더 있었을 것이다.(VI장 1절 참조) 그리고 매장된 세종11년(1429)부터 출토된 1992년까지 563년 동안 지하에서 습기 침투와 지압地壓을 받으며 안료의 변질, 접착력 약화, 일부탈락 등이 진행되었다.

　　1992년에는 560여 년 동안 지하 환경의 악조건으로 취약해진 안료에 엄청난 충격이 가해졌다. 1992년 지하에서 포크레인 삽에 걸려 흙 속을 통과하며 끌려나오는 동안 다리가 부러지고 통천관이나 몸통 등이 찌그러지는 충격을 받았으니, 안료의 손상이 매우 컸을 것이다. 그리고 13일 뒤 전문가가 평양에서 내려와 수습하기 전에, 개성 현지에서 흙이 묻고 헝겊 조각들이 붙은 동상의 표면을 말끔하게 닦아 놓았다 하니, 안료는 완전히 손상을 입을 수밖에 없었다. 게다가 오른쪽 대퇴부 상단에서 다리가 부러진 것을 용접하고, 하복부와 양쪽 다리 무릎부분 등의 손상되고 찌그러진 금속을 대대적으로 수리하는 과정을 거치고 연마를 하였으니, 하복부와 등의 하부, 무릎부터　양쪽

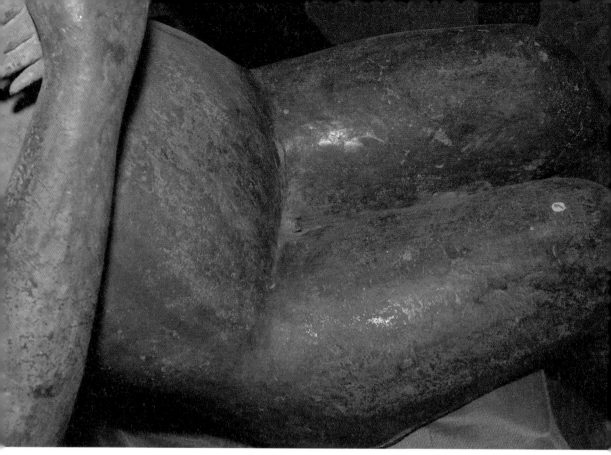

사진 3_ 하복부와 다리의 수리흔적과 구리빛 붉은 광택이 나는 표면: 오른쪽 넓적다리의 몸통쪽 끝 조금 못
미친 위치 다리안쪽으로 용접한 부분의 흔적이 길게 남아 있다.

대퇴부는 마치 새로 만든 것처럼 아예 검붉은 구리광택이 번쩍인다.(사진 3)
이 부위의 안료가 완전히 사라짐은 물론이지만 적지 않은 충격이 동상의 전
체에 누적되는 동안 미세하게 남은 안료마저 더 탈락되었을 것이다. 고려시
대에 오랜 동안 소상塑像으로 알려질 정도로 안료가 칠해져 있던 왕건조각상
이 현재는 아주 세밀한 관찰을 하지 않으면 꼭 청동상처럼 보이게 된 과정은
이렇게 진행되었다.

### 청동상의 채색과 안료

　　비록 동상에 바른 안료의 손상이 매우 심하지만, 주의 깊게 세밀히 보면
그 안료의 일부가 보이며, 일부에서는 금도금의 일부도 남아 있다. 먼저 안료

**사진 4**_ 귀와 그 주변, 머리카락의 안료칠

가 남아 있는 부위를 보면, 양쪽 귀 부분의 홈들, 눈 코 잎의 외곽선, 목 주위, 좌우 손의 손가락들 사이, 양 손바닥 등에 살색으로 채색된 흔적이 남아 있다. 이러한 채색 또는 도금 흔적은 육안으로도 관찰되나 밝은 조명이나 카메라 프레쉬 빛을 받은 상태에서 확대경으로 관찰하면, 더 선명히 들어난다.

〈사진 4〉에서 보면, 귀바퀴 안쪽의 움푹 들어간 부분, 귀와 두부 사이의 공간에 연한 핑크 빛을 띠는 안료들이 비교적 잘 남아 있다. 그리고 그 안료들은 두부와 목의 경계 부분과 뒷목의 표면 일부들에서 관찰된다. 피부색의 안료는 얼굴 부분이나 손, 복부 등에서도 나타나는데, 많이 남아 있는 부분에서는 안료 피막의 두께가 느껴진다. 피막을 형성한 두터운 피부색 안료는 동상의 주조면의 미세한 요철을 매끈하게 만드는 구실도 할 수 있다.

전문가의 감식에 따르면, 피부색을 칠한 안료의 주성분은 우리나라 전통시대 불상에 칠해진 무기물질 안료로 많이 발견되는 티타늄디옥사이드(이산화티타늄) 성분이 포함된 것이라 한다. 이 물질은 판티탄석, 예추석, 금홍석의 광물질 형태로 채취되기도 한다. 순수한 이산화티타늄은 흰색

사진 5_ 손바닥과 팔 안쪽의 안료칠

**사진 6_** 오른팔 아래, 손가락 사이, 복부의 안료칠

을 띠고 있어 도료에도 많이 사용된다고 한다. 피부에 칠한 안료는 연한 핑크빛을 띠고 있으므로 붉은 색 계통의 다른 성분도 들어 있을 것이다.

이산화티타늄은 매우 안정된 물질이며 환경 및 인체에 무해한 것으로 알려져 있다. 천년 세월을 경과하면서도 여러 가지 악조건에서 이 안료가 남아 있을 수 있는 한 가지 요인은 이러한 안료의 성상 때문일 것이다.

〈사진 5〉에서 보면 손바닥과 손가락, 팔 안쪽의 안료칠이 상대적으로 많이 남아 있다. 이 부분은 외부의 마찰에 노출되기 어려운 부분이다. 전체적으로 장기간에 걸친 그리고 결정적인 손상을 입은 상태에서도 손바닥과 손가락 주위에 남아 있는 안료의 두께를 보면, 손상을 입기 전에는 훨씬 두텁게 칠이 입혀져 있었던 것으로 생각된다.

〈사진 6〉에서는 앞으로 모아 쥐고 있는 손 뒤의 복부에 안료를 칠한 흔적이 남아 있는 것이 나타난다. 팔 안쪽과 복부와 같은 옷을 입었을 경우 드러나지 않는 부분에까지 살색 안료칠이 되었다는 것은 피부에 해당하는 동상

의 전체 부위에 안료칠이 되었다는 것을 드러내는 것이다.

## 머리카락, 수염 등의 채색

〈사진 4〉, 〈사진 7〉, 〈사진 8〉에서 보면, 머리카락을 세로의 가는 선들로 표현하고, 그 위를 현재 어두운 회색에 가까운 검은색의 안료로 칠한 것이 보인다. 오염된 것을 감안하면, 원래의 색은 검은 회색이거나 검정색이었던 것으로 보인다. 두부의 피부 부분과 머리카락이 난 부분의 경계는 가는 선으로 구분지어져 있는 것도 나타난다. 머리카락의 안료는 전체적으로 잘 남아 있는 편이다. 〈사진 7〉에서 보듯이 우측 부분의 머리카락의 안료도 잘 남아 있다. 머리카락을 표현하기 위해 세로로 가는 선들을 많이 넣어 안료와의 접착 상태가 좋았던 때문으로 보인다.

〈사진 7〉 통천관의 하부 및 비녀 꼽는 부분의 주위 파인 부분 등에서는 금도금의 흔적이 금빛으로 나타난다. 이 금도금 부분은 뒤에서 자세히 보기로 하겠다.

〈사진 8〉에서 보면 눈, 코, 입 외곽의 들어간 부분의 일부, 목의 주름 부분에서 안료의 흔적이 남아 있다. 특히 안구와 눈꺼풀 경계부분에는 안구부분에 칠해졌던 것으로 보이는 안료가 제법 두텁게 남아 있다. 이 부분의 안료 색은 오염되어 있기는 하나, 확대하여 보면, 귀바퀴 부분의 옅은 핑크색과 달리 하얀색으로 보인다. 머리카락이 검은 회색 또는 검정색이었듯이, 안구의 바탕은 흰색으로 채색되고 눈동자는 그 위에 검은색으로 그려졌을 것이다. 그러나 지금은 눈동자가 있을 안구 중앙부의 검은색은 물론 그 바탕색인 흰색 안료도 남아 있지 않다.

눈썹이나 수염도 머리카락과 비슷한 대개 검정색 계통으로 채색되었을 것인데, 돌출 부분에 해당하므로 안료의 흔적을 찾기 어렵다. 입술 부분은 붉은 색 계통을 칠하였을 것이나 역시 돌출된 부분이라서 안료가 남아 있지 않

사진 7_ 우측 머리카락 안료

**사진 8_** 얼굴부분의 안료흔적

다. 두부의 피부와의 경계를 분명히 하여 머리카락을 형상화한 가는 줄무늬의 동상 바탕 위에 칠해진 머리카락의 채색과 달리 눈썹, 수염, 입술은 귀 부분에 보이는 옅은 핑크색 계통의 피부색을 두껍게 칠한 바탕에 덧칠하는 식으로 그리는 것이 자연스럽다. 따라서 이 덧칠하여 그려 넣은 안료는 바탕 안료보다도 더 일차적으로 손상되었을 것으로 보인다.

## 석고 띠

**사진 9_** 개성 고려역사박물관에서 초기에 왕건 동상을 전시하였던 연화대 모양 좌대

왕건 동상의 안료 바르기와 관련하여 한 가지 더 밝혀둘 것이 있다. 〈사진 10〉에서 보듯이 왕건 동상에는 엉치하단부 둘레 전체, 좌우 대퇴부 하단부, 좌우 발 하단부에 끝에서부터 대략 1cm 정도 간격을 두고 최대폭이 8mm 정도인 띠모양으로 하얀 물질이 붙어 있다. 그 하얀 물질은 좌우의 발에서는 오염이 심하여 회색빛을 띠고 있다. 2005년 11월에 개성에서 조사할 때는 이것이 원래 왕건 동상 금속표면에 바른 회칠이 남은 것이 아닌가 생각했었다. 그러나 정밀 관찰을 통해 조사한 결과, 그 성분은 회칠이 아닌 석고 성분이다. 이것은 왕건 동상의 출토 후 개성 고려박물관에 전시할 때 돌로 만든

**사진 10_** 엉치 하단부 등의 띠 모양 석고 잔흔

연화대 모양 좌대(《사진 9》)에 고정하기 위해 사용된 석고가 부착되어 남은 것으로 보인다.

## 금도금

왕건의 동상에는 안료가 칠해진 외에 금도금을 한 부분도 있었다. 처음 출토 당시에는 떨어져 나온 부위와 분량을 알 수 없는 금도금 파편의 발견 사실만이 알려지고, 채색된 것은 발견되지 않아서 왕건 동상 전체에 금도금이 된 금동상으로 소개되었다. 그에 따라 왕건 동상에 대한 문헌기록들을 보지 못한 상태에서 이 동상을 금동불상이라고 설명하기도 했었다. 그리고 왕건의 동상이라고 보면서도 동상이 전체적으로 금동상이라고 판단하고 왕건을 미륵불彌勒佛로 형상화한 것이라고 주장한 견해도 있었다.[13] 그러나 왕건 동상이 신체 부위까지 금동상이라는 것은 전혀 사실이 아니다.

세밀한 관찰조사 결과 금도금은 내관을 중심으로 한 관의 일부에서만 나타난다. 〈사진 11〉은 내관의 후면 중앙과 그 우측부위 상단에 나타나는 금도금 흔적을 확대하여 촬영한 것이다. 〈사진 12〉는 그 사진의 중앙부를 더 확대하여 촬영한 사진이다. 금도금 흔적은 확대해야 보이지만, 밝은 조명을 받으면 아직도 황금빛 광택이 난다. 통천관의 양梁을 표시한 면들이 녹색의 동록빛을 띠고 있는데, 그 사이의 길게 홈파인 윤곽선 골의 황토 빛 부분에도 금가루 입자들이 관찰된다. 원래 내관은 전체적으로 금도금이 되어 있었던 것으로 생각된다.

왕건 동상의 출토 당시 동상의 몸에 붙어 있었던 금도금 작은 박편 조각

---

13] 菊竹淳一, 2005, 〈高麗時代の裸形男子倚像〉, p.79.
　　관련 문헌들을 바탕으로 동상 표면에 석회를 칠하여 소상이라고도 했을 것이라고 한 2004년도 나의 논문을 본 상태에서 菊竹 교수는 왕건 동상을 '금동상'이라고 하였다. 그는 개성 방문 때 왕건 동상을 조사한 바 있지만, 정밀하게 왕건 동상을 조사·관찰한 것은 아니었던 것으로 보인다.

사진 11_ 내관 후면 상단의 금도금 흔적

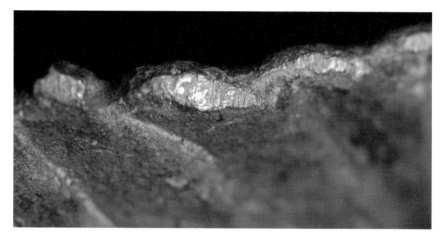

사진 12_ 금도금 흔적 확대

들은 내관에서 떨어진 것들임에 분명하다. 넓은 면적의 금도금은 내관을 제외하고는 통천관의 외관에서도 발견되지 않고, 다른 신체 부위에서도 나타나지 않는다. 그리고 옷을 착용한 상태에서 노출되는 얼굴, 머리카락, 손 등의 부위는 물론 옷 속에 들어가 가려지는 몸통에도 안료로 채색된 것이 확인됨으로써 신체부위는 금도금 된 것이 아니라, 안료로 채색되었던 것을 알 수 있다.

## 4) 왕건 동상의 변형된 부분

**다리의 각도**

　　동상은 공사중에 출토됨으로써 원래의 상태에서 외형적인 손상과 변형이 일어나기도 했다. 포크레인 삽에 끌려 나오는 동안 오른 쪽 다리가 부러지기도 했고, 오른쪽 몸통의 하부와 넓적다리 부분은 찌그러졌다. 동상의 금속 부분의 변형도 적지 않았다. 동상은 깨진 곳의 조각이 없어지지 않았으면 대부분 용접을 하였지만, 동상이 깨질 위험을 피하기 위해서였는지 찌그러진

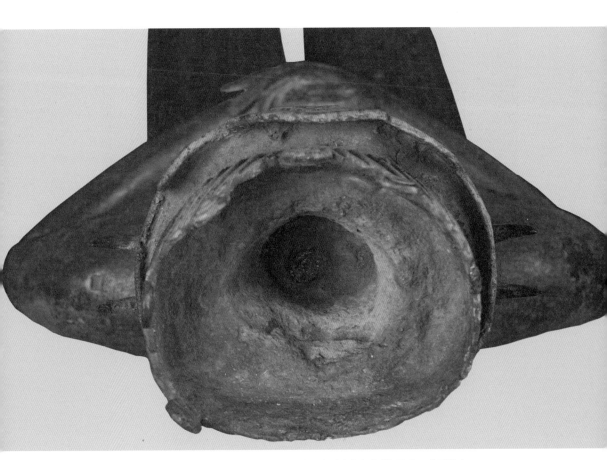

**사진 13_** 왕건 동상을 위에서 본 사진. 광각으로 촬영하여 사진기에 가까운 쪽이 크게 찍혔다.

**사진 14**_ 중앙대칭선을 넣은 정면 사진

것을 완전히 펴지는 못하였다. 동상의 엉치 부분은 찌그러져 좌우가 모양이 달라진 상태이다. 그리고 원래는 좌우 발의 앞쪽 끝이 가지런하게 되어 있었을 것이나, 현재는 오른쪽 발이 조금 뒤로 밀려나 있는 상태이다. 그리고 동상 몸통의 정면 방향에서 두 넓적다리가 향하고 있는 방향은 동상의 정면 정중앙을 기준으로 할 때, 왼쪽으로 약간 뒤틀려 있다. 다리가 왼쪽으로 뒤틀려 있는 것은 〈사진 13〉에서도 잘 나타난다. 〈사진 14〉처럼 정면 사진에 중앙대칭선을 넣어 보아도, 두 다리가 바르게 정면을 향하지 않고 동상의 왼쪽으로 돌아가 있는 것이 명확히 드러난다.

좌우 두 다리는 모두 돌아간 것이기 보다는 오른쪽 다리가 왼쪽으로 돌아간 것으로 보인다. 오른쪽발이 더 뒤로 물러나고 오른쪽 넓적다리가 약간 짧게 보이는 것도, 오른쪽 다리가 오른쪽 엉치 부분에서부터 뒤로 밀려 나오며,(사진 16) 왼쪽으로 돌아가게 찌그러진 때문임이 분명하다. 왼쪽 다리가 밖을 향하여 약간 벌어진 만큼 오른쪽 다리도 밖을 향해 약간 벌어지는 것이 정상으로 보인다. 두 다리는 정면을 향해 평행인 방향에서 약간 좌우로 벌어지는 것이 원래의 상태였을 것으로 생각된다. 그래야 동상의 전체적인 자세도 자연스럽고 위엄이 살아날 것이다.


## 오른쪽 발가락 끝부분 손상

전체적으로 동상의 오른쪽이 손상을 많이 입은 것으로 나타나는데, 뒤에서 보듯이, 통천관의 내관·외관 모두 오른쪽이 깨지거나 찌그러졌다. 그리고 〈사진 15〉에서 보면, 오른 쪽 발의 엄지발톱과 두번째 발톱 부분의 일부가 깨져 나갔다.

상하 방향에서는 하복부와 다리가 있는 하체 부분의 외형 손상이 큰 것으로 나타난다. 구조적으로 오른쪽 대퇴부 상단이 부러진 것을 비롯하여 왼쪽 대퇴부와 양 무릎 부위는 밝게 구리의 광택이 난다. 수리의 흔적이다.

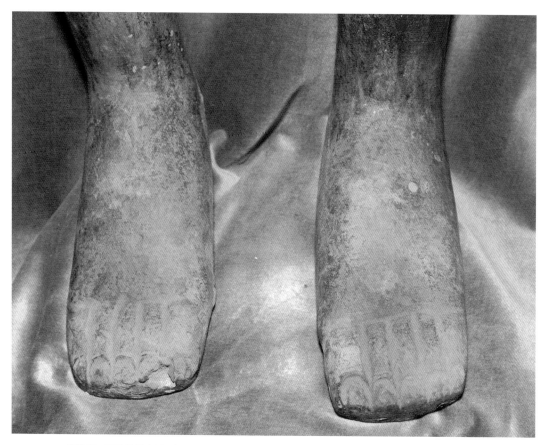

사진 15_ 왕건 동상의 발모습

## 동상의 수리 흔적

　동상의 전체적인 표면 색조를 보면 대개 구리 성분이 산화된 청록색이 주된 색조이다. 그런데 하복부와 대퇴부는 앞에 나온 〈사진 3〉이나 〈사진 10〉이나 〈사진 14〉에서 보듯이 연마된 놋쇠 또는 구리같은 광택이 난다. 이는 속을 비워 얇게 주조된 동상 표면의 찌그러진 것을 펴고 깨어져 떨어진 오른쪽 다리 부분을 용접한 후, 표면을 가공한 흔적이다. 이러한 수리과정에서 이차적으로 대퇴부와 하복부 표면의 안료들이 완전히 사라진 것은 물론이고, 동록도 제거되어 구리 광택이 나게 되었다.

## 엉치 바닥면의 손상

현재 동상의 엉치 밑면은 사진에서 보는 바처럼 밑면이 없는 상태이다. 엉치 밑면이 원래부터 생략되어 열려 있었던 구조인지, 깨어져 나가 손상된 것인지가 의문이다. 동상의 청동 성분은 철과도 달라서 부식에 의해 완전히 없어지기 힘들고, 동상의 다른 부분의 보존 상태에 견주더라도 부식되어 사라졌을 가능성은 배제된다.

엉치에 해당하는 몸통과 대퇴부 옆면의 바닥과 닿는 끝부분에는 밑면 청동판을 이어 붙일 수 있는 구조이다. 〈사진 16〉에서 보면, 엉치와 대퇴부의 하부는 평면으로 되어 있고, 일체형으로 주조된 부분이 아니라 주조 뒤에 용접해 붙인 것이다. 엉치 부분을 확대한 〈사진 17〉의 몸통면 하단부 두께가 두꺼운 곳에서는 엉치면의 평면에 맞추어 몽통벽과 수직으로 지나는 평면을 이루게 제작된 것이 나타난다. 그 평면 위에 동판을 용접해 붙이게 되어 있다.

엉치 밑면은 현재처럼 열려 있는 구조가 아니라, 대퇴부에서부터 연속하여 엉치부까지 동판을 용접하여 덮은 구조였다고 생각된다.[14] 그것은 첫째, 몸통의 구조가 엉치 부분에서 둥그런 통형으로 커지고, 그 벽은 얇은 동으로 되어 있어 찌그러짐을 막는 안정성을 주려면, 엉치의 밑면 판이 있어야 한다. 둘째, 동상이 실물 '어탑御榻'에 좌정한 형상으로 제작되었고, 별도의 청동 좌대 등에 용접된 상태가 아니었기 때문에 밑면이 다른 것으로 대치될 수도 없었다. 셋째, 엉치의 밑면이 없었다면, 옷을 입혀 어탑에 앉힐 때 하중의 대부분이 엉치에 몰리게 되어 있는 구조이므로, 엉치 끝부분을 얇은 주조벽 상태로 만들어서는 안된다. 좁은 면에 하중이 집중되게 함으로써 여러 가지 문제를 발생시킬 수 있다. 동상의 하중을 분산시키기 위해서도 엉치 하단

---

14) 노명호, 2006, 〈고려 태조 왕건 동상의 황제관복과 조형상징〉에서는 엉치 아래면이 원래부터 없었을 가능성에 비중을 두었었다. 그러나 그 뒤 여러 가지를 고려하며 자료를 검토한 결과, 엉치 하부의 면도 있었을 것이라고 본다.

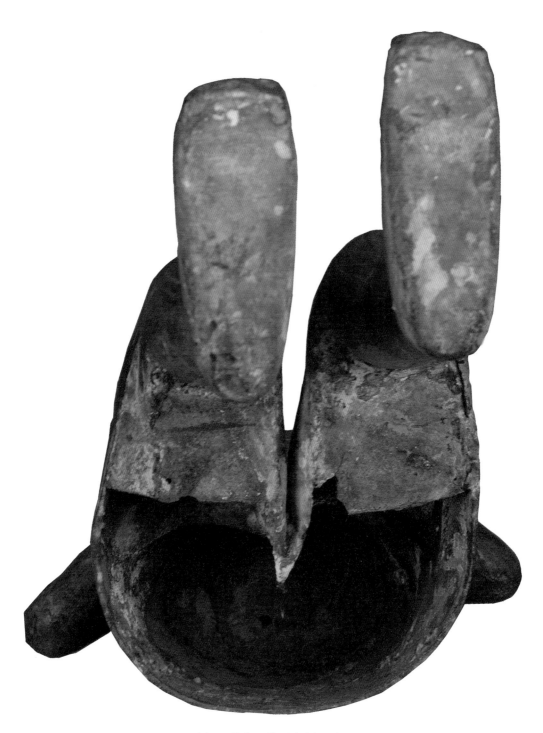

사진 16_ 왕건 동상을 아래에서 본 사진

사진 17_ 엉치부의 확대사진

에 동판이 용접되어 있어야만 한다.

　동상의 대퇴부 밑면의 엉치 쪽 끝부분의 윤곽선은 깨어져 떨어져 나간 불규칙한 선이 보인다. 엉치 밑면의 일부가 없어진 것이 언제인지는 알 수 없다. 다만 출토될 때 다리가 부러지고 찌그러지는 훼손을 받았으므로, 그 때 엉치 밑면도 어떤 정도로든 손상을 입었을 것은 분명하다. 엉치와 대퇴부 밑 청동판은 두께도 얇고 부식도 심한데, 형태도 평면이라서, 몸통과 다리가 옆면에서 큰 힘을 받을 경우, 그것에 버티는 힘을 동판 전체가 수평방향으로 받게 되어 있다. 따라서 몸통이 찌그러질 경우 엉치 부분의 밑면은 전체적으로 수평방향의 힘을 받아 깨어져 떨어지기 쉬운 구조이다.

## 통천관 일월상의 손상

　왕건 동상이 쓰고 있는 통천관도 바탕은 청동으로 주조되었는바, 내관(內

**사진 18**_ 후면에서 본 일월상의 손상

冠의 상단에 위치한 원형의 일월日月 형상은 2개가 깨어져 떨어져 나가고, 1개는 부분적으로 1/3 정도가 없어졌다.[15] 왕건 동상은 고려시대는 지극히 신성한 상징물로 떠받들어졌고, 고려왕조가 망하고 조선왕조 건국 후에도 어느 정도 예우되었던 존재였다. 내관의 일부가 깨어져 떨어져나갔다면 매장된 이후일 것이니, 이 역시 포크레인에 의해 땅 속에서 끌려 나오는 동안 손상을 입은 것으로 보인다. 〈사진 18〉에서 보듯이, 일월 형상은 모두 8개인데, 동상의 정면을 12시 방향이라 할 때, 3시방향에서 6시방향에 걸친 3개가 손상을 입었다. 3시 방향의 일월 형상은 뒤쪽으로 1/3 정도가 깨져서 없어졌다.(〈사진 19〉) 4시 30분 방향과 6시 방향은 완전히 깨져 없어졌다.

---

15) 노명호, 2006, 〈고려 태조 왕건 동상의 황제관복과 조형상징〉에서는 거칠게 표현하여 3개가 없어진 상태라고 했었다. 菊竹淳一, 2005에서도 3개가 손상되어 없어졌다고 하였다.

사진 19_ 3시 방향 일월상의 손상

## 내관과 외관의 찌그러짐

일월상이 손상된 것은
3시방향의 일부, 4시
30분과 6시 방향의
것이다. 그리고 4시
30분 방향을 중심으
로 내관은 밖에서 안
쪽으로 큰 힘을 받아 찌
그러져 들어간 것을 사진
에서도 볼 수 있다.(〈사진

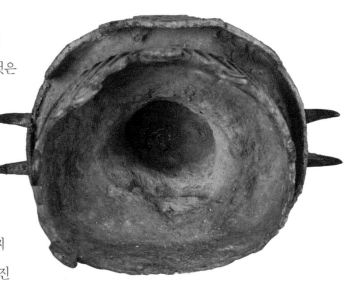

사진 20 _ 내관의 찌그러짐

20〉) 외관外冠 역시 같은 방향에서 안쪽으로 찌그러졌다.(〈사진 21〉) 4시 30분
방향이 안쪽으로 밀려 들어 오면서, 7시 30분 방향의 내관과 외관은 모두 밖
으로 밀려나오게 찌그러졌다.

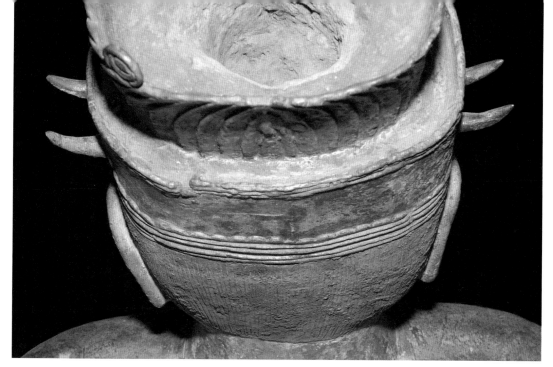

사진 21_ 4시 30분 방향을 중심으로 외관의 찌그러져 들어간 상태

통천관을 고정시키는 비녀 형상도 오른쪽 두 개는 왼쪽 두 개에 견주어 간격이 좁다. 이 역시 땅속으로부터 포크레인에 끌려 나오는 과정에서 압력을 받은 때문으로 분석된다.

외관의 정면 중앙 금박산을 중심으로 하부로부터 1/3지점의 높이에는 좌우로 길게 균열이 나타난다.(III장 〈사진 1〉) 균열은 좌우로 길게 모두 앞쪽 비녀 있는 위치까지 가서 비스듬히 위를 향하여 외관의 끝까지 뻗어 있다. 이 부분의 균열도 양 옆에서 보면 수리되어 있는 상태다. 다만 금박산 문양에서는 세로선들이 있는 곳에서 선의 연결이 제대로 되지 않는 모습을 보여준다.

동상의 심한 손상은 전체적으로 4시 30분 방향을 중심으로 안쪽으로 압력을 받아 손상된 것이 많이 나타난다. 통천관의 일월형상의 탈락, 내관과 외관의 찌그러짐, 엉치쪽 몸통의 찌그러짐이 그 방향에서 일어났다. 다리는 양쪽 모두 손상을 입었지만 오른 쪽 다리가 완전히 떨어질 정도로 더 큰 손상을 입었었다.

# 2. 왕건 동상의 크기 실측

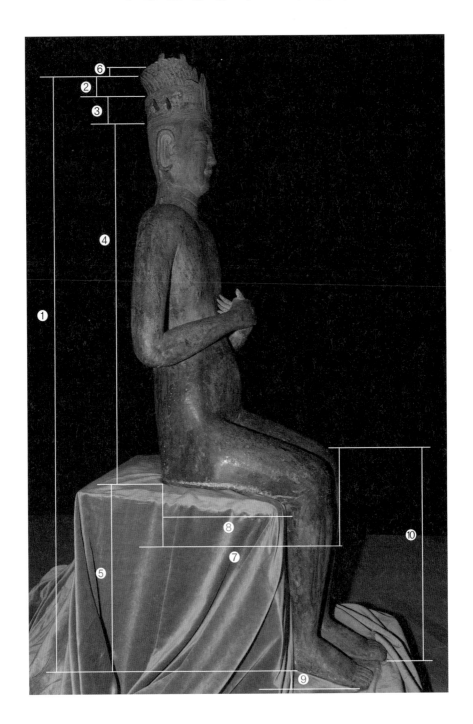

❶ (좌측) 발바닥면 ~ 내관 뒷면 정중앙 상단까지 : 135.8cm

※ 동상이 바르게 정좌된 상태에서

❷ 뒷면 정중앙 외관상단에서 내관 상단 : 7.5cm

❸ 뒷면 정중앙 외관의 높이 : 7.3cm

❹ 뒷면 정중앙 외관의 하단 ~ 엉치하단 : 81cm

❺ 엉치 하단 ~ (좌측)발바닥면 : 40cm

❻ 내관의 뒷면 정중앙 상단 ~ 내관 정면 정중앙 상단 : 2.5cm

❼ 엉치 뒷면 정중앙 후면 끝의 접선 ~ (좌측)다리 무릎 앞면 끝 : 41cm

❽ 엉치 뒷면 정중앙 후면 끝의 접선 ~ (좌측)다리 무릎 접히는 선 : 32cm

❾ 발길이 : 뒷굼치 접선 ~ 가장 긴 발가락 선단 : 20cm

❿ 좌측다리 무릎 상단 ~ 발바닥까지 높이 : 47.5cm

※ 엉치 부분 석고자국 최대 폭 0.8cm

## 관상부 실측

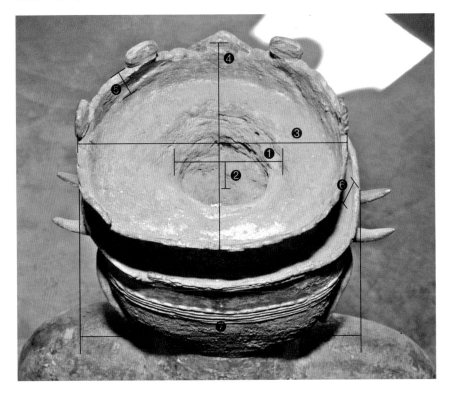

❶ (내관 내부 평평한 면 기준) 파인부분의 폭 : 9.2cm

❷ 내관 내부 평평한 면 ~ 파인 부분 하단 : 8.8cm

❸ 내관 외측면 기준 좌우폭 : 16.4cm

❹ 내관 외측면 기준 전후폭 : 14cm

❺ 정면 정중앙 기준 내관 상단 ~ 내부 평평한 면 : 3.5cm

❻ 정면 정중앙 기준 외관 상단 ~ 내부 평평한 면 : 2.7cm

❼ 외관 상단 좌우중앙선과 만나는 점 사이의 폭 : 17cm

## 상반신의 실측

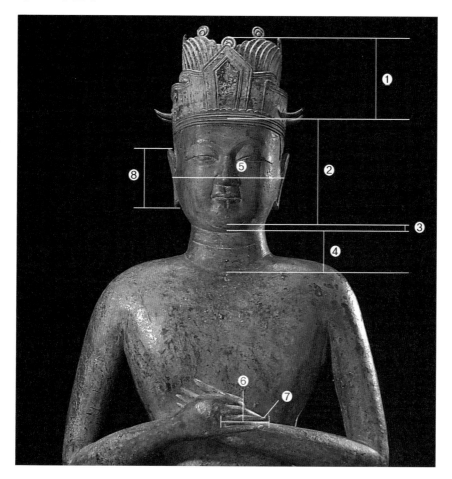

❶ (정중앙선 기준) 외관의 높이 : 12.8cm

❷ (안면부 정중앙선과 만나는 수평면 사이 거리 기준) 관 하단 ~ 턱밑 주름 :
16.8cm

❸ (안면부 정중앙선과 만나는 수평면 사이 거리 기준) 턱밑 주름 ~ 목 상단
주름 : 0.6cm

❹ 목 상단 주름 ~ 하단 주름 : 5.8cm

❺ 광대뼈 돌출부 기준 얼굴폭 : 15.5cm ❻ 중지의 길이 : 7.3cm

❼ 중지손톱 길이 : 0.6cm ❽ 귀의 길이 : 9.7cm

**대퇴부 실측**

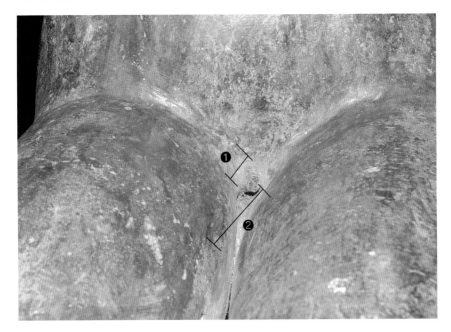

❶ 음경의 길이 : 2cm

❷ 몸통 ~ 오른쪽 대퇴부 수리 때 생긴 용접부분 중심선까지 길이에서 가장
   긴 곳 : 약 7.5cm

# III

# 동상의 조형상징

태조황제의 신성한 권위

1. 황제의 관복

2. 신성함의 조형적 표현

# 1. 황제의 관복冠服

## 1) 역사적 배경

    고려 태조 왕건 당시인 10세기 전반부터 13세기 중반까지 고려 군주는 자체적으로 황제皇帝, 천자天子라 일컬었다. 성종대와 인종대의 화이론자華夷論者들이 집권한 시기는 다르지만, 나머지 시기에는 관제官制, 관문서官文書의 양식, 황실제도皇室制度 등을 비롯하여 고려의 여러 제도들은 황제국의 제도들을 채택하였다. 그리고 군주의 복식 또한 황제의 복식을 자체적으로 가지고 있었다.[1]

    왕건이 칭제稱帝를 하게 된 것은, 지방호족들의 지배체제를 부분적으로 인정하며 중앙정부의 체제 속에 통합하는, 대내적인 정치체제와 관련된 면도 있었다. 그러나 끊임없이 남쪽으로 정복과 팽창을 추구하는 거란契丹과 맞서는 데 칭제의 의미는 더 컸다.

    거란이 926년에 발해를 멸망시키자, 거란은 고려에 직접적인 위협세력이 되었다. 후삼국 간의 쟁패가 치열한 시기에 거란은 후백제와 연결하여 고려를 위협하였다. 대륙의 한족漢族 왕조는 분열된 오대五代 시대 이어서 거란을 견제할 세력이 되지 못하였다. 발해가 망한 뒤, 만주 동남부의 발해유민집단들이나

---

[1] 이에 대한 자세한 내용은 노명호, 2007, 《고려국가와 집단의식 : 자위공동체·삼국유민·삼한일통·해동천자의 천하》(서울대 출판문화원), 〈V.장 해동천자의 천하와 번〉을 참조할 것.

여진女眞 부족들은 자치적 집단들로 나뉘어 거란에 저항하였다.

왕건은 발해유민집단들과 여진 부족들을 규합하여 거란에 맞서는 동맹을 결성하여 맹주 역할을 하였다. 고려가 구심점이 되는 대거란 동맹에서 고려의 군주는 강력한 권위가 필요하였고, 칭제는 그러한 목적에 부합하였다. 그 동맹권은 고려 천자가 중심이 되는 천하天下로 관념되고 있었다. 여진 부족들은 고려에 방물을 바치고, 고려는 답례품을 하사하는 식의 무역이 행해졌다. 고려 황제는 여진추장들에게 관작을 내렸으며, 여진 부족들은 고려 군주에게 황제에게 보내는 문서를 의미하는 표문表文을 올렸다.[2] 왕건 동상이 통천관을 쓰고 있는 것은 이러한 역사적 배경과 연결된다.

## 2) 황제의 관 : 이십사량二十四梁 통천관通天冠

### 통천관 제도

왕건 동상이 쓰고 있는 관은 천자가 쓰는 통천관通天冠의 형태이며, 통천관과 유사한 형태로 태자太子나 제후諸侯 등이 착용하는 원유관遠遊冠과 다르다. 통천관은 중국 진秦나라 때 황제의 관으로 쓰이기 시작하였다.[3] 한대漢代 이후 널리 쓰였고, 오랜 시기를 경과하며, 시기에 따라 조금씩 형태와 제도에 변화가 있었다.

왕건 동상의 관은 하단에 폭 2.5cm의 띠를 두르고, 정면의 '안제顏題'라고 하는 위치에는 높이 10.3cm의 오각형 모양이 배치되었다. 이 오각형의 형상은 천자나 군왕의 면류관冕旒冠이나 통천관 등의 문양으로 사용되는 신성

---

2] 위 주1)과 같음.
3] "通天冠本秦制"(《晉書》志 15 輿服)

**사진 1_** 왕건 동상의 통천관 정면

한 산을 상징하는 금박산金博山 문양이다.[4] 그 산 좌우로는 굽이치며 흐르는 하천이나 구름을 상징한 듯한 곡선 문양이 배치되었다. 외관은 양 옆의 중간 쯤의 높이에 각각 두 개의 비녀 모양의 것을 꽂아 고정시킨 형태이다. 이는 통천관의 제도에서 무소뿔로 만든 비녀[犀簪導]이다. 금박산 문양의 가운데에는 보통 매미[蟬] 문양을 넣고 있었다. 왕건 동상의 금박산 형상 중앙부에도 원래는 매미 문양이 있었으나 손상되어 없어진 것으로 추정된다.

금박산 문양은 본래는 통천관에만 있고 원유관에는 없었다.[5] 그러던 것

---

4) 이 형상이 금박산임은 菊竹淳一, 2005, 〈高麗時代の裸形男子倚像〉《デアルテ》21에서 지적된 바 있다.
5) 《三禮圖集注》 권 3 通天冠條 및 遠遊冠條 《後漢書》 輿服志 통천관조 및 원유관조.

이 당唐 무덕武德 4년(621)의 거복령車服令에서 태자나 친왕親王의 원유관에도 금박산과 매미 문양을 넣게 하였다.[6] 원유관에 금박산과 매미 문양이 들어가는 당 나라의 제도는 명대明代에도 이어져, 공민왕 19년 5월 명나라 태조가 공민왕에게 보낸 원유관에도 금박산과 매미 문양이 있었다.[7]

그림 1_ 금박산과 매미 문양

금박산과 매미 문양이 원유관에도 들어간 대신 통천관과의 구별을 위해 양梁의 숫자나, 매미 문양의 숫자에서 차등을 두고 있었다. 무덕4년 거복령에서는 원유관은 양이 3 개이고 매미가 9 마리이었고, 통천관은 양이 24 개이고 매미는 12 마리이었다.[8] 양은 관의 전면에서 숫아올라 뒤로 꺾이어 관의 후면에 연결되는 폭이

---

6] "遠遊冠者 謁廟還宮 元日朔日入朝 釋奠之服也 以具服 遠遊冠三梁 加金博山 附蟬九首 施珠翠 黑介幘 發瓔翠綏 犀簪導 絳紗袍 紅裳(하략)"《新唐書》권 25 志 14 車服 武德4年始著車輿衣服之令 皇太子之服六)
"遠遊三梁冠 金 附蟬九首 施珠翠 黑介幘 犀導 髮瓔翠綏(하략)"《大唐開元禮》권 110 嘉禮 皇太子加元服 冠, 古典硏究會, 1981, 東京)
"遠遊三梁冠 金 附蟬 施珠翠 黑介幘 瓔靑綏 犀簪導"《大唐開元禮》권 114 嘉禮 親王冠, 古典硏究會, 1981, 東京)
위 개원례의 '金'은 금박산을 의미하는 것으로 보인다.

7] 恭愍王 19년 5월 명나라 태조가 공민왕에게 보낸 원유관에도 금박산이 있었고 매미 문양이 있었다.
"太祖高皇帝 賜遠遊冠 七梁加金博山 附蟬七首 上施珠翠 犀簪導 絳紗袍 紅裳(하략)"《고려사》지 26 輿服 冠服 視朝之服 공민왕 19년 5월)

8] "通天冠者 冬至受朝賀 祭還 燕群臣 養老之服也 二十四梁 附蟬十二首 施珠翠 金博山 黑介幘 組瓔翠綏 玉 犀簪導 絳紗袍(하략)"《新唐書》권 25 志 14 車服 武德4年始著車輿衣服之令, 天子之服十四)
宋代에도 통천관의 양의 수는 24이었다. (周錫保, 1984, 《中國古代服飾史》, p. 268 宋宣祖畵像 및 화상설명, 北京 中國戲劇出版社)
원유관에 대해서는 앞의 주7)을 참조할 것.

사진 2_ 통천관 측면

좁은 띠 모양의 융기된 선인데, 이들이 옆으로 이어져 두부를 덮는 공간을 형성한다.

## 통천관의 24량

왕건 동상의 관에서는 내관의 가늘게 위로 숫구친 띠 형상들이 양梁을 표현한 것이다. 각 띠모양은 평면이 아니라, 융기된 선을 가지고 있다. 왕건 동상의 관은 정면에서 바라보이는 양이 좌우 12개씩으로 24량 통천관이다.(〈사진 1〉) 중국 황제의 통천관의 양들이 위로 올라가며 뒤로 휘어지는 곡면을 이루듯이, 왕건 동상의 내관의 양들도 뒤로 휘어지는 곡면 형태이다.(〈그림 2〉)

**사진 3_** 통천관 후면

24가닥의 양은 뒤로 가서는 다시 관의 하단부와 결합되므로, 후면에서 관의 하단부와 연결되는 양의 수도 24개가 된다. 그런데 후면에 배치된 양 가운데 보이는 것은, 20개만 표현되어 있고, 그 20개 가운데 중앙의 2개는, 다른 양에 가려 겨우 보이는 긴 삼각형 모양으로 표현되어 있다. 후면의 4개는 다른 양들과 중첩되어 보이지 않는 구조였던 것이다. 즉 앞 쪽에서 24량이 위로 뻗어 뒤로 꺾여 내관의 하단과 만날 때는, 4개는 겹쳐 보이지 않고 2개도 겨우 끝의 좁은 면만이 드러났던, 통천관의 모양을 표현한 것이다.(《사진 2》, 《사진 3》)

그것은 앞이 넓고 뒤에서 좁아지는 관의 구조에 따른 것으로 보인다. 내관을 바로 위에서 내려다 본 평면에서 정면 외곽선은 둥글고 긴데, 후면 쪽은 납작한 호의 형태로 길이가 짧다. 또한 관의 외부 윤곽을 조성하는 양들의 형

그림 2_ 동진東晉 원제 초상의 통천관

태는 정면 중앙의 양이 짧아 관의 정면 중앙부가 낮게 골이 파이면서 뒤로 갈수록 높아지는 형태이고, 양쪽 측면으로 가면서 길어지고 좌우로 폭도 벌어지며 뒤로 말리는 곡면 형태이다. 왕건 동상에서 관의 윗면 부분의 표현은 생략되어 있다. 양의 전후좌우의 형태를 기준으로 추정을 한다면, 관의 상부면은 앞쪽에서는 좌우로 올라가는 곡면을 이루며 좌우가 넓다. 그리고 뒤로 가면서 높아져 좌우의 높이가 같아지면서 평면처럼 되어 폭이 좁아지고, 둥근 바깥 쪽으로 가며 더욱 좁아진다. 그러므로 띠 모양의 양들은 뒤쪽 중앙부 쪽의 것들을 점점 중첩되게 결합시켜 뒤로 꺾어 내리는 구조가 되었을 것이다. 이 때 모든 양들을 조금씩 중첩시키는 방식이 아니라, 〈사진 3〉에서 보듯이, 뒷면의 중앙에서 양들이 중첩되며 모이는 형상을 이루도록 하였다. 그러면서 공간이 없는 중앙부 양들은 그 뒷면으로 넣어 중첩시킨 형태를 취한 것이다. 왕건 동상의 내관 뒷부분에 나타나는 중첩된 양의 형태는 이러한 관의 구조를 보여준다.

왕건 동상에서는 관의 윗면에 해당하는 부분이 생략되어 있다. 본래부터 고려의 통천관은 윗부분을 개방한 형태였을 경우도 고려해볼 여지는 있으나, 그 가능성은 높지 않다. 왕건이 생시에 착용하던 본래의 통천관에는 윗면이 존재하여 일반적인 24량의 형태이었을 것이다. 그런데 동상을 위에서 내려다 보며 거행하는 의식儀式은 없으므로, 주조 공정에서 필요에 따라 양의 윗부분을 생략한 것이라고 생각된다. 실제로 왕건 동상의 관을 약간 아래에서만 올려보아도 〈그림 2〉의 중국 황제들의 도상에 보이는 통천관과 매우 흡사하게 보인다.[9] 〈그림 3〉의 한말 고종황제의 어진에 보이는 통천관과는 일부 공통적이면서도, 시대적 차이가 커서인

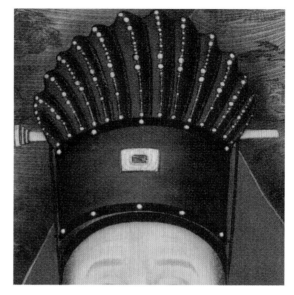

그림 3_ 고종황제 어진의 통천관

지, 중국 황제 도상의 통천관과 더 비슷하다.[10]

II장 〈사진 20〉에서 보았듯이 내관의 안쪽 중앙부인 머리의 정수리에 해당하는 위치에는 주조공정을 위한 것으로 보이는 지름 약 9.2cm, 깊이 약 8.8cm 정도로 둥글게 파인 부분이 있다. 〈사진 3〉에서 양들이 뒷면에서 중첩되며 배치된 형상은 본래 실제의 관에서 정면의 양들이 윗면을 거쳐 후면으로 오면서 연결된 모습을 형상화한 것이라는 점도 내관의 윗면이 동상의 제작에서 생략된 것임을 밑받침해준다.

왕건 동상의 관은 기본적으로 당 나라대 이후의 24량 통천관의 양식을 가지고 있으면서도, 나름의 독창적인 면도 보여준다.

---

9] 〈그림 2〉는 《歷代君臣圖像》에 수록된 東晋元帝像의 통천관이다. (成耆姬, 1971, 《중국역대군왕복식연구》, p. 43, 열화당, 서울), 〈그림 2〉와 유사한 중국 통천관의 예는 이 외에도 더 발견된다.

10] 〈그림 3〉은 《100년 전의 기억, 대한제국》 2010년 국립고궁박물관, 서울대학교 규장각 한국학연구원 공동주최 특별전 도록에 수록된 고종황제어진의 통천관 부분이다.

왕건 동상의 내관의 상단에는 해와 달[日月]을 형상화한 도형을 그린 원형 판들이 8방위를 상징하는 전후좌우와 그 사이 사이에 배치되어 있다. 이는 온 천하를 비추는 고려 군주의 권위를 상징하는 듯하다. 현재는 왕건상 자체를 기준으로 후방과 그 우측의 일월 형상 2개가 손상되어 6개만이 남아 있다. 이 일월 형상은 〈그림 2〉의 상단에 보이는 '주취珠翠'라는 구슬들과 연관성을 가지면서도 그와 다른 독창적인 것이다.

왕건 동상 통천관의 양梁부분 등에서 금도금 흔적이 나타나는 것은 금관 또는 금색 천을 사용한 관冠을 형상화한 것이다. 신체부분과 함께 제작된 관에는 내관의 여러 곳에 지금도 도금된 미세한 흔적들이 남아 조명을 받으면 황금빛이 반짝인다.(II장 1절 3소절 참조) 관에는 금도금 흔적이 남아 있고, 얼굴이나 손 등의 부위에는 살색으로 채색을 한 흔적이 남아 있다. 출토 당시에 발견된 동상에서 떨어져 나온 금도금을 한 얇은 청동막 조각들은 신체부위가 아닌 통천관의 도금이 벗겨진 잔여물로 판단된다. 내관과 외관으로 되어 있는 관은 내관이 금관金冠 또는 금색천을 사용한 관의 형상이었던 것을 알 수 있다.


## 3) 옥대玉帶와 복식

나체상으로 제작된 왕건 동상은 출토되었을 당시 몸통의 여러 곳에 입혔던 옷의 부식된 비단천 조각들이 붙어 있었다. 고려시대에 최충헌이 왕건 동상에 겉옷과 내의를 바친 기록에서 보듯이[11] 왕건 동상은 옷을 입히는 조각상이었으니, 부식된 의복 잔해들이 동상의 표면에 붙어 있었던 것이다.

왕건 동상의 형태로 말미암아 의복의 착용 방식은 좀 특수하게 된다. 동

---

11) 《고려사》 세가 21 神宗 6년 9월 갑오.

상의 두 손은 왼손을 펴서 손바닥이 명치를 향하게 간격을 두어 위치시키고, 오른 손바닥을 왼손 등에 포개 오른손 엄지와 검지로 왼손 엄지를 가볍게 잡았다. 따라서 상의上衣는 동상이 착용 한 상태에서 일부 바느질 선을 꿰메는 방식을 사용하게 된다.

복식과 관련된 동반 유물로는 옷 위에 착용되었던 옥허리띠의 부품들

그림 4_ 금동허리띠장식 실측도. 아래 평면도가 정면, 위가 뒷면이다.

인 금동허리띠고리 1개, 옥허리띠의 판모양 옥띠장식 13개, 물소뿔로 만든 옥띠장식붙임판 등이 함께 발견되었다.[12] 〈그림 4〉가 그 실측도이다. 금동띠고리는 얇은 금동판 2개를 앞뒤에 붙이고 그 사이에 얇은 옥판을 끼워 넣었고, 길이 11cm, 너비 5.5cm이다. 앞면에는 당唐 나라 이후 유행한 넝쿨과 꽃으로 된 천기화문穿枝花紋을 세기고, 뒷면에는 금속이나 옥 등에 종종 조각되는 보상화문寶相花紋 꽃다발을 조각하였다.[13]

옥띠장식은 네모, 궁륭형(네모에서 한면이 둥근 형), 복숭아형의 세 가지 형태이고, 불투명한 백옥과 투명한 검은 회청색 옥을 사용하였다. 이 옥띠장식들은 그보다 약간 큰 물소뿔로 얇게 만든 옥띠장식붙임판에 청동줄로 고정시

---

12) 김인철, 2002, 《고려무덤발굴보고》〈고려태조 왕건왕릉발굴보고〉, 사회과학출판사, 평양, pp. 5~26.
13) 화문의 명칭에 대해서는 黃能馥 陳娟娟, 1995, 《中國服裝史》, 北京, p. 181 참고.

그림 5_ 북한에서 제작한 왕건초상화의 옥대(개축된 현릉의 전시실)

켜 허리띠를 만들었다. 옥띠장식붙임판의 길이는 네모형이 5.5cm, 궁륭형이 6cm이다.

　아쉽게도 이러한 옥띠의 실물은 공개되지 않아 개성에서도, 서울의 전시회에서도 볼 수 없었고, 그 실측도 외에는 사진도 구할 수 없었다. 다만 개성의 현릉顯陵의 전시 건물에는 고려 태조의 초상화를 북한에서 새로 제작하여 놓은 것이 있는데, 그 복식에 왕건 동상과 함께 출토된 옥대의 실물이나 사진을 토대로 그린 것이 있다.(〈그림 5〉)

　여기서 잠시 이 초상화와 유물의 관계에 대해 언급하고 나가야 할 것이 있다. 북한에서 제작한 왕건초상화는 얼굴은 왕건 동상을 닮지 않게 상상하여 그리면서, 옥띠는 유물을 토대로 그렸다.(〈그림 5〉) 이것은 어찌된 일일까? 그것은 왕건 동상의 발견 상황을 고려해야 이해할 수 있다. 왕건 동상의 발견은 공사과정에서 포크레인 삽에 동상이 걸려 나왔고, 전문 학자들의 조사가 시작된 것은 공사현장에서 동상을 옮겨 표면을 깨끗하게 닦아둔 지 여러 날 뒤였다. 그리고 동상이 나온 현릉 북쪽 뒤편 지하에 대한 수습 발굴은 그 뒤에 이루어져 여러 가지 유물들이 추가로 발견되었다. 그런데 발견 후 상당기간 왕건 동상은 부장품 가운데 하나인 '금동불상' 또는 '청동불상'으로 여기며 전시되고 있었다. 동상이 '금동불상'으로 이해되는 가운데, 옥대를 '금동불상'이 띠고 있던 것으로 생각할 수는 없다. 두 유물은 별개의 부장품으로 분리되어 이해되었고, 그 이해를 바탕으로 초상화가 제작된 것이다.

다시 옥띠에 대한 검토로 돌아가자. 그림에서 우선 옥대 장식을 보면, 재질이 금동이고 전체 형태의 윤곽 및 그 주위의 융기된 윤곽선이 실측도와 같다. 허리띠에서 구멍에 거는 고리의 위치나 형태도 같다. 그리고 옥대 장식 앞면을 가득 채우고 있는 천기화문의 윤곽 전체가 실측도의 그것과 거의 같다. 세부에서 약간의 차이도 있으나, 천기화문과 같은 복잡한 형상을 전문화가가 세부묘사를 한 것과 실측도에서 그 개념적 윤곽만 묘사한 것의 차이로 보인다. 초상화에서는 색상과 함께 부조浮彫의 입체감을 살려 그렸고, 실측도는 대체적인 윤곽선만을 옮긴 선화線畵이다. 검은 회청색 옥으로 만든 네모 장식판도 초상화에 보인다.

금동띠고리에까지 옥을 사용한 이 화려한 옥띠는 왕건 동상이 착용한 통천관과 함께 황제의 복식에 따른 것으로 보인다. 옥허리띠는 중국 송나라에서도 대체로 천자와 태자가 사용하는 것이었다.[14]

왕건 동상에 붙어 있었던 비단조각의 형상이나 염료 등에 대해서는 보고서에 전혀 언급된 바가 없다. 다만 통천관과 함께 중국 황제가 입는 옷으로는 한 번 염색하여 옅은 홍색紅色을 띠는 강사포絳紗袍가 여러 자료에 보이며, 고려 문종대에도 조회 때 군주가 입는 복식을 검토하는 과정에서 강사포가 나타난다.[15] 문종대의 논의에서도 홍색과 황색이 제왕帝王의 복색이라 하고 있었지만, 원래 고려의 국초國初부터 국왕의 조회복은 자황포赭黃袍였다. 따라서 왕건 동상의 겉옷에서 떨어진 비단조각은 강사포의 것이거나 자황포와 같은 황색계열이었을 것으로 추정된다. 고려에서는 군주의 복색으로 국가적 대

---

14) 周錫保, 1984, 《中國古代服飾史》, 北京, p. 261.
15) 《고려사》 지 26 輿服 冠服 視朝之服 문종 12년 4월.

그림 6_ 북한에서 제작한 왕건초상화

제전大祭典이나 궁중의 중요한 의례 때 입는 자황포赭黃袍, 연등소회 때 입는 치황의梔黃衣 등도 나타난다.[16] 이들 황색 계열의 복색은 황제의 복색인 때문에, 충렬왕 27년에는 원 나라가 문제 삼을 것을 우려하여, 일시 황색을 자색으로 바꾸었다가 복구하기도 하였다.[17]

북한에서 제작한 왕건의 초상화에는 자황포를 나타내는 것으로 보이는 황색의 옷을 입고 있다.(《그림 6》) 이것은 《고려사》의 기록에 바탕을 두고 황색 천을 사용한 옷으로 그리고, 무늬는 그냥 전통시대의 무늬를 그려 넣은 것인지, 왕건 동상에 붙어 있었던 천조각이 떨어져 나온 것을 보고 그린 것인지 알 수 없다. 아쉽게도 내가 2005년에 개성에서 이 사진을 촬영할 때에는 초상화의 옥띠장식을 보고서의 것과 비교해볼 생각을 하지 못했고, 옆에 북한학자들이 있었지만 그들도 이 초상화에 대해 자세한 얘기를 하지 않았다.

초상화의 왕건 얼굴 모습은 왕건 동상의 얼굴 모습과 전혀 다르다. 앞에서도 언급했듯이 북한에서는 현릉 북부 매장구덩이 속에서 나온 왕건 동상과 다른 유물들을 현릉의 부장품으로 생각하고 있었다. 초기에는 왕건 동상도 부장품인 금동불상으로 생각하였었다. 북한에서 제작한 초상화는 아직 왕건 동상을 금동불상으로 생각하는 상태에서 그려진 것이다. 왕건 동상의 통천관에 대해서도 물론 몰랐다. 초상화에는 황제가 쓰는 12류旒 면류관冕旒冠을 그려 놓았다.

---

16) 위의 책, 지 26 輿服 冠服 視朝之服 毅宗朝詳定.
17) 위의 책, 지 26 輿服 冠服 視朝之服 충렬왕 27년 5월.

# 2. 신성함의 조형적 표현

## 1) 고구려계 신상의 착의형 나신상

### (i)고려시대 토속제례의 조각상

**동북아 인접지역의 나체 조각상들**

불교나 유교가 고려문화에 영향을 주고 있었지만, 왕건 동상은 그 두 계열의 조각상과 다른 토속신앙 계열의 조각상 전통에 연결된다. 앞에서 보았듯이 나체상으로 제작된 왕건상은 속옷과 겉옷을 입히는 착의형着衣形 나체상 양식이었다. 불교의 조각상은 아직 적어도 국내에서는 착의형 나체상으로 제작된 것이 발견된 사례가 없는 바, 이점은 고려시대의 유교의 조각상에서도 마찬가지였다. 유교의 조각상은 만들어 사용하는 것 자체가 매우 드물었는데, 고려 성균관 등에 있었던 원나라 양식의 10철哲 소상塑像 등이 그 예이다.[18]

---

[18] 고려 성균관의 소상의 제작 시기에 대해서는 앞에서도 언급하였는데, 蔡壽는 고려 성균관에 있었던 五聖·十哲의 소상이 모두 원 나라 사람이 만든 것이라고 하였다. (《遊松都錄》《續東文選》 권 21) 채수는 敬天寺十層石塔이 奇皇后의 願창이며 중국사람의 작품이라고도 밝혀, 노국공주의 원탑설과도 다른 내용을 말하였다.
星州牧 향교의 문묘에는 개성 성균관의 소상을 본따 만든 소상들이 있었으니, 《신증동국여지승람》 권 28 星州牧 향교조) 1454년에 金宗直이 이를 보고 비판하는 글을 쓰고, 木主로 바꾸게 하였다. 그런데 그가 지은 시에 소상이라서 의관이 오염되고 떨어져 나간 것을 묘사한 것을 보면, 의관까지 일체를 소상으로 제작한 것이 확실하다. (《속동문선》 권 1 《謁夫子廟》)

중국에서도 불교, 유교, 도교의 조각상은 역시 모두 옷을 입은 상태의 모습을 조각하고 있고, 간혹 그 위에 천으로 된 의상을 더 걸쳐 놓는 경우는 있다.

인접 지역의 역사에서 착의형 나체상의 예를 찾아 보면, 우선 섬서성陝西省 함양咸陽 경제景帝 양릉陽陵에서 출토된 기원전 2세기의 남녀 도용陶俑을 볼 수 있다.[19] 이 도용들은 옷을 입히는 조각상이지만, 선 키가 62cm 내외로 축소된 부장품인 명기冥器이다. 왕건 동상과는 시간적 간격도 크지만 우선 용도상으로 조상祖上을

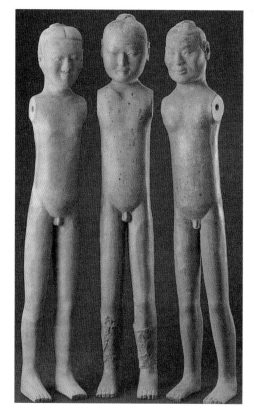

**사진 4_** 한 나라 양릉 출토 착의형 나체상

형상화한 것과는 전혀 다른 것이다. 이 비교적 이른 시기의 인물상人物像 명기들은 시종하는 사람들을 대신하는 의미를 갖는 것으로 실제의 사람 형상과 가깝게 표현하기 위하여 옷을 입히는 인물상으로 제작된 것으로 보인다.

옷을 입히는 나체상은 일차적으로는 실제의 사람 형상에 되도록 근접하려는 의도로 오래 전부터 지금까지 제작되어 왔다. 그리고 그러한 의도는 동기와 용도를 달리하는 여러 가지 문화적 상황에서 나타날 수 있는 것이다. 근

19) 王學理, 2005, 《漢景帝與陽陵》, 八 陶俑藝術任君賞, 三秦出版社, 西安.
　陝西省考古研究所漢陽陵考古隊 編, 1992, 《中國漢陽陵彩俑》, 中國陝西省旅遊出版社, 西安.

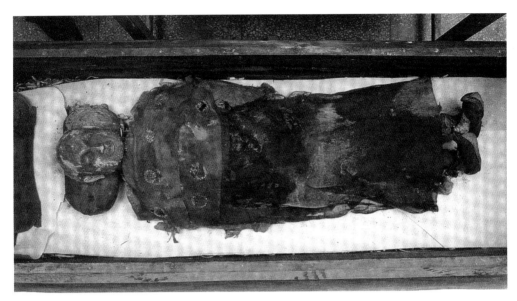

사진 5_ 요遼 상경박물관 진용眞容 목우상木偶像

현대의 놀이용이나 장식용으로 만들어지는 착의형 인형들도 그러한 예가 될수 있다.

착의형 나체상에 한 가지 조건을 더 붙여 망자의 상징물로 제작된 예를 찾는다면, 거란契丹의 장례에 사용된 나무로 만든 나체상에 옷을 입힌 '진용우상眞容偶像'이 있다.[20]((〈사진 5〉)

거란의 경우 장례용이기는 하나 조상 내지는 장례의 주인공의 진용상이고, 옷을 입히는 나체상 형식이라는 점에서 검토가 필요하다. 나는 2004년 7월 10일부터 19일까지 중앙아시아학회의 내몽고지역 답사에 동행하였는 바, 거란의 진용목우상眞容木偶像의 실물 2구와 목우상이 출토된 고분 2기 내부를 직접 볼 수 있었다.

파림좌기巴林左旗 요遼 상경박물관上京博物館과 파림우기巴林右旗 박물관

20] 韓世明, 2002, 《遼金生活掠影》, 沈陽出版社, 沈陽, pp. 76~78.

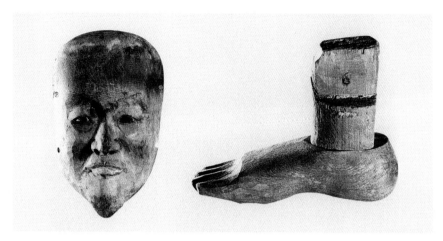

사진 6_ 요遼 장세경진용목우상張世卿眞容木偶像 두부와 족부 사진

에서 살펴본 목우상은 모두 남성상으로 실물에 가까운 크기인 약 1.5 m 내외의 신장이었다. 파림우기 박물관의 목우상은 의상의 손상이 심해 목우상의 몸통이 그대로 들어나 구조를 살펴보기 좋았다. 그 구조는 머리, 몸통, 팔, 다리, 손, 발이 각기 움직일 수 있도록 관절형으로 깎아 조립하였다. 이 관절형 우인상은 얼굴, 손 부분 등에는 흰색 안료를 바른 부분이 남아 있었고, 얼굴은 비교적 정교하게 조각되었으나, 몸통은 매우 간략화되어 세부가 모두 생략된 형태였다.

파림좌기 지역 출토 요 상경박물관 목우상은 보존상태가 좋아, 머리와 몸통 속에 담은 화장한 재도 남아 있고, 붉은색 천에 금색의 원형 꽃 무늬 점박이의 겉옷과 속옷, 신발까지 잘 남아 있는 상태로 목관 속에 바로 누워 있었다.[21] 요 상경박물관의 목우상은 귀족 혹은 고승高僧의 것으로 추정되고 있다.

장례용 목우상은 요 나라대의 관리 집안 무덤에서도 발견된다. 답사한

21) 이 목우상은 趙芳志 主編, 1996, 《草原文化: 遊牧民族的 廣闊舞台》, 商務印書館, 홍콩, p. 171 도판 2020에도 소개되어 있는 바, 귀족이거나 高僧일 것으로 추정하였다. 파림우기 박물관 목용은 옷 등은 남아 있지 않으나, 錫杖이 함께 부장되어 있어 승려로 보였다.

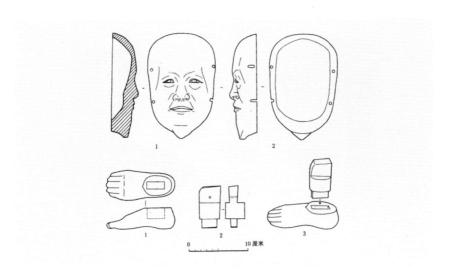

그림 7_ 장세경진용상 실측도

선화宣化 하팔리下八里에는 장씨張氏와 한씨韓氏의 요금대遼金代에 걸친 고분군이 동부와 서부에 나누어 존재한다. 그 가운데 내부를 관찰한 장세경묘張世卿墓(1042~1116)와 그 할아버지 장광정묘張匡正墓(984~1058)는 요대遼代 생활상을 그린 벽화묘로도 유명한데 둘 모두에서 진용우인상이 나왔다. 장세경묘의 경우 뼛가루를 넣은 목용木俑이 있었으며, 머리와 발 부분만이 남아 있었다. 머리와 발 부분의 사진과 실측도를 보면, 그 양식은 파림좌기와 우기의 두 박물관에서 본 승려상의 관절형 우인상과 같은 양식임을 알 수 있다. 그리고 이장묘移葬墓인 장광정묘에서는 짚으로 만든 우인이 뼛가루와 함께 발견되었다고 한다.[22]

거란의 '진용우상'은 나체상에 의상을 입히는 형태로 죽은 자를 형상화한 조각상이라는 점에서 주목되나, 왕건상과 중요한 차이도 있다. 첫째, 양식

---

22) 河北省文物管理會 河北省博物館, 〈河北宣化遼壁畵墓發掘簡報〉《文物》 1975-8; 《宣化遼墓 上,下》, 文物出版社, 北京, 2001, 상권 p.222~224, 하권 도판 125. 착의형 나체상인 장세경의 진용목우상과 달리 冥器로 부장된 목각 인물상들은 옷을 입은 형태로 조각되어 있다.

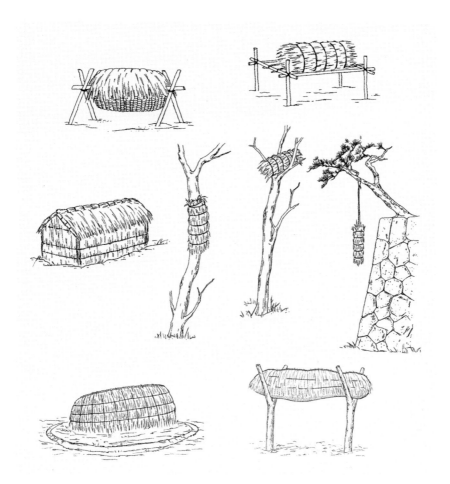

그림 8_ 한국의 초분들

상으로 거란의 진용상은 관절형 우인상으로 제작되었고, 왕건상은 한 가지 자세(앉은 자세)의 고정된 형상으로 제작된 조각상이다. 둘째, 전자는 무덤 안에 사자死者의 화장 뼛가루와 함께 안치되는 장례용이고, 후자는 진전眞殿에 안치되어 정기적인 제례 의식용이라는 점에서 문화적 사회적 기능이 근본적으로 다르다. 양자는 양식상에도 차이가 있고 사회문화적 기능 및 용도도 달라, 고려와 거란 사이의 어떤 직접적인 문화교류와 연관된 것일 가능성은 없다.

　　다만 거란의 장제인 수장樹葬이 시신의 일차 안치에 나무나 나무기둥을 이용하는 한국의 초분草墳과 유사하고,[23] 거란 '진용우상'은 목각상과 뼈를 대목곽 안에 안치한 한국 상고上古의 동옥저 장제와(후술함) 유사한 점이 있으나, 상고의 민속에서 양자간의 관계는 더 많은 조사를 기반으로 연구되기 전에는 단정하기 어렵다. 설사 계통상의 동일한 연원관계를 갖는다 해도, 상고 시기의 일이니, 왕건상과 직접적인 연관성은 생각할 수 없다.

### 고려시대의 토속신상

왕건상의 경우는 착의형 나체상 가운데서도 제례용 상징물이라는 점에서 인접지역에서 유례를 찾을 수 없는 것이다. 왕건 동상과 문화적으로 같은 기반을 갖는 제례용 착의형 나신상들은 고려시대의 토속신상에서 발견된다. 조선 성종 7년(1476) 5월 송악산에 오른 유호인俞好仁은 다음과 같은 글을 남겼다.

> (전략) 남북 봉우리에 각각 사당이 있다. 북은 대왕당大王堂인데 신상神像이 여섯이고, 모두 높은 관을 쓰고 큰 홀笏을 가졌다. 남쪽은 성모당聖母堂인데 신상이 역시 여섯이고, 여관女冠을 쓰고 연지와 분을 발랐다. 사당지기가 문 아래 서서 신의神衣를 볕에 쪼이다가 마땅찮게 보며 하는 말이, "명신明神은 속인과 함부로 함께하는 것을 좋아하지 않는다."고 하였다. 내가 나무라고 문을 열게 하니 실내가 정결하고 진홍색 휘장으로 상牀 주변을 둘렀는데, 향 사른 내음이 아직도 남았다. 옛말에 전하는 팔선궁八仙宮이 이런 것이 아니랴.[24]

---

23) 한국의 초분들의 형태 그림 가운데 상중단의 것은 村山智順, 1931, 《朝鮮の風水》(조선총독부)에 조사된 것이고, 하단의 것은 국립박물관, 1967, 《한국서해도서》〈외연열도 답사기〉에 조사된 것이다.(모두 정종수, 최순권, 2003, 《한국의 초분》(국립민속박물관) p. 45에서 재인용)

24) 俞好仁, 〈遊松都錄〉《續東文選》 권 21; 《㵢谿集》 권 7, 《한국문집총간 15》 pp. 181~187 수록)

위에서 여신상은 성리학이 지배하는 조선시대에 처음 만들어진 것이 아니라, 고려시대 이래로 내려오고 있는 것이라고 보아야 한다. 대왕당 신상은 천으로 만든 옷을 입혔는지의 여부에 대한 기록이 없으나, 성모당 신상은 화장한 모습이고, 옷을 벗겨 볕에 쪼이고 있었다. 이는 여신상이 옷을 입히고 벗기는 형태임을 보여주는 것이다. 유호인이 만류하는 사당지기를 억압하여 신당 안에 들어가 보니, 여신상의 평상 주위는 진홍색 휘장으로 둘려져 있었다. 고려시대 개경에 있었던 동명왕의 성모聖母인 유화柳花의 신상은 사람들이 보지 못하게 평소에도 휘장이 둘려 있었다는 것을 참고하면,[25] 여섯 여신상의 휘장은 평상시에도 둘러놓는 것일 가능성이 있다. 그런데 이처럼 휘장을 둘러놓고도 사당지기가 당대의 벼슬아치들인 유호인 일행이 사당 내에 들어가지 못하게 적극 막은 것은 여신상의 옷을 벗겨놓은 때문일 수 있다. 옷을 입히는 여신상은 몸통의 세부 묘사는 생략되었을 수도 있지만, 기본적으로 나신상이었다고 하겠다. 신당 안을 둘러 본 유호인은 여신들의 미모에 감흥을 느꼈는지, 팔선궁에 비유하였다.

숭산신崇山神의 경우도 백성들이 재난이나 질병이 생겨 기도할 때 바친 물품에는 옷이 포함되어,[26] 옷을 입히는 신상임을 보여준다. 주몽을 낳은 동신성모東神聖母, 즉 유화의 신상은 나무를 깎아 만든 여인의 형상이었고, 장막으로 가려놓았는데,[27] 이 경우도 옷을 입히는 신상이었을 가능성이 있다. 서긍徐兢은 《고려도경》에서 숭산신묘와 동신묘가 제물과 작헌酌獻의 법식이

---

25) 《고려도경》 권 17 祠宇 東神祠.

26) 위의 책, 권 17 祠宇 崇山廟. 崇山은 松岳의 이칭이나, 《고려도경》에 서술된 숭산묘의 신이 앞에나온 유호인이 서술한 대왕당이나 성모당의 그것과 같은 것인지의 여부는 단정하기 어렵다. 《신증동국여지승람》 권 5 開城府下 祠廟條에는 松岳山祠는 산 위에 사당이 다섯이 있다 하고, 첫째 城隍, 둘째 大王, 셋째 國師, 넷째 姑女, 다섯째 府女인데, 모두 어떤 신인지 알 수 없다하였다. 또한 八仙宮이 송악산 절정에 있다고 하였다. 이 중 유호인이 언급한 대왕당은 '둘째 대왕'으로 보이며, 성모당은 '팔선궁'일 가능성이 있으나, 《고려도경》에 언급된 숭신사는 이중 어느 것인지 단정하기 어렵다.

27) 위의 책, 권 17 祠宇 東神祠.

같다고 하였다. 또한 숭산은 송악松岳의 다른 이름인데, 《고려사》에는 송악사와 동신사가 동시에 제를 올린 경우들이 자주 나타난다. 또한 고려시대의 동명신상의 경우도 착의형이었다.(뒤에서 검토함)

착의형 나신상으로 만든 신상 양식은 한국현대에 남아 있는 토속신상 중에서도 발견되는 것으로 그 뿌리가 깊다. 그러한 양식의 신상이 한국전통신상에서만 존재하는 것은 아닐지 모르나, 적어도 불교나 유교 등의 조각상의 영향을 받은 것이 아닌 한국고대로부터 내려오는 양식으로 판단된다.

## 민간의 부모제례용 초상들

고려시대의 토속 신상 가운데 착의형 나상이 존재하는 것은 왕건상이 토속적 문화를 배경으로 한 것임을 보여주는 증거의 하나이다. 왕건상이 토속적 문화를 배경으로 했다는 것의 또 다른 증거는 제사에 입체 형상을 사용함이 사회의 하층에서도 나타난다는 점이다.

성종 9년에 효행을 표창한 기록에는 다음과 같은 사례가 나타난다.

① 전주 구례현求禮縣 백성인 손순흥孫順興은 그 어머니가 병사하자 어머니의 형상을 그려[畵像] 제사하고, 3일에 한 번 분묘에 가서 음식을 차려 올리기를 살았을 때처럼 하였다.

② 운제현雲梯縣 기불역祇弗驛 백성인 차달車達 형제 3인은 함께 노모를 봉양하였는데, 차달은 그 처가 시어머니 섬기기에 공손하지 못하다고 즉시 내쳤다. 두 아우 역시 장가를 들지 않고, 한 마음으로 효孝로써 봉양하였다.

③ 서도西都(평양) 모란리牧丹里 박광염朴光廉은 어머니가 죽은 지 7일이 되었는데, 문득 고목枯木 등걸이 완연히 어머니의 형상을 닮은 것을 발견하였다. 업고 집으로 와서 봉양함에 예를 다하였다.

④ 해랑산도海狼山島 백성인 능선能宣의 딸 함부咸富는 그 아비가 독사에게 물

려 죽자, 침실에 빈殯하고, 무릇 다섯 달을 살아 있었을 때와 다름없이 공선
供膳하였다.

⑤ 경주慶州 연일현延日縣 백성인 정강준鄭康俊의 딸 자이字伊와

⑥ 경성京城(개경) 송흥방宋興坊의 최씨녀는 일찍이 과부가 되었으나, 재기하
지 않고 시부모를 효로써 섬기고 자식을 힘써 양육하였다.

⑦ 절충부折衝府 별장別將 조영趙英은 어미를 가원家園에 장사지내고 아침 저
녁으로 제사하였다.[28]


위에서 효행으로 표창된 인물은 모두 7사례로, 포상 대상자는 9명인데,
이 가운데 7명(①~⑤)은 요역徭役의 면제가 포상 내용에 포함되는 하층민이
었다. 유교가 들어오기 전에 유교적 효와는 부분적으로 다른 행동양식과 관
점을 내포한 토속윤리의 효가 한국고대에 존재하였다.[29] 한국고대의 토속적
'효'에 결합된 가부장제적 요소는 고려시대에는 달라진 면이 있었으나, 민간
의 '효' 관념 및 그와 관련된 예법은 오랜 전통을 갖는 것이었다. 지배층의 경
우도 유교적 예법이 제례 등에 어느 정도 영향을 주었는지 의문이지만, ①~
⑤ 하층민의 경우는 유교적 예법이라기보다는 토속적 예법에 바탕을 둔 것이
라 하겠다.

7사례의 효행 내용에서 ①, ③, ⑦은 지극한 정성의 제사를 표창한 것이
다. ⑤는 아직 상례 중으로 제사의 전단계라 할 수 있으나, 크게 보면 제사의
범주에 포함시킬 수 있다. 효행 표창의 7사례 중 셋 또는 네 사례가 제사와 관
련된다는 것은 10세기 후반의 예법에서도 죽은 부모에 대한 제사가 중요한 것
이었고, 그것은 하층민을 포함한 토속제례에서도 그러했다는 것을 보여준다.

---

28) 《고려사》 세가 3 성종 9년 9월.
29) 노명호, 2003, 〈한국 고대의 가족〉《강좌 한국고대사 3》2. 1) 家父長과 토속적 '孝', 가락국사적개발
    연구원, 서울.

이러한 지극한 효심을 담은 제사를 표창하는 중에 부수되어 죽은 부모의 초상물의 사용이 나타나는 것이 주목된다. ①의 화상, ③의 어머니 형상을 닮은 고목등걸이 그것이다. 문종대의 효행 표창 사례에도 부모에 대한 제사와 관련하여 다음과 같은 초상물의 사용이 나타난다.

> ⑧석주釋珠는 문종 때 사람이다. 일찍이 부모를 여의고 의지할 곳이 없어 승려가 되었다. [그는] 나무를 깎아 부모의 형상을 만들고 색칠하고 장식하여[刻木爲父母形 加繪飾], 아침저녁으로 봉양하는 禮를 행하는데, 부모가 살아 있는 때처럼 하였다. 담당관리가 이를 아뢰니 왕이 말하기를, "[後漢代 사람] 정란丁蘭의 효도 이에 더할 수 없다."고 하고 후히 상주도록 명하였다.[30]

천애고아天涯孤兒로 사원에 의탁할 수밖에 없었던 석주는 하층출신이었다고 보인다. 그를 후한대 효자로 알려진 정란에 견주었지만, 하층출신인 그가 정란의 고사를 배워 본받았을 가능성은 희박하다고 생각된다. 또한 승려로서 그가 불교의 영향을 전혀 받지 않았다고는 보기 어려우나, 불교적 의식으로 부모의 명복을 빈 것이 아니라, 부모가 살았을 때처럼 봉양하였다는 하층출신 말단 승려의 행동은 ①~⑤에서와 같은 토속적 예법과 정서에 연결된 것이라고 이해된다.

위 ⑧의 사례에서 '가회식加繪飾'을 북한 번역본에서는 '색칠하여 옷을 입히다'로 해석하였는데, 이는 '그림으로 장식하였다'로 해석한 동아대학본의 번역도 가능한 부분이다. 두 번역은 달리 직역하면 '색칠하고 장식하였다'는 정도가 될 내용을 심하게 의역한 것으로, '장식'의 구체적인 내용이 머리카락·눈·입술 등을 채색한 것인지, 옷을 입힌 것인지는 문면에서 드러나

---

30) 《고려사》 열전 34 釋珠傳.

지는 않는다. 다만 문면에서는 알 수 없지만, 당시의 토속 조각상들의 사례를 고려하면, 석주가 만든 부모의 목각상이 옷을 입히는 목각상이었을 가능성도 없지는 않다.

①, ③, ⑧은 고려 전기의 토속제례에서 부모의 초상물을 사용하였던 것을 보여주는 사례이며, 특히 ③, ⑧의 사례는 토속제례에서 입체 초상물 내지는 조각상을 사용하였던 것을 보여준다. 왕건의 동상이나 혜종의 소상은 이러한 토속제례의 조각상과 같은 문화적 전통을 기반으로 한 것이다.

### (ii) 태조 왕건과 혜종의 조각상에 내재된 고대 제례문화 전통

**동옥저의 조상 목각상**

토속제례의 조각상 사용 전통은 한국 상고시대부터 나타난다. 우선 하나는 다음과 같은 동옥저의 경우이다.

> 그 장葬에는 길이가 10여 장丈되는 대목곽大木槨을 만드는데, 한 쪽 머리를 열어 지게문[戶]을 만든다. 새로이 죽은 자들은 모두 가매장을 하는데, 겨우 (屍身의) 형체를 덮을 정도로 한다. 피부와 살이 없어지면 뼈를 추려 곽槨 속에 두는데, 온 집안 [舉家]이 모두 하나의 곽을 공유한다. 살았을 때의 형태처럼 나무를 깎아 죽은 자의 수만큼 안치하며, 또한 토기에 쌀을 담아 곽의 지게문 옆에 매달아 둔다.[31]

위는 세골장洗骨葬 문화를 보여주는 것이기도 한데, 뼈를 추려 안치한 대목곽은 2차 장의 무덤이라고도 볼 수 있으며, 동시에 사당적인 기능도 가지

---

31) 《三國志》 권 30 魏書 東夷傳 東沃沮.

고 있다. 그 곳에는 드나들 수 있는 지게문이 설치되었고, 살았을 때의 형태처럼 깎은 목각상이 안치되고, 토기에 담은 쌀을 제물로 올렸다.

세골장은 구토롱이라고 불리는 가매장을 하거나 초빈草殯을 하여 피부와 살이 없어진[肉脫] 뒤에 뼈만 남겨 2차로 장례를 치루는 초분草墳이라고도 불린다. 아직도 서해나 남해의 일부 도서지역에는 세골장이 일제시대와 해방 후의 초분 금지 정책에도 불구하고 남아 있다. 100여 년 전만 해도 내륙지역을 비롯한 각지에 널리 남아 있었던 장례 풍속이다. 동옥저에서 보는 바와 같은 한국고대의 세골장 문화는 소형의 옹관묘, 매장 공간이 극히 작은 석관묘나 지석묘 중에서도 그 분포가 논의되고 있다. 따라서 그것은 몇 가지 변이된 형태를 가지며 고대에 비교적 널리 분포한 장례문화였으며, 조선시대나 현대까지 이어져 내려 왔던 것이다.[32]

고려시대의 제사에 조각상을 사용하는 토속제례법의 뿌리는 동옥저 등의 목각상 사례에서 보는 바와 같은 고대의 토속 제례문화에서 찾아야 할 것이다. 다만 동옥저의 경우는 무덤과 사당이 분화되지 않은 단계의 것으로 이러한 유형은 후대로 오면서 사라져 나타나지 않는다. 동옥저의 대목곽장은 동옥저의 부족적 특징을 갖는 문화일 수도 있다. 동옥저 외에도 그러한 문화가 일부 다른 부족들에게 있었다 해도 결국 무덤과 사당이 분화되고 구분되는 형태로 바뀌었던 것으로 보인다.

### 신라 탈해왕의 뼛가루 소상

동옥저와 일부 비슷한 면을 지니면서 또한 다른 특징을 갖는 조각상을

---

32] 정종수 최순권, 2003, 《한국의 초분》, 국립민속박물관, 서울, p.14, 40, pp.44~50.
소형 매장공간의 고분이 모두 세골장을 한 것도 아니지만, 세골장이 꼭 소형 매장공간의 무덤에만 존재할 가능성이 있는 것은 아니다. 세골장에서도 뼈만 깨끗하게 추린 다음 반듯하게 누운 형태로 다시 맞추어 무덤에 매장하는 유형도 있으므로 고대의 伸展葬 형태의 무덤에도 세골장이 있을 가능성이 있다.

제례에 사용한 경우로는 신라 석탈해昔脫解의 상을 볼 수 있는데, 이에 대해서는 다음과 같은 두 가지 전승이 전해 온다.

① (탈해는) 재위 23년 건초建初4년 기묘에 붕崩하여 소천疏川 언덕에 장사지냈다. ② 후에 신神의 명이詔 있어, "삼가 나의 뼈를 매장하라."고 하였다. ③ 그 머리뼈의 둘레는 3척 2촌, 몸 뼈의 길이는 9척 7촌인데, 치아는 서로 엉기어 하나같았고, 뼈마디도 모두 연결되어 있으니, 이른 바 천하무적 역사力士의 뼈였다. 빻아서 소상塑像을 만들어 대궐 안에 안치하였다. ④ 신이 또 이르기를 "나의 뼈를 동악東岳에 두어라."라고 하여, [그곳에] 안치하게 하였다.

일설에는 (탈해가) 붕崩한 뒤, 27대 문무왕대인 680년 3월 15일 신유 밤에 태종太宗[문무왕의 오기]의 꿈에 나타났는데, 모습이 매우 위엄있고 사나운 노인이 말하기를 "나는 탈해이다. 나의 뼈를 소천 언덕에서 파내어, 소상을 토함산에 안치하라."고 하여, 왕이 그 말을 따랐다고 한다. 그런 까닭에 지금까지 나라에서 지내는 제사가 끊기지 않았으니, 곧 동악신이다.[33]

※[ ] 속은 저자 보충

위 《삼국유사》 탈해왕 조의 '본문'과 '일설'의 내용은 소상의 제작시기 등에서 차이가 있으나, 탈해소상의 존재와 그것이 최종적으로 동악에 안치된 것에서는 일치한다. 《삼국사기》〈제사지〉의 신라 오악은 통일 후 문무왕대에서 신문왕대에 걸쳐 확대된 국토를 대상으로 재편성된 것이라는 연구를 참고하면,[34] '일설'의 내용은 신라가 통일한 뒤 오악의 재편성과도 관련되는 문

---

33) 《三國遺事》 紀異 第1, 第4 脫解王.
34) 李基白, 1972, 〈新羅 五岳의 成立과 그 意義〉 《震檀學報》 33.

무왕대를 중심으로 재구성된 설화이다. 그리고 '본문'은 후술하는 바처럼 석씨왕족집단 시대의 상황까지도 반영된 앞 시기의 것이었다고 보인다. 〈왕력王曆〉의 기록에도 '소천 언덕'이 '미소소성未召疏井 언덕'으로 되어 있어, 또 다른 전승에 의한 가능성도 있는데, '일설'처럼 탈해소상의 제작시기를 문무왕대라고 하지 않은 것은 '본문'의 내용에 가깝다.[35]

'본문'의 줄거리는 크게 네 단계로 전개되고 있다.

① 사망에 의한 1차 장사葬事. ② 자신의 뼈를 매장하라는 신탁神託. ③ 신탁에 따라 뼈를 빻아 만든 소상의 대궐내 안치. ④ 소상의 동악 안치와 탈해의 동악신으로의 전환.

탈해의 장례 과정은 앞에서 본 동옥저의 대목곽장과 일부 비슷한 면을 보인다. 그 첫째는 복장複葬 내지는 세골장 형태라는 것이다. ①에서 1차 매장은 가매장 과정에 대응된다. ③에서 뼈만을 거두어 소상을 만들어 궐내에 안치한 것은 살았을 때 모양대로 깎은 목각상과 함께 뼈만 추려 대목곽에 안치한 것과 대응된다. 고구려의 초기 단계 '종묘'라는 것이 거소의 좌우에 위치한 왕족의 토속적 조상신 사당이었듯이,[36] ③에서 탈해소상의 대궐내 안치는 석씨昔氏 왕족의 토속 종묘에 해당하는 건물에 안치한 것을 의미한다고 보아야 할 것이다. 그런데 ③의 과정은 ②의 신탁에서 '내 뼈를 매장하라.'는 것의 실행인바, 대궐내 안치가 매장의 의미를 갖는 것이기도 함을 보여준다. 다시 말하면, 신탁에 의한 것으로 신성화해 설명된 석씨집단의 시조신 소상의 안치 과정의 의미에 '매장'이라는 관념이 부분적이나마 잔존했던 것이다.

---

35) 《三國遺事》 王曆 第4 脫解尼師今.

36) 《三國志》 권 30 魏書 東夷傳 高句麗傳에는 涓奴部가 전왕족이라 나름으로 종묘를 세울 수 있고 靈星과 社稷에 제사한다 하고, 당시의 桂婁部 왕실에 대한 기록에서는 "그 습속이 음식을 절약하여 궁실꾸미기를 좋아한다. 그 거처하는 곳의 좌우에 큰 건물을 세워 귀신을 제사한다. 또한 靈星과 社稷을 제사한다."고 하였다. 여기서 계루부 왕실의 종묘에 해당하는 부분은 '큰 건물을 세워 귀신을 제사한다(立大屋 祭鬼神)'고 한 부분이 될 것이니, 토속적 제례에 의한 왕실 조상신 사당을 그렇게 표현한 것으로 보인다.

이는 동옥저 대목곽장이 2차장의 무덤적 성격과 사당적 성격이 복합된 상태와 비슷하다.

고구려의 전왕족 연노부涓奴部가 기존의 종묘를 유지했듯이, 석씨 왕족이 더 이상 니사금尼師今을 배출하지 못하게 된 단계에도, 석씨가 전왕족으로서의 지위를 유지하는 동안, 그 종묘에 해당하는 탈해소상을 모신 사당도 존속되었을 것으로 보인다. 석씨왕족의 시조로서 탈해의 사당은, 박씨 왕족이나 김씨 왕족의 시조를 제사한 '시조묘'나 '신궁神宮' 또는 그 전신인 사당과 비슷하게, 신라 안에서 신성시되는 존재가 되었다. 그러나 석씨가 전왕족으로서의 세력도 유지하지 못하고 몰락하게 되자, 다른 두 왕족의 시조사당인 '시조묘'나 '신궁'처럼 국가적 중심 제사 대상으로까지 발전하지 못하고,[37] 탈해는 원래 석씨 집단 지역의 동악(토함산)의 산신으로 자리잡게 되었다. 이 ④의 단계는, 석씨 집단이 전왕족으로서의 지위도 상실하게 된 몰락시점과도 관련하여 고려하면, 신라통일기보다 오래전일 가능성이 크다. 그러나 탈해와 함께 동악의 위상이 완전히 주변부로 밀려나는 것은 통일 초에 이르러서이다. 앞에 소개한 '일설'은, 석씨왕족과 관련된 전승의 사회적 의미가 이미 퇴색되고 잊혀져가는 속에, 통일 뒤 확대된 국토를 대상으로 편성한 오악에 토함산이 들어가는 단계이다. 이제 탈해의 위상은 오악의 중사中祀에 불과한 등급으로 확정되기에 이른 것이다. 탈해가 '매우 위엄 있고 사나운' 모습으로 문무왕의 꿈에 나타났다는 설화는 당시 이러한 격하에 대한 잔존하는 석씨관련 세력의 불만을 반영하는 것일 수 있다.

동악신이 된 ④의 단계 이후를 제외한 ①~③이 석씨왕족의 조상제례와

---

37) 시조묘에 대해서는 박혁거세를 제사대상으로 보는 것이 일반적인데, 신궁에 대해서는 여러 가지 설이 있고, 그 가운데 김씨시조로 보는 설의 경우에도 김씨시조로 나타나는 여러 인물별로 이설들이 있다. 이에 대해서는 나희라, 2003, 《신라의 국가제사》, 지식산업사, 서울, 〈Ⅲ. 신궁의 설치와 그 배경〉에서 자세히 소개하고 있다. 최근 연구인 나희라의 이 연구서에서는 '신궁'을 박혁거세의 탄생지에 세운 것으로 보고, 신라 왕권의 발전과정과 관련하여 보았다.

관련된 탈해소상의 성립과정이다. ①~③에는 동옥저의 대목곽장과 유사하게 복장 내지 세골장의 유형이 나타나며, 탈해소상을 안치한 석씨왕족의 토속적 종묘였을 궁궐의 사당은 사당적 성격과 무덤적 성격이 복합되어 있었다. 그러나 탈해사당은 사당으로서의 성격이 확고히 되어 무덤으로서의 성격은 거의 탈색되어가는 말기적 단계였을 것이니, 이점은 동옥저 대목곽장과 다른 중요한 차이점의 하나이다. 그리고 또 하나의 중요한 차이는 탈해의 경우는 뼛가루로 소상을 만들어 안치했다는 점이다. 토속적인 조상제례에 사용되는 조각상에는 목각상을 사용하는 유형과 함께 소상을 사용하는 유형도 존재했음을 알 수 있다.

## 원효의 뼛가루 소상

제례에 소상을 사용한 유형의 다른 예로는 다음과 같은 설총薛聰이 그 아버지 원효元曉의 소상을 만든 경우이다.

> [원효가] 입적하자 [설총은] 그 유해를 빻아 진용 소상을 만들어 분황사芬皇寺에 안치하여, 한 없는 비통함과 경모敬慕의 뜻을 표하였다. 총이 그 때 옆에서 예를 올리니, 상이 홀연히 돌아다 보았는데, 지금도 고개를 돌린 채로 있다.[38]

원효가 승려로서 활동한 것을 고려하면, 원효의 소상이 불교식 소상의 영향을 받았을 가능성이 있다. 그런데 원효는 파계한 뒤 거사居士로서 활동하였고, 위에서 보듯이 원효의 소상을 만든 것은 불교 승려들이 아니라, 그 아들인 설총이 주관하였다. 예를 올리는 설총을 돌아보느라 원효 소상의 고개가 옆으로 돌아갔다는 설화도, 원효소상과 불교교단보다는 세속의 가족인 설

---

38) 《三國遺事》 義解 元曉不羈.

총과의 긴밀한 연결관계를 상징해준다. 그렇다면 원효소상이 만들어지는 문화적 배경에는 탈해소상의 경우와 같은 당시의 토속적 제례법도 큰 영향을 주었을 것으로 생각된다.

원효소상을 분황사에 안치한 것도 설총으로 되어 있다. 이 또한 오직 원효의 승려로서의 전력 때문 만이기 보다는, 설총이 그 아버지의 명복을 빌기 위해 안치를 추진한 면도 작용했을 것으로 보인다. 그렇게 보면 원효소상의 분황사 안치는 그 뒤 단속사斷俗寺 금당 후벽의 경덕왕 진영,[39] 부석사浮石寺 벽에 그려진 신라왕의 진영,[40] 더 나아가서는 고려시대 왕건 동상이나 고려 국왕의 진영들이 사원의 진전에 안치되는 변화의 선행단계로 생각된다. 다시 말하면 토속적 조상제례가 불교와 융합해 나가는 변화의 초기단계의 한 사례였던 것으로 생각된다.

## 고구려의 동명왕과 유화의 조각상

조상제례와 관련하여 '소상'이라고 한 다른 사례로는 고구려 말 보장왕 대에

동명왕 모 소상이 3일간 피눈물을 흘렸다.[41]

고 한 기사가 나온다. 동명왕모상은 소상으로만이 아니라 기록에 목각상으로도 나타난다. 고려시대 개경에 있었던 동신사東神祠의 유화상이 그렇고, 고구려 앞 시기의 기록에도 다음과 같이 목각상으로 되어 있다.

---

39) 위의 책, 避隱 信忠掛冠.
40) 《三國史記》 열전 10 弓裔傳.
41) 위의 책, 高句麗本紀9 寶藏王 5년 하5월.

신묘 두 곳이 있다. 하나는 부여신夫餘神으로 나무에 조각한 부인상이다. 다른 하나인 고등신高登神은 그 시조로서 부여신의 아들이라 한다. 둘 다 관사官司를 두고, 사람을 파견하여 수호하는데, 대개 하백녀河伯女와 주몽朱蒙을 말하는 것이다.[42]

위에서 '부여신', '하백녀'는 모두 유화를 일컫는 것이다. 이러한 유화상은 여러 곳에 있었던 것으로 보이고, 목각상으로도 나타나므로, 유화상은 소상이라 해도 유해를 사용한 소상은 아니었음이 분명하다.

그런데 위 사료에서 고등신, 즉 주몽(동명왕)의 신묘에는 신상에 대한 직접적인 언급이 없다. 이것은 목각상이 부여신의 신묘에만 있었던 것을 표현한 것이라고 보아야 할까? 중국인의 관점에서 시조인 남성조상신에 덧붙여 그 어머니 조상신을 제사하는 것은 특이한 일이었다. '부여신'의 경우 그 명칭에서는 잘 드러나지 않는 시조의 어머니 하백녀임을 확인시켜주는 사실로 '나무에 조각한 부인상'임을 언급한 것이지, 어느 한쪽에만 목각상이 있는 것을 언급한 것은 아니라고 이해된다. 또한 당시에 아무런 상징물이 없는 신묘의 존재는 상정하기 어려우니, 고등신묘의 경우도 조각상이 안치되어 있었다고 보는 것이 타당하다. 그리고 앞에서 고려시대 유화의 사당이었던 동신사의 신상이 착의형 목각상임을 논하였는데, 고려시대 동명신상 또한 착의형임은 동명성제사東明聖帝祠에 제사하고 옷과 예물을 바친 기록을 통해 알 수 있다.[43] 고구려 당시에 두 신묘에 둘 다 관사官司를 두고 수호인을 배치한 것은 두 신묘의 신상들을 수호하기 위한 것이다.

부여신묘와 고등신묘의 조각상은 고구려의 경우도 조상제례에 착의형

---

42) 《北史》 권 94 高句麗傳.
43) "八月 甲申 遣使 祭東明聖帝祠 獻衣幣"(《고려사》 지 17 禮5 吉禮小祀 雜祀 숙종 10년 8월).

조각상을 사용하였음을 보여주는 것이다. 물론 동명신화의 유화는 지모신의 성격을 가지고 있어,[44] 순수한 조상제례의 대상과는 다른 차이점도 있다. 하지만 동명왕을 시조로 하는 고구려왕족이 그 시조의 어머니라 하고 있었으므로, 유화에 대한 제사는 고구려왕족 조상제례체계에 포함되는 것이다.

이 고구려의 부여신과 고등신 조각상은 그것이 목각상이든 소상이든 어떠한 방식으로도 유해遺骸와 결부되지 않은 조각상이다. 그러한 조각상만을 사당에서 사용하게 된 것은 사당과 무덤의 기능이 완전히 분리된 유형을 보여준다.

이상으로서 보면, 한국고대의 조상제례와 결부된 조각상 사례는 몇 가지 유형들이 나타난다. ① 동옥저의 대목곽장은 사당과 무덤이 분리되지 않은 상태에서 복장되는 뼈와 함께 안치되는 조상제례용 목각상이다. ② 신라 석씨집단 탈해상의 경우는 사당에 무덤으로서의 의미가 부분적으로 잔존하는 단계에서 유해와 결부된 조상제례용 소상이다. ③ 불교 요소와 토속제례 요소가 함께 복합적으로 작용한 원효소상은 유해와 결부된 조각상이면서, 조상제례가 불교사원을 공간으로 하게 된 경우이다. ④ 고구려의 경우는 일찍부터 사당과 무덤이 분리되고, 조각상도 유해와 물리적으로 분리되어, 오직 외형적으로 주인공의 육신 형상을 닮은 것으로 관념되는 목각상이나 소상이다. 특히 고구려의 경우는 고려시대에 남아 있는 자료를 통해 보면 착의형임이 확인된다.

이러한 한국고대의 조각상을 사용한 제례의 여러 유형들은 시간 속에서 먼저 사라져 간 경우도 있었고, 공존하는 기간도 있었을 것이다. 그런데 그 유형들은 고려시대 왕건상의 제례와 관련하여서 보면, 모두 조각상을 사용하는 면에서 공통성을 갖고, 그 점에서 토속적 제례 문화 전통으로 이어지는 것

---

44) 金哲埈, 1975, 〈東明王篇에 보이는 神母의 性格〉《韓國古代社會研究》.

이다. 왕건상의 경우는 특히 그 가운데서도 ④ 고구려 유형에 가장 공통점이 크며, 여기에 불교사원이 제례 공간으로 복합되고 있다.

## 고려시대의 동명왕상

1123년 송나라 사신 서긍徐兢이 접한 개경의 숭산신이나 동명왕의 성모인 유화의 신상도 옷을 입히는 양식이었다.[45] 고려시대에 국가적으로나 민간에서 신성시되어 '동명성제東明聖帝'로 불리며 숭배되던 동명왕의 신상도 옷을 입히는 양식이었다.[46] 동명왕상이나 유화상은 삼국시대 고구려 당시에도 존재하였던 것이 기록에서 확인된다. 그런데 고구려가 망한 뒤에도 그 지역 유민들 사이에서는 동명왕이나 유화의 숭배가 전승되어 고려시대에까지 이어지고 있었다. 동명숭배는 고려 당시 옛 고구려지역에서 중요한 토속신앙으로서 민간에 뿌리를 내리고 있었다. 동명숭배는 고려지배층에 의해 국가적 제도로 새로이 만들어 진 것이 아니라, 민간에 널리 이어내려오는 토속신앙에 바탕을 둔 것이었다.

이규보가 26세되던 1193년에 기술한 다음과 같은 〈동명왕편〉 서序는 당시 동명신화가 사회적으로 얼마나 널리 퍼져 있었는지를 보여준다.[47]

세간에서 동명왕東明王의 신이神異한 일을 말하는 사람이 많아서, 비록 우매한 사람들이라도 능히 그 일을 말할 수 있다. 나는 일찍이 그것을 듣고 이르기를 "선사先師 중니仲尼는 괴이한 일·용력勇力·패란悖亂·귀신鬼神[괴력난신怪力亂神]을 말하지 않았으니, 이는 실로 황당荒唐하고 기이하게 속이는 일이어서 우리들이 말할 바가 못된다."고 하였다.[48]

45] 《高麗圖經》 권 17 祠宇 崇山廟, 東神祠 ; 이에 대한 검토는 노명호, 2004 앞 논문 참조.
46] 이에 대해서는 《고려사》 등의 여러 기사가 있다. 노명호, 2004 앞 논문 참조.
47] 노명호, 1997, 〈동명왕편과 이규보의 다원적 천하관〉 《진단학보》 83.

이규보가 동명왕신화를 처음 알게 된 계기는 책을 통해서가 아니었다. 당시 세간에 널리 이야기 되고 있었던 동명왕에 대한 신비하고 기이한 일들을 듣고서였다. 동명신화는 우매한 일반인들도 그 이야기를 할 정도로 사회 일반에 널리 퍼져 있었다. 〈동명왕편〉을 지은 26세 전까지, 이규보의 주된 생활 근거 지역은 개경과 경기도 여주를 중심으로 한 지역이었다. 옛 고구려 지역이었던 한반도 중북부에는 동명신앙을 바탕으로 동명신화가 당시 사회에 널리 자리 잡고 있어, 그는 일찍부터 그 이야기들을 듣고 있었다.

유학의 경전이나 역사서[經史]에 대한 지식을 쌓은 청년 이규보는 처음에는 괴력난신을 배격하는 관점에서 세간에 이야기되는 동명신화를 부정하였다. 12세기말 고려에서 동명신화는 독서를 통해 학습되는 것이 아니라, 한반도 중북부 토속신앙과도 결합된 사회일반의 문화전통으로 널리 유포되어 있었던 것이다. 이러한 문화 속에서 성장한 이규보가 《구삼국사舊三國史》의 동명신화를 접하게 된 것은 시각을 넓혀 생각을 전환하는 계기가 되었다. 중국 상고 건국신화는 《논어論語》의 괴력난신 배격이 적용되지 않고 신성한 역사로 긍정되는 것처럼, 고구려의 건국신화도 그래야 한다고 보게 된 것이다.


한국고대에 동명신화는 북부여·고구려·백제를 포괄하는 부여족夫餘族 계통에 널리 유포되어 있던 토속신앙에 뿌리를 두고 있었다.[49] 그 토속신앙은 그것을 이단시하고 비속하다고 본 조선초기 성리학자들의 《고려사》 등 역사서에는 국가적 제사 이외에는 대부분 보이지 않지만, 고려시대에도 중북부 지역에 내려오고 있었다. 《고려도경》에는 개경 동신사東神祠에서 제사되던 동명의 어머니인 지모신地母神 유화柳花의 제사가 보인다. 현종顯宗 2년(1011)

---

48) 《東國李相國全集》 권 3, 古律詩, 東明王篇 序.
49) 노명호, 1981, 〈백제의 동명신화와 東明廟〉 《역사학연구》 10, 전남대.

에는 평양지역의 토속신들에 대한 훈호勳號를 더하는 가운데 동명왕이 포함되었다.[50] 숙종肅宗 10년(1105)에는 왕이 서경西京에 행차하여 태조진전眞殿에 배알하고, 사신을 보내 '동명성제사東明聖帝祠'에 제사지내고 의복과 제물을 바쳤다.[51] 이처럼 동명은 국가적으로도 특별한 제사의 대상으로 숭앙되고 있었다. 여기서 동명을 '성제聖帝'라 한 것은 동명이 특별히 높임을 받는 신성한 대상이었음을 보여준다. 예종睿宗 11년(1116)에는 가물어서 사신을 보내비를 기원한 대상에 상경上京, 즉 개경의 동신사와 서경의 동명사東明祠가 몇몇 다른 신들과 함께 보인다.[52] 동신사와 동명신이 기우祈雨와 같은 일반적인기원의 대상으로서도 중요한 위치에 있었음을 알 수 있다. 또한 고려후기인충렬왕 4년(1278)과 19년(1293)에도 왕명으로 평양 동명묘東明廟와 목멱묘木覓廟에 제사한 것이 보인다.[53] 《고려사》가 편찬된 조선초까지도 평양 인리방仁里坊에 있는 동명의 사우祠宇에는 고을 사람들이 일이 있으면 기도를 올리고있었다.[54]

동명신앙은 조선시대에 성리학에 의해 이단으로 배척되며 관련 신사나의례들이 혁파됨으로써, 민간 속에서만 흔적을 남기게 된다. 현대 한반도중·북부 지역의 무가巫歌 가운데 동명신화의 내용을 포함한 것이 널리 발견된다는 연구가 있다.[55]


한반도 중북부에서 일어난 고려가 고구려의 부흥국으로서 그 계승자를

50) 《고려사》 세가 4 현종 2년 5월 정해.
51) 《고려사절요》 권 7 숙종 10년 추8월, 《고려사》 지 17 禮5 雜祀 해당 년월조.
52) 《고려사》 지 17 禮5 雜祀 예종 11년 4월.
53) 위의 책, 세가 30 충렬왕 4년 9월 정유; 동왕 19년 10월 무신. 東明(聖帝)祠에 올린 제사를 정리한《고려사》 지 17 禮志5 雜祀條의 기록들은 동명사 제사 가운데 국왕의 명령 등에 의한 특별한 의미를갖는 것만을 수록한 것이고, 그 밖의 통상적인 제사 사실들은 수록하지 않았다.
54) 위의 책, 지 12 地理3 西京留守官平壤府.
55) 서대석, 1980, 《한국무가의 연구》, pp. 89~110, 194~196.

표방한 것은 건국지역 주민의 문화적 배경과 정서와도 연결된 고구려유민의
식을 토대로 한 때문이었다. 그리고 그러한 문화적 배경의 중심에는 동명왕
을 신성시하며 숭배하는 토속제례가 존재하였다.

　　고구려시대 이래의 동명숭배의 역사적 흐름을 고려하면, 동명왕 신상의
옷을 입히는 양식의 연원은 고구려시대 이래의 제례문화 전통에 그 뿌리가
있다. 고려의 건국세력이 고구려의 부흥국을 표방하고 있었고, 동명왕이 '동
명성제'로 특별히 높여 불리며 건국지역 주민들의 숭배의 대상이 되고 있었
다. 이러한 배경에서 동아시아 제왕의 초상으로서는 파격적인 착의형 나체상
양식의 선구가 된 것은 건국지역 주민의 토속신앙에서 높이 신성시되던 동명
왕상의 양식이었다. 그리고 그 뒤를 이어 왕건 동상이 착의형 나체상이었다.
그것은 그 당시 고려왕실을 포함한 고려 건국지역 주민의 문화에서 신성시하
는 조각상을 표현하는 전통적 조각의 언어이었다.


## 2) 전륜성왕의 신성함으로 묘사된 부분

### 불교의 대인상

　　왕건 동상의 모습은 불상과도 다르면서 다른 한편으로는 불상같은 느낌
도 주고 있다. 왕건의 초상화인 진영眞影과 함께 전해오며 왕건상은 고려왕실
의 시조의 상징물로 제사되고 있었으므로, 얼굴의 모습 등에서 왕건의 실제
모습을 어느 정도 담고 있을 것이다. 그렇지만 눈썹이나 귀의 형상 등은 불상
과 비슷한 모습을 가미하여 표현되어 있으며, 신체의 여러 부위의 형태는 불
상에 많이 반영된다는 삼십이대인상三十二大人相이라고도 하는 신체형상의
특징들을 일부 나타내고 있다. 불교에서는 32 가지 대인상은 출가자出家者인
부처와 재가자在家者인 전륜성왕轉輪聖王의 신체적 특징이라 한다. 재가자인

왕건상에 삼십이상의 요소들로 표현된 부위들이 있는 것은 왕건을 전륜성왕과 유사한 신성한 존재로 묘사한 것이다.

왕건 동상의 여러 부위는 일반적인 인체와는 다른 모습인데, 인체를 그렇게 표현한 사상적 배경을 이해해야만 왕건 동상에 부여된 상징적 의미를 제대로 이해할 수 있다. 왕건상에서 나타나는 일반적인 인체와 다른 특이한 형태들은 전반적으로 32길상의 특징과 연결된다. 32길상에 대한 서술은 여러 불교 경전들에서 나타나고, 불경에 따라 32 가지 중 일부는 서로 다른 것들이 있으나,《중아함경中阿含經》의〈삼십이상경三十二相經〉과《법원주림法苑珠林》에 공통적으로 나타나는 상相들을 중심으로 검토하면 다음과 같은 특징들을 볼 수 있다.56)

## 마음장상馬陰藏相과 남근숭배

왕건 동상에서 눈에 띄는 특이한 점은 나체상으로서 남근男根이 묘사되었다는 점이다. 더구나 체격은 성인남성의 크기에 가까우면서도, 남근의 길이가 2cm에 불과하여, 유아의 것과 같은 크기이고, 가로로 주름들을 세긴 오므라든 형상이라는 것이다.(〈사진 7〉〈사진 8〉) 이는 32상의 마음장상馬陰藏相을 표현한 것으로 보인다. 마음장상이란 남근이 말의 그것처럼 오므라들어 몸 안에 숨어 있는 형상인데, 전생에 자신의 몸을 삼가하여 색욕을 멀리함으로써 성취한 것이라 한다.57)《법원주림》에 마음장상은 대단히 커질 수도 있지만 작을 때는 8세 동자의 것과 같았다 하였으니,58) 왕건 동상의 남근은 이러한 관념을 담은 것이다.

적어도 한국의 불상에서는 나체상 자체가 없으므로, 마음장상이 불상에

---

56)《中阿含經》권 11 三十二相經.《法苑珠林》권 9 千佛篇 現相部.
57)《寶女所問經》권 4 三十二相品.
58)《法苑珠林》권 10 千佛篇 神異部.

**사진 7_** 왕건 동상 세부

**사진 8_** 왕건 동상 세부

**사진 9**_ 전북 순창군 팔덕면 산동리 452 남근석(문화재청)

표현된 예는 알려진 것이 없다. 마음장상만이 아니라, 32길상의 상당수는 실제로는 불상에 표현되지 않는 것으로 알려져 있다. 남근을 조각으로 묘사한 왕건 동상은 한국고대의 토속제례와 연결되는 조각상의 전통에 바탕을 두면서도, 마음장상이라는 불교적 관념을 받아들여, 정신적인 수양을 전제로 하는 속에 새로운 신비로움을 더한 것이다.

이와 관련하여, 신라의 군왕에 대한 관념에서 음경이 1척5촌(약 45Cm)이었다는 풍요와 다산을 상징하는 남근숭배가 주목된다.[59] 남근숭배는 남근의 크기를 과장함으로써 풍요와 다산의 힘에 연결시키는 관념이다. 이러한 관념은 신라만이 아니라 한국고대의 군왕에 대한 관념에 공통적인 것이었을 가능성이 있다. 남근숭배는 조선시대를 거쳐 현대에 이르는 민속에서도 나타난다.(사진 9) 남근숭배에 따라 신라 지철노왕의 음경의 크기는 강조되어 나타난 것이다.

왕건 동상의 마음장상 표현은 그러한 직설적이고 소박한 고대적 남근숭배와 연결된 풍요와 다산의 신성한 권능을 갖는 왕이라는 한국고대의 군왕의

---

59) 《三國遺事》 권 1 紀異 知哲老王.

이미지에서 변화된 것을 보여준다. 즉, 정신적 수양으로 내면적 신성한 힘을 갖는 군왕의 이미지로 바뀐 것을 보어 준다.

## 발과 다리

그 밖에 32상의 특징과 관련된 형태 표현을 다리와 발에서 열거하면 다음과 같다. 단, 왕건 동상의 두 발과 다리는 원래는 가지런하였으나, 공사 중에 출토될 때 오른 쪽 다리의 대퇴부 몸통 쪽 부분이 부러진 것을 용접하는 과정에서 변형되었다. 그로 말미암아 오른쪽 다리가 원형보다 2~3도 정도 안쪽으로 향하게 되었고, 왼발과 나란히 있었던 것으로 보

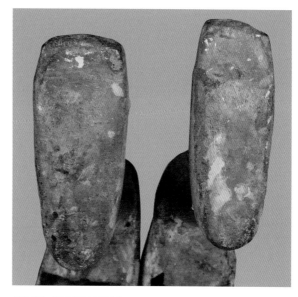

사진 10_ 왕건 동상 발바닥

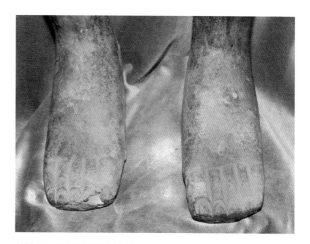

사진 11_ 위에서 내려다 본 발

이는 오른 발은 약 3~4cm 뒤로 가있다. 이제 왕건 동상의 형상의 특징을 32길상의 내용을 열거하며 검토하면 다음과 같다.

① 발바닥이 완전히 평평한 것[足安平立] : 〈사진 10〉에서 보듯이 왕건 동상의 발바닥은 완전히 평면이다.

**사진 12_** 다리 정면과 측면

② 발가락이 가늘고 긴 것[足指纖長] : 〈사진 11〉에서 보듯이 발가락의 길이가 발 전체의 길이에서 1/4에 가까울 정도로 발가락이 가늘고 길게 표현되어 있다.

③ 발모양이 특히 앞부분에서 사각형에 가깝게 직선적인 외곽선으로 된 것[足周正直] : 발 앞부분의 형태가 사각형에 가까운 직선적인 것은 〈사진 10〉과 〈사진 11〉에서 잘 나타난다.

왕건 동상이 의관을 갖춘 형상의 초상화인 어진을 기초로 만들어질 때 겉으로 들어나지 않는 부분들은 어진의 모습에 배치되지 않으면서 32길상에 따라 신성한 존재로 표현하기가 쉬운 부분이다. 발가락과 발톱을 세밀히 표

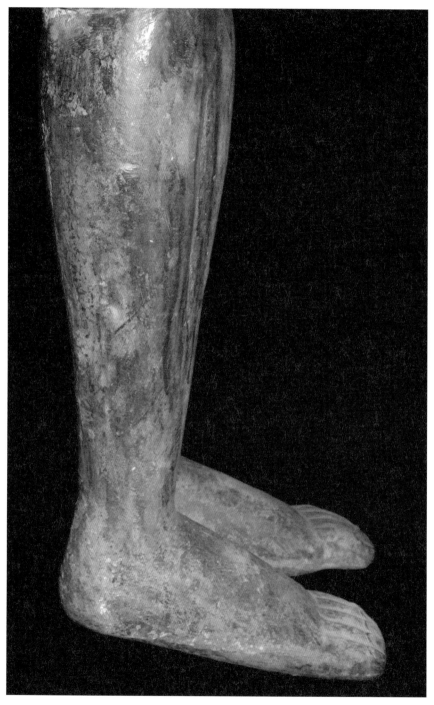

**사진 13**_ 옆에서 본 발과 종아리

현하면서도 발바닥을 평평하게 만들고, 발 앞부분을 가지런하게 직선적으로 표현한 것은 32길상을 염두에 둔 것일 가능성이 크다.

④ 발뒤꿈치와 복사뼈 뒤로 양변이 평평하고 넉넉한 것[足跟踝後兩邊平滿][60] : 〈사진 11〉과 〈사진 12〉에서 보면, 발 뒷 부분과 발목 부분에서 평평하며, 일반적인 인체에서처럼 잘록하게 들어간 부분이 없다.

⑤ 복숭아뼈가 튀어나오지 않고 그 주변이 고른 것[足兩踝傭] : 정면과 측면의 사진에서 보듯이 복숭아 뼈가 있을 위치에 튀어 나온 부분이 없다.(〈사진 12〉, 〈사진 13〉)

⑥ 다리에서는 무릎 아래가 근육의 뭉침이 없이 날씬한 편이며 대퇴부가 대단히 굵고 골반쪽으로 오면서 더욱 굵어지는 형상[鹿蹲腸 猶如鹿王] : 다리의 정면과 측면 〈사진12〉에서 보면 종아리 근육이 불룩 튀어 나옴이 없다. 그리고 대퇴부가 두터울 뿐만 아니라, 몸쪽으로 오면서 굵어지는 형상이다.

## 손과 상반신

상반신에서도 32길상과 관련되는 체형의 표현들이 보인다. 《중아함경》의 〈삼십이상경〉을 기준으로 하고, 다른 경들에 있는 것으로 참고되는 것을 별도로 밝혀 열거하면서 검토하면 다음과 같다.

⑦ 손가락이 가늘고 긴 것[指纖長好][61] : 〈사진 14〉와 〈사진 15〉에서 보듯이 왕년의 장수출신이기도 했으며, 동상에서도 전체적으로 건장한 남성의 모습으로 표현된 굵은 목, 넓은 어깨와 가슴 등에 견주면 손가락의 모습은 여성

---

60) 崔完秀, 1984, 《佛像研究》 도표 I 三十二相의 해석 참고.
61) 〈三十二相經〉에는 없으나, 《法苑珠林》 권 9 천불편 現相部와 《寶女所問經》 권 4 三十二相品에 보인다.

**사진 14**_ 정면에서 본 손

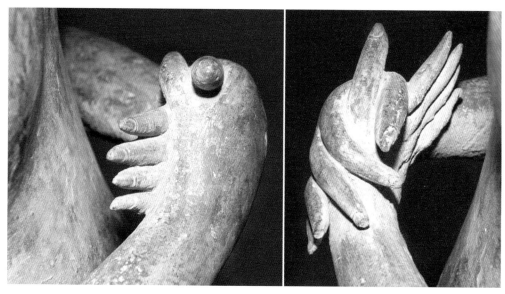

**사진 15**_ 측면에서 본 손

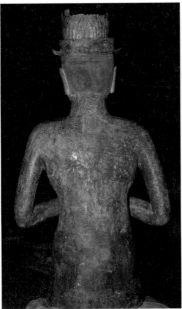

사진 16_ 동상의 몸통

적인 섬세한 손을 연상시킬 정도로 가늘고 길며, 손가락 끝은 더욱 가늘어지는 유선형이다.

　나는 32길상의 표현이라는 것에 착안하기 전에는 석회나 안료 등을 두텁게 입혀 실제는 손가락이 훨씬 굵었을지 모른다는 생각을 해 본 적도 있다. 그런데 손바닥 쪽의 손가락과 손가락 사이를 보면 공간이 좁아, 손가락을 굵게 만들 정도로 표면에 두텁게 입힐 수 없는 형태이다. 동상에서 안료가 가장 잘 남아 있는 부분은 머리카락 부분이다. 안료는 동상의 표면을 좀 더 매끈하게 만들 정도의 두께이기는 했다. 그러나 동상에 표현된 가는 주름 등 음각 선이 살아날 정도였고, 손가락이나 팔의 굵기가 달라질 정도의 두께는 아니었다.

　⑧ 평평하고 곧은 등의 형상[脊背平直] : 〈사진 16〉에서 보듯이 측면, 후

**사진 17_** 춘궁리불상(문화재청)

면, 후사면에서 바라본 왕건 동상의 등은 평면으로 느껴질 정도로 평평하며 곧게 펴져 있다. 왕건 동상을 뒤에서 보는 일이 없어서 어탑御榻의 등받이 부분에 바짝 붙여 앉게 하기 위한 것으로 생각해 볼 수도 있겠다. 그런데 일반적인 인체의 등의 굴곡을 만들면서도 곧은 자세를 갖게 하면 같은 효과가 있으므로 그것이 이유로는 생각되지 않는다. 또한 몸통의 측면은 굴곡이 심한 곡면으로 되어 있어, 동상의 평평한 등의 모습은 곡면을 평면으로 단순화시킨 것이라기 보다는 32길상의 의도적 표현을 위한 것으로 보아야 하겠다.

⑨ 상반신이 사자처럼 역삼각형으로 크고 두터운 형상[其上身大 猶如師子] : 동상의 상체 몸통은 넓은 어깨가 가슴의 하단에서 가장 가늘어지고 밑으로 내려오면서 다시 굵어지는 형상이다. 정상적인 인체가 허리 부분에서 가장 가늘어지는 것과 다르다. 이러한 32길상의 표현은 고려초의 불상에서 그 모습을 찾을 수 있다. 한 예로 고려 초의 철불로 알려진 경기도 광주군 동부면 하사창리의 절터에서 발견된 춘궁리 불상을 보면 넓은 어깨가 가슴하단에서 가장 가늘어지고, 밑으로 내려 오면 다시 굵어지는 형상이다.(〈사진 17〉)

⑩ 두 어깨가 두꺼운 목에 이어지면서 평평하고 두툼한 것[兩肩上連 通頸 平滿] : 〈사진 16〉에서 보듯이 동상의 목은 두상이나 허리의 폭과 견줄 때 대단히 굵고, 좌우 양 어깨는 넓고 평평하다.

32상의 특징들은 불상의 제작에서도 조각으로 나타내기 어려운 것도 있고, 불경에 따라서도 조금씩 다른 경우가 있다. 그리고 당시대에 일반적으로 받아들여지지 않는 것도 있다. 이러한 이유로 32상의 특징들은 불상의 제작에서 일부만이 표현된다.[61] 왕건 동상에서 32상의 특징들의 일부만이 표현된 것도 그러한 불상의 경우와 비슷하다.

## 왕건 동상의 조형적 표현의 골자

한편 왕건 동상이 불상의 경우와 근본적으로 다른 점이 있다. 불상의 경우 표현된 32상의 요소들이 노출되어 대부분 보이도록 되어 있다. 왕건상의 경우 이상에서 검토한 32상의 요소들이, 손이나 목·어깨의 윤곽선 등을 제외

---

61) Dietrich Seckel, 1962, *The Art of Buddhism*, 이주형 역, 《불교미술》(2002), 예경 p. 197.
  이주형, 2003, 《간다라미술》, 사계절, p. 84, 95.

하면, 실제로는 모두 왕건 동상이 착용한 의복과 신발 속에 들어가 겉으로 드러내 보여주는 것이 아니다. 이 점에서 왕건 동상에 반영된 32상은 은밀하고 내면적인 제한적 의미를 갖는다.

왕건 동상의 제작은 왕건이 의관을 갖추어 입은 초상화인 진영眞影과 왕건이 착용하였던 통천관에 관한 자료 등을 기반으로 하였을 것이다. 왕건은 26년 동안 재위하다가 67세로 돌아갔으나, 왕건 동상의 얼굴이나 체격은 노쇠한 노년의 모습이 아니라, 힘과 권위가 충만한 장년기의 왕건의 모습을 표현한 것이다. 이는 왕건 동상의 출발단계 제작의도에 따른 것이고, 동상 제작에 기초가 된 진영도 그러한 모습을 담았을 것으로 보인다. 동상을 제작하면서는 의관을 갖추어 입었을 때 드러나는 왕건의 얼굴 용모나 전체적인 풍채의 윤곽선은 영정에 따라 표현되었을 것이다. 그러나 영정에도 드러나지 않는 의복 속의 신체의 세부는 영정의 모습에 덜 구애되므로, 전체적인 왕건상의 제작의도인 힘과 권위가 충만한 모습을 상징적으로 형상화하는 표현에 비교적 자유로울 수 있었다. 그 상징적 형상화 작업은 그 시대에 통용되는 상징과 관념을 담은 조각상의 기법으로 표현하는 것이었다.

그러한 그 시대의 상징과 관념의 한 축은 고려시대에 널리 숭배되고 있었던 동명왕상東明王像 등과 같은 고대 이래 전통적 제례법 및 조각상의 표현들이었고, 다른 하나의 축은 그 당시의 불교적 상징과 관념이었던 32길상이었다. 이상과 같은 점들을 고려하면, 왕건 동상에 표현된 32길상은 왕건이 곧 전륜성왕이라고 나타내려는 것보다는, 온 천하를 지배하는 힘과 신성함을 갖는 전륜성왕의 관념과 상징을 빌려, 고려를 건국한 왕건의 힘과 신성한 권위를 동상에 형상화한 것이라 하겠다.

# IV

# 고려 조정의 왕건 동상 경배

1. 태조 왕건의 신망·카리스마·신화화

2. 광종의 봉은사 건립과 태조 왕건상의 제작

3. 성종대 종묘 건립 후의 변화

4. 현종대 천하다원론계 정책 부활 후의 봉은사

5. 정종대의 제례법 제정

6. 강도의 봉은사와 개경 환도

7. 고려말 봉은사 태조진전의 명칭 변화

# 1. 태조 왕건의 신망·카리스마·신화화

고려 태조 왕건은 그 당대에 후삼국을 통일하고, 각지의 독자적 세력기반을 지닌 호족들을 고려 정부 안에 규합하였다. 그의 치세가 진행되는 동안, 그는 높은 카리스마적 지배력을 갖게 되었다. 태조대의 정치체제에 대해서 각 지방에 세력기반과 상당한 독자성을 갖는 호족들을 회유하여 규합한 호족연합정권이라는 관점과 이미 왕권의 통제 아래 호족들이 군신관계로 신속臣屬한 중앙집권화된 체제라는 관점이 있다.[1] 이 책의 주제범위를 벗어나지 않게 요점만 언급한다면, 두 설은 각기 나름의 취할 점이 있다. 다시 말하면, 왕건의 권력은 대체로 즉위 후 시간이 경과될수록 강화되어 가며 강력한 수준에 도달하게 되지만, 그 권력은 조직적으로 제도화한 체제에 입각한 부분이 적었다는 것이다. 왕건 당시의 호족들에 대한 타협, 규합, 통제는 대상과 시

---

[1] 호족연합정권이라는 용어는 개설서에서는 '60년대에도 쓰였으나, 그에 대한 실증적 논고는 '70년대부터 나타나며, 다수의 연구자들이 내용설정에 약간의 차이가 있지만 이 용어를 사용하고 있다. (하현강, 〈고려왕조의 성립과 호족연합정권〉《한국사 4》(국사편찬위원회, 1974). 이기백, 〈고려귀족사회의 성립 개요〉 같은 책.)
이에 대한 반론과 함께 중앙집권화된 체제라는 견해를 보인 연구들은 '80년대 중반부터 나온 바 있다. (박창희, 1984, 〈고려초기 '호족연합정권설'에 대한 검토 : '귀부' 호족의 정치적 성격을 중심으로〉《한국사의 시각》, 영언문화사. 엄성용, 〈고려초기 왕권과 지방 호족의 신분변화 : 호족연합정권설에 대한 검토〉《고려사의 제문제》, 변태섭편, 1986, 삼영사. 정경현, 1987, 〈고려태조대의 순군부에 대하여〉《한국학보》 48. 정경현, 1992, 〈고려태조의 왕권 : 특히 그의 권위의 측면을 중심으로〉《허선도정년기념 한국사학논총》. 황선영, 1988, 《고려초기의 왕권연구》, 동아대출판부, Ⅳ. 3. 초기 권력구조의 성격)
[2] 신호철, 2002, 《후삼국시대 호족연구》(개신) Ⅲ.후삼국시대의 호족과 국왕. 정지영, 〈고려태조의 호족정책〉《고려 태조의 국가경영》, 홍승기편, 1996.

기에 따라 다양하게 이루어진 측면이 있다.[2] 왕건의 정치적 영도력은 제도화된 체제에 의한 일관된 것이기보다는 그 만큼 왕건의 개인적 영도력이 작용한 측면이 컸다.

그는 호족세력들을 폭넓게 규합하는 정치력을 발휘하는 한편, 당시이 새로운 국가사회의 정치, 외교, 경제, 사회, 종교 등 중요 부문들의 나아갈 방향을 멀리 내다보았다. 그리고 신라국가라는 구체제의 붕괴 후 분열과 혼란에 빠졌던 당시의 사회에 새로운 출구를 보여주는 비전을 제시하였다. 즉위후 첫 조서詔書의 첫 조항의 용현用賢의 중요성, 천하통법인 십일세十一稅, 만주의 생여진 부족들과 발해유민들을 규합한 대거란동맹 등은 그 뒤 수세기에 걸쳐 고려국가의 새로운 체제적 제도들의 기본 방향 내지는 밑바탕과 관련된 것들이었다. 그의 주위에는 그를 신뢰하는 문무의 유능한 인재들이 측근신료로 모여 들어, 그와 함께 사선死線을 넘나들며 후삼국 통일의 위업을 실현했다. 그와 이들 신료와의 관계는 공적이고 관제官制를 동반한 관계의 면도 있지만, 사적 주종관계私的 主從關係의 성격이 매우 컸다. 그의 정치적 영도력은 후삼국의 통일 후 대적할 자 없는 막강한 카리스마를 갖기에 이르렀다. 그러나 그것은 공적 제도와 체제화한 정부조직에 의해 밑받침되는 부분이 충분하지 않은 초창기의 군주권이었다. 그만큼 그의 정치적 영도력과 카리스마는 그 개인을 향한 신망의 축적과 인적관계에 기반한 바가 컸다.

943년 왕건이 사망한 뒤 그의 신망과 카리스마는 국가권력을 밑받침하는 제도화가 진전되며 새로운 권위로 확대·재생산되어 갔다. 그가 제시한 주요한 정책 방향은 국시國是처럼 되어, 후대의 각 정파들이 자신들의 정책을 태조의 뜻에 끌어대려는 행태를 낳게 되었다. 그는 고려 건국의 시조로서 군주권 정통성의 근원이 되었고, 《고려사》〈세계〉에서 보는 바처럼 신화화되며, 경배 대상으로 높은 곳에 자리잡게 되었다.

# 2. 광종의 봉은사 건립과 태조 왕건상의 제작

　　왕건의 개인적 정치역량에 크게 의존한 고려는 그의 사후 자연히 새로운 영도력의 재생성에 어려움을 겪을 수밖에 없었다. 호족출신 세력의 발호와 왕건의 여러 부인에서 태어난 아들들을 즉위시키려는 권력투쟁 속에, 제2대부터 제4대까지 왕건의 세 명의 아들이 왕위에 올랐다. 제2대 혜종惠宗은 암살 위협까지 받으며 재위 2년 4개월 만에 죽었다. 제3대 정종定宗은 도전 세력들을 어느 정도 누르기는 하였으나, 잠재된 위협을 벗어나지 못한 채 재위 3년 반 만에 세상을 떠났다.

　　제4대 광종光宗의 치세에 이르러 이러한 상황은 근본적인 전환을 보게 된다.[3] 광종은 즉위 초에는 기존 세력을 회유하며 정치적 방향을 정하는 것을 통해 호족세력들과 조정朝廷에 대한 주도적 위치를 서서히 강화해 나갔다. 그리고 재위 7년(956)부터 이른 바 노비안검법奴婢按檢法을 통해 호족출신 공신들의 사병私兵을 포함한 세력기반을 축소하고 박탈함과 동시에, 그들에 대한 대대적인 숙청을 단행하였다. 도전 세력들을 완전 제압한 광종은 과거제도科擧制度라는 당시로서는 첨단의 관리선발제도를 도입하고, 공복公服을 제

---

3) 김용덕, 1959, 〈고려광종조의 과거제도 문제〉《중앙대논문집》 4. 하현강, 〈호족과 왕권〉《한국사 4》, 국사편찬위 편, 1974. 강희웅, 〈고려초 과거제도의 도입에 관한 소고〉《한국의 전통과 변천》, 고대 아세아문제연구소 편, 1973. 김두진, 1979, 〈고려 광종대의 전제왕권과 호족〉《한국학보》 15. 오성, 〈고려 광종대의 과거 합격자〉 ; 신호철, 〈고려 광종대의 공복제정〉 ; 김당택, 〈최승노의 상서문에 보이는 광종대의 '후생'과 경종 원년 전시과〉《고려광종연구》, 이기백 편, 1981.

정하는 등 일련의 정치적 혁신을 추구하여, 고려 군주권을 확고히 하는 체제적 기반을 마련하였다.

광종 2년의 봉은사 태조진전太祖眞殿의 창건은 광종의 정치적 방향 제시의 중심축에 위치하였다.《고려사》에는 봉은사의 창건에 대해 다음과 같이 기록하고 있다.

> (광종) 2년(951)에 성城 남쪽에 '대봉은사大奉恩寺'를 창건하여 태조의 원당願堂으로 삼고, 또 불일사佛日寺를 개경 동쪽 교외에 창건하여 돌아가신 어머니 유씨柳氏의 원당으로 삼았다.[4]

봉은사의 창건에는 당연히 태조진전이 함께 건축되었을 것이다.《고려사》에는 국왕이 태조에 대한 제례를 위해 사찰 봉은사가 아닌 봉은사의 '태조진전'에 행차한 것도, 다만 '봉은사에 행차하였다'고 표현한 기록들이 상당히 많다.(IV장 7절 참조)《고려사》 찬자는 봉은사와 봉은사 태조진전을 혼합된 일체로 다룸으로써 '태조진전' 부분에 대한 언급은 생략해도 좋은 것으로 여긴 것이다. 위의 기사에서 태조진전 부분을 별도로 언급하지 않은 것도《고려사》의 이러한 서술태도가 작용한 측면이 있을 것이다.

봉은사 태조진전의 창건은 왕건상의 제작이 필수적으로 수반될 수밖에 없는 것이다. 봉은사, 봉은사 태조진전 그리고 태조왕건상은 모두 광종2년 무렵에 함께 만들어진 것이라고 보아야 한다. 태조 왕건의 사후 비로소 처음으로 건국시조를 경배하고 제사하는 건축물과 당대의 최고의 신성함과 권위를 나타내는 조각상의 표현들을 총 동원한 건국시조의 상징물인 조각상이 만

---

4) 《고려사》 세가 2 光宗 2년.
　한기문, 2008, 〈高麗時代 開京 奉恩寺의 創建과 太祖眞殿〉《韓國史學報》 33, 고려사학회.

들어진 것이다.

고려태조 왕건의 동상이 제작된 시기는 고려초기 정치사적 흐름 속에서 보더라도 봉은사가 창건된 광종 2년 무렵으로 비정된다. 왕건 동상의 제작 기법이나 양식이 고려초의 불상들의 그것과 같다는 것도 그 제작 년대 비정에 중요한 사실이다.[5]

왕건 동상을 비롯하여 고려군주의 제례용 조각상이 제작된 시기는 대체로 광종대까지가 하한선으로 생각된다. 기록에 보이는 제2대 임금 혜종惠宗의 소상도 그가 죽은 뒤인 정종대~광종대 무렵에 만들어졌을 가능성이 크다.[6] 아마 추가로 제례용 조각상이 더 만들어졌다면, 제3대 정종과 제4대 광종까지가 가능성이 있다. 제5대 경종景宗 시기도 가능성이 있기는 하나, 정치적 혼란 속에 상대적으로 가능성이 적다. 제례용 군주의 조각상의 제작은 단지 그 제작에 그치는 것이 아니라, 그에 부수되는 일련의 진전 등을 건립해야 하고, 그것을 운영해야 하는 사업이기 때문이다. 더욱이 그것을 추진할 정치적 세력이 확고하고, 그 의미 부여가 정치적으로 뚜렷해야 하기 때문이다. 그리고 제6대 성종成宗대에는 화이론자華夷論者들이 집권하면서, 토속적인 제례법이 억제되거나 폐기되고 있어, 제례용 조각상을 배척하였다.(후술함)

제Ⅳ장에서 보았듯이 왕건 동상에는 민간에서 오랜 전통적 토속신앙과 정서 속에 신성하게 받드는 동명상의 양식이 표현되었다. 그리고 종교로서 사회적 큰 영향력을 갖는 불교에서 최고의 신성한 존재인 부처나 전륜성왕의 신체적 특징이라는 32길상의 신성함이 표현되었다. 그리고 그 조각상은 황제

---

5) 菊竹淳一, 2005, 〈高麗時代の裸形男子倚像〉《デアルテ》21.

6) 혜종의 소상이 있었던 나주는 혜종의 母后 莊和王后 吳氏의 鄕里를 따른 혜종의 '御鄕'으로, 죽어서는 그의 제사가 거행되던 곳이다. 나주에서 혜종의 향리세력은 혜종의 생전에도 그의 중요한 정치적 기반으로 관계를 가졌으니,(노명호, 1986, 〈高麗初期 王室出身의 '鄕里'勢力: 麗初 親屬들의 政治勢力化 樣態〉《高麗史의 諸問題》邊太燮편) 그의 사후 곧 나주에 혜종의 진전이 만들어져 제사가 시작되었을 것이고, 그 제사에 사용된 혜종의 소상도 그의 사후 오래지 않은 때에 만들어졌을 것으로 보인다.

148

관복皇帝冠服을 착용한 고려 태조 황제의 모습이었다. 그는 군주로서는 최고의 위호를 갖는 존재로 형상화되었다.

봉은사 태조진전과 왕건상은 일차적으로 고려 태조의 신성한 권위를 강조하는 상징물이지만, 그것은 곧 그를 계승한 왕들과 왕실의 신성한 권위의 원천적 토대의 상징물이기도 하였다. 광종은 그 어머니 충주 유씨劉氏를 위한 불일사佛日寺도 함께 창건하였다. 이것은 우선 그 모후의 명복을 기원하기 위한 것인 동시에 또 다른 의미도 내포한다. 즉 왕건의 여러 후비들의 아들과 연계된 세력들이 경쟁해 온 상황에서, 광종이 봉은사와 불일사를 동시에 창건한 것은 모후를 높임으로써 태조 왕건의 계승자로서의 자신의 위치를 공개적으로 강조하는 것이다.

태조 왕건의 동상 이전에도 왕건의 초상화인 진영眞影같은 것이 있었을 것이나, 그것은 극히 제한된 고위 인물들만이 접하고 인지하는 것에 국한될 수밖에 없다. 이와 달리, 고려 수도의 궁궐 밖 공표된 공간 안에 자리잡은 태조 왕건상을 안치한 제례공간인 봉은사와 봉은사 태조진전은 모든 나라 사람들에게 공표된 상징물이자 상징적 공간이었다.

광종대에는 아직 종묘도 없었던 때였다. 태조 왕건의 현릉이 제례의 공간이 될 수는 있지만, 불교적 관념의 영향으로 박장薄葬을 지향하며 검소하고 작게 조성된 현릉은 태조 왕건의 신성한 권위를 표현한 공간으로서 그다지 적합하지 않았다. 또한 그것은 기본적으로 사후의 공간이고 망자의 과거와 연결된 공간이다. 이와 달리, 봉은사 태조진전은 산자들이 속한 현재의 공간에 연결된 것이다. 그 진전의 왕건상은 생전의 모습으로 현재 속에 재현된 것으로 관념되고 경배되는 상징물이다. 봉은사 태조진전과 왕건상은 당시의 사회에서 태조 왕건의 신성한 권위를 현재 속에서 강조하고, 그것이 현재의 군주에게 이어짐을 상징하는 중요한 의미를 갖는 것이다.

광종 2년 봉은사 태조진전의 건립은 당시에 정치적 기선을 잡는 명분이 있었고, 새로이 출범한 고려 국가에서 군주권의 신성한 권위를 확립하는 초석을 놓는 일이었다. 그 다음 수순으로 광종대 중후반의 일련의 정치적 새로운 변화의 추구가 이어져 군주권을 체제적 기반 위로 끌어 올리게 되었다.

# 3. 성종대 종묘 건립 후의 변화

태조에 대한 제례와 함께 봉은사 태조진전의 위상은 성종成宗 대에 들어와 큰 변화를 겪게 된다. 성종 2년(983) 하5월에 박사 임노성任老成이 송 나라로부터 태묘당도太廟堂圖, 태묘당기太廟堂記 등을 가져와 바쳤다.[7] 성종대의 종묘제는 송나라의 제도를 참고하며 성립되었다.[8] 성종 7년(988) 12월에는 종묘宗廟에 제향될 대상인 오묘五廟를 정하였다. 그리고 종묘 건립은 다음해 4월부터 시작하여, 성종 11년 11월에 끝났다.[9] 성종은 공사장에 나아가 백관을 이끌고 자재를 운반할 정도로 종묘에 정성을 기울였다.[10]

종묘는 제사 대상의 상징물로서 나무 위패인 목주木主를 사용하여, 조각상이나 초상화를 사용하는 진전과는 핵심 의례의 출발부터가 다른 기반을 갖는다. 이러한 성종대 종묘 건립에는 일차적으로 원로대신 최승로를 위시한 화이론자華夷論者들이 주도하고 있었다. 화이론자들은 문화적으로는 당시의 국제적 선진문화인 당송의 문화를 지고至高의 것으로 숭상하여, 가능하면 전면 도입할 것을 주장하였다. 그리고 자국의 고대 이래의 문화전통은 비천하고 누추한 것으로 보아 혁파해야 한다고 하였다.  최승로는 생산 및 경제와

---

7) 《고려사》 세가 3 해당 연월조.

8) 김철웅, 2005, 〈고려시대 태묘와 원묘의 운영〉《국사관논총》 106.

9) 《고려사》 지 15 禮3 諸陵 해당 연월조. 같은 책, 세가3 해당 연월조.

10) 위의 책, 세가 3 성종 7년 계유.

관련되어 바꾸기 힘든 거마의복車馬衣服의 제도를 제외하고, 나머지 모든 제도는 '중화中華'의 유교정치문화를 중심으로 한 제도들을 따름으로써, '비천하고 누추한' 고려의 기존문화를 혁파할 것을 주장하였다.[11] 그에 따라 고려의 친족제도와는 근본적으로 달라 고려 사회에 맞지 않는 중국의 상례喪禮이자 친족제도인 오복제도五服制度까지 도입하였다.[12] 고려의 토풍문화에 해당하는 팔관회八關會와 연등회燃燈會는 고려 태조가 그 가감 조차 절대 금지하였음에도 마침내 폐지하였다.

봉은사 태조진전은 이러한 성종과 화이론자들에게 결코 받아들이기 어려운 존재일 수밖에 없었다. 첫째, 그 핵심인 왕건 동상에 내재된 문화기반은, 앞장에서 보았듯이, 고구려계의 토속문화와 고대 이래로 뿌리 내린 불교문화였기 때문이다. 화이론자들은 가능한 한 모든 문화를 당송의 유교문화로 바꾸려 하였고, 그들이 도입한 종묘가 입각한 제례문화도 유교적 제례였다. 그들에게는 봉은사 태조진전의 제례는 '비천하고 누추한' 토풍으로 인식될 수밖에 없는 것이다. 최승로는 토속제례에서 우인偶人을 사용하는 것에 대해서

(전략) 우인偶人은 흉례凶禮가 아니면 사용하지 않는 것입니다. 중국의 사신이 일찍이 와서 보고 상서롭지 못하다고 하고 얼굴을 가리고 지나갔으니, 지금부터는 사용하지 못하도록 하십시오.[13]

라고 비판하고, 금지하게 하였다. 팔관회 등 토속제례의 우인과 진전에 봉안된 국왕의 조각상은 의례체계상의 위치에서 다른 면이 있다. 그러나 팔관회 우인 가운데도 역사적 실존인물을 형상화한 것들이 존재하였고, 양자 모두는

---

11) 《고려사》 열전 6 崔承老傳.
12) 노명호, 1980, 〈고려의 오복친과 친족관계법제〉《한국사연구》 33.
13) 《고려사》 열전 6 崔承老傳.

전대 이래의 토속문화 전통과 연결되는 공통점을 가지고 있었다.[14]

둘째, 왕건 동상이 황제가 착용하는 통천관과 황제의 복식을 한 고려의 태조황제의 모습으로 조성되었기 때문이다. 이 점 역시 철저한 사대주의자들이기도 하였던 최승로를 비롯한 화이론자들에게 타협하기 어려운 대상이 될 수밖에 없었다. 화이론자들은 당시에 오대五代 시기 동안 분열되었던 한족漢族 왕조들을 통일한 송宋 나라를 '화하華夏'라고 높여 떠받들며, 그 주변 이夷의 하나인 고려국은 마땅히 그에 대해 사대해야만 한다고 주장하고 있었다. 이들은 최대의 군사적 위협 세력인 거란을 무시하며 국초 이래로 강화해 온 대거란 군비軍備를 축소하고, 침략군의 출발 첩보가 있어도 거란에 아무런 대비를 하지 않아 국방과 외교에 일대의 위기를 초래할 정도로 송 나라와의 사대관계에만 경도되어 있었다. 태조 이래로 고려가 만주의 여진 부족들이나 발해유민집단들을 규합하여 대거란동맹의 맹주가 되어 시행해온 천자, 황제라는 군주의 위호와 함께, 황제국으로서의 국가제도들을 혁파하고 제후국의 제도들로 바꾼 것이 성종대의 화이론자들이었다.[15] 그들이 도입한, 태조 왕건 등을 제사하는 종묘 역시 오묘제로서 제후국의 제도였다. 그들은 자신들이 관철시키려 한 제후국의 체제를 만들어 나가기 위해서도, 황제상인 왕건 동상을 봉안한 봉은사 태조진전이 국가적 중심제례의 대상으로 자리잡는 것을 용납하기 어려운 입장에 있었던 것이다.

성종과 화이론자들은 봉은사 태조진전을 감히 폐지까지는 못하였으나, 제례상의 배려를 대폭 축소하여 뒤로 밀어내고, 종묘만을 전적으로 내세웠던 것으로 보인다. 현종대 전의 역사기록이 대거란전쟁에서 많이 소실되어 적게 남기는 하였으나, 성종대의 기록에서 상대적으로 상당히 많은 종묘기록과 대

---

14) 팔관회의 우인은 金樂, 申崇謙 등의 예가 있다. 《고려사》 세가 14 睿宗 15년 10월 신사.
15) 노명호, 2009, 《고려국가와 집단의식: 자위공동체·삼국유민·삼한일통·해동천자의 천하》, 서울대출판문화원, pp. 168~171.

조적으로 봉은사 진전이나 태조진太祖眞에 대한 기록은 한 번도 나타나지 않는다. 이러한 상황은 성종대의 정책방향에서 근본적인 전환이 이루어질 수 없었던 목종穆宗 대까지도 지속되었다.

# 4. 현종대 천하다원론계 정책 부활 후의
# 봉은사

### 최사위의 봉은사 중건

1009년 강조康兆의 정변으로 목종이 폐위되고 현종顯宗이 즉위한 뒤, 성종대 화이론계 정책의 여파도 끝나게 되었다. 천하다원론자天下多元論者들이 다시 정책을 주도하게 되었다. 천하다원론자들은 송宋이나 거란契丹등과 마찬가지로 고려도 나름의 소천하小天下의 중심이라고 생각하였다. 그리고 고려의 토속문화의 장점을 살리면서, 당唐·송宋의 선진문화의 도입에도 개방적이었다. 천하다원론자들에 의해 화이론자들이 폐지하거나 유명무실화시킨 제도들이 다시 부활되기 시작하였다. 우선 현종 원년(1010)에 국가적 의례로서 연등회와 팔관회가 부활되고, 황제국의 제도가 서서히 부활되어 갔다.

태조진전 역시 현종대부터 당연히 다시 주목되고 정비되기 시작하였다. 그런데 《고려사》 등 연대기에 봉은사에 대한 현종대의 기록이 없어, 봉은사는 국왕의 관심에서 벗어나 있었다고 보는 견해도 있다.[16] 《고려사》의 현종대 기록도 자세히 음미해 보면, 봉은사 진전 관련 기록의 누락이 예상된다. 그리고 고려 당시의 기록인 〈최사위묘지명〉에는 다음과 같이 《고려사》 등의 누락을 보완하는 직접적인 자료가 나타난다.

---

16) 한기문, 2008, 〈고려시대 개경 봉은사의 창건과 태조진전〉《한국사학보》33, p.209.

귀한 왕명을 받들어 시의時宜에 따라 홀로 결단하여[獨斷] 사찰과 궁실을 세운[立] 것이 세 곳이니, 그 이름을 살피면 현화사玄化寺, 봉은사奉恩寺, 대묘大廟이다.[17]

위의 내용은 최사위의 업적으로 묘지명에 가장 먼저 기록한 것이다. 그의 업적 중에서도 각별히 중요한 것을 드러낸 부분이다. 위 묘지명에서 새로이 창건된 현화사와 달리, 기존에 있었던 봉은사와 태묘太廟를 '세웠다[立]'고 하였다. 이것은, 불타버린 태묘를 다시 세웠듯이, 봉은사의 대대적인 중수공사를 그렇게 표현한 것이다. 위 기록의 뒤에는 그가 창립하거나 수리한 열다섯 곳의 사찰 등에 대한 공사 기록이 배치되어 있다. 현화사, 봉은사, 태묘는 그 정치 상징성에서도 단연 가장 중요한 곳이었다. 그의 묘지명에서 그의 업적의 첫째로 꼽으며, '현화사, 봉은사, 태묘를 세웠다'고 기록한 것은 큰 공사이었기 때문일 것이다. 그 만큼 이 세 공사는 공력을 기울인 중요한 일이었다.

최사위의 봉은사 공사는 새로 창건한 현화사나 불탄 뒤 다시 세운 태묘의 공사에 준하는 것이었다. 그렇다면 최사위가 맡은 현화사 창건, 종묘의 재건에 준한 봉은사 공사는 구체적으로 어떤 것이었을까? 그 공사 내용으로 가능성이 큰 것은 두 가지이다.

하나는 성종대 이후 화이론자들의 제례법 정책에 따라 봉은사 관리가 소홀하여 퇴락하고, 현종 대에 들어와서도 여러 해 거란과 전쟁을 치루는 동안 퇴락이 더욱 심하여져 대대적인 중수를 한 경우이다. 현종 2년에 거란이 개경을 10일 정도 점령한 기간에 불태워진 태묘와 달리, 봉은사는 전화戰禍를 입었다는 기록이 없다. 또한 실제로도 인근 수창궁 등과 함께 그 지역이 큰 전화를 면했던 것으로 보인다.

---

17) 〈崔士威墓誌銘〉(김용선 편, 《高麗墓誌銘集成》).

다른 하나는 퇴락에 따른 중수에 그치지 않고, 봉은사 구역의 구성에 새로운 변화를 준 공사도 병행된 경우이다. 즉, 봉은사 전체 경내를 구성하는 사찰구역과 진전구역 가운데서(뒤에서 검토함) 진전구역을 강화하고 성역화하는 공사를 했을 경우이다. 〈최사위묘지명〉에서 봉은사의 '중수'로 언급하지 않고, 현화사의 창건, 종묘의 재건에 준하는 '세웠다立'는 말로 서술한 것에 따르면 후자의 가능성도 상당히 높아 보인다. 다만, 후자의 경우 앞으로 봉은사 전체 경내에 대한 정밀 발굴조사에 의한 규명이 있기까지는 단언하기 어려운 부분이다.

그러면 다음으로 위 기록에서 최사위가 봉은사 등을 공사한 시점은 언제일까? 그는 정종靖宗 7년(1041)에 81세로 사망하였고, 현종 22년(1031)에 70세로 벼슬에서 물러났다致仕. 그가 벼슬에서 물러난 다음 해의 일로《고려사》에는 덕종 원년(1032)에 가뭄 때문에 봉은사와 중광사의 공사를 위해 징발되었던 역부役夫를 해산하였다는 기사가 보인다.[18] 그렇다면 최사위의 묘지명에 기록한 봉은사 중수는 덕종 원년의 것일까?

최사위는 치사致仕한 뒤에는 5일에 한 번 조회하도록 예우를 받는 부분적인 활동만을 하였으니, 덕종 원년에 그가 힘든 건축공사를 주관하였다고 보기는 어렵다. 그가 '시의에 따라 독단하며' 이 일을 하도록 왕의 위임을 받은 것은 현종 22년 전, 그 가운데에서도 그가 왕성하게 활동하던 때이다. 최사위가 '세웠다'는 세 곳의 공사는《고려사》에 두 곳의 공사에 대한 기록이 나온다. 현화사를 창건한 것이 현종 9~11년(1018~1020)이고, 현종 2년(1011) 거란의 침구로 소실된 태묘를 다시 세운 것이 현종 18년(1027)이다. 모두 그가 재상으로 한창 활동하던 때이니, 〈현화사비〉에는 그의 활약에 대해 다음 같이 기록하였다.

---

18)《고려사》세가 5 덕종 원년 3월 경자.

사진 1_ 현화사비(2005. 9)

성상께서는 절 짓는 일이 몹씨 힘들어서 위엄과 덕망이 없으면 일을 제대로 마치기 어렵다고 생각하시어, 추충좌리동덕공신 개부의동삼사 검교태부 수문하시랑 동내사문하평장사 판삼사사 상주국 청하군개국후 식읍일천호인 최사위를 별감사別監使로 삼았다. 재신 최사위는 사람됨이 청렴 공평하고, 타고난 성품이 강직하며, 인자함이 밖으로 드러나고, 불교수행[梵行]을 안으로 닦았고, 다른 사람의 좋은 것을 들으면 마치 자신의 것처럼 여겼다. 명령을 받은 이후 집에서 잠자지 않고 임소에서 생활하였다. 마땅함을 헤아림과 경영經營과 제치制置가 모두 그의 마음 속 계획에서 나온 것이다.[19]

그는 현종의 전적인 위임을 받고 집을 떠나 임무를 맡은 현지에 기거하

---

19] 〈玄化寺碑〉(허흥식 편, 《韓國金石全文》).

**사진 2_** 현종이 직접 필서한 현화사비 전액(2005. 9)

며, 모든 일을 그의 판단에 따라 처리하였다고 하니, 위의 비문의 기록은 그의 묘지명의 기록과 상통한다. 묘지명에는 봉은사 및 태묘의 중수공사에서도 그가 재량권을 가지고 공사를 진행했다고 하였다. 그가 봉은사를 중수한 시기는 대체로 현화사 창건을 시작한 현종 9년부터 태묘를 중건한 현종 18년 사이이다. 덕종 원년의 봉은사 공사는 최사위의 중수공사와는 다른 공사이다.

《고려사》에는 현종 9년(1018) 정월에 서경 성용전聖容殿의 태조 초상을 중신重新한 사실이 기록되었다.[20] 이 기사는 〈최사위묘지명〉에 그가 창립하거나 수리한 열다섯 곳 가운데 '서경 장락궁長樂宮 태조진전'의 공사와 연관된 사실을 기록한 것으로 보인다. 그렇다면 《고려사》는 현종 9년 정월 서경의 태조초상의 중신重新만을 기록하고, 그 무렵 서경 태조진전의 중수는 기록에 누락한 것이다. 앞에서 보았듯이 《고려사》는 현종대 봉은사의 중수에 대한 기록도 누락하였다.

금석문에 보이는 현종대 태조진전 두 곳의 중수 사실이 누락된 것은 조선초의 정치적 분위기나 《고려사》 찬자들의 성향과도 관련된다. 《고려사》의

---

20) 《고려사》 세가 4 현종 9년 정월.

찬자들이 속한 조선 초 정부의 중심세력은 봉은사 진전을 정치적 동기에서 조선건국과 동시에 우선적으로 제거하였고, 이념적 동기에서도 성리학적인 제례법에 어긋나므로 그것에 대해 매우 부정적이었다. 그 핵심적 구성요소인 태조 왕건 동상을 매장한 것도 세종을 비롯한 그 시기의 군신들이었다. 그들이 역사 서술에서 고려 당시에 중요한 의미를 갖는 태조진전에 대한 사실을 의도적으로 누락하지는 않았을 것이다. 그러나 봉은사나 다른 곳의 태조진전에 대해 적극적인 관심을 갖고 조사를 하거나 자세히 서술할 동기나 성의를 갖지 않았던 것은 분명하다.

현종 9년에 서경 태조 초상을 중신하고, 그 무렵 장락궁 진전을 공사한 것에 의거하면, 봉은사의 중수도 이 무렵이고, 적어도 그 착공은 서경의 진전보다 늦지 않았을 것이다. 같은 시기에 두 진전이 중수되어야 할 상태였다면, 봉은사 태조진전은 서경의 진전을 포함한 모든 태조진전들 가운데 가장 중요한 위치에 있었기 때문이다. 또한 현화사와 봉은사의 공사는 현종에게 왕위 계승의 정당성을 공식화하고 굳히는 중요한 의미를 가졌기 때문에 (후술함) 양자의 착공은 비슷한 시기에 이루어졌을 것이다.

〈최사위묘지명〉에 따르면, 현종대에는 봉은사의 대대적인 중수가 이루어졌다. 이는 현종이 태조에 대한 전통제례에 그 만큼 관심을 기우린 결과였다. 현종 2년 1월 1일(을해)에 거란이 개경을 함락시키고 태묘·궁궐·민가를 불태웠다는 기록에 봉은사는 포함되지 않았다. 거란군은 1월 11일(을유)에 개경에서 물러가서, 그 점령기간이 10일 정도에 지나지 아니하였다. 그러한 상황에서 개경 일부에는 큰 전화를 면한 지역이 있었다. 예컨대 현종은 다음 달인 2월 23일(정묘)에 개경으로 환도하여 수창궁壽昌宮으로 들어갔다. 현종은 재위 7년 1월, 9년 10월, 10년 9월에도 수창궁에 행차하였다. 그리고 《고려사》에는 수창궁을 수리했다는 기사가 없다.[21] 수창궁은 거란군이 개경 침공 기간에도 사용이 가능한 상태로 보존되었던 것이다. 수창궁은 황성으로부터 남쪽에 떨어져 위치하였고, 봉은사는 다시 수창궁에서도 서쪽에 약간 떨어져 위치하였다. 봉은사는 수창궁보다도 개경의 중심부에서는 더 외진 위치였으니, 봉은사가 거란의 개경 점령 기간에 큰 피해를 본 중요 대상의 기록에 들어가 있지 않은 것은 실제로 피해를 면했던 때문으로 보인다. 그렇다면, 현종대의 대대적인 봉은사 중수는 성종대 이래로 위축되었던 봉은사 태조진전을 새롭게 중수하며 제례의 기반을 강화하는 일이다. 현종의 태조에 대한 전통 제례 강화는 봉은사 중수에 그치지 않고, 외방 진전에까지 손길이 미쳤다. 서경 성용전聖容殿의 중수와 초상의 중신重新은 그 직접적인 증거다.

## 현종대 봉은사 태조진전의 중신 동기

현종대에 봉은사 태조진전을 새롭게 대대적으로 중신한 동기는 크게 세 가지가 주목된다. 첫째는 강조의 정변으로 즉위과정이 순조롭지 못하였던 현종의 정치적 정통성을 강화하는 것이다. 현종이 그 부모를 위해서 현화사를 창건한 것은, 그 왕통의 정통성을 강조한 것이라는 견해는 타당하다.[21] 현화사를 부모의 원찰로서 창건한 것은 당시 사회에서 불륜으로 여겨진 현종 부모의 관계를 공개적으로 그리고 종교적으로 공식화하여 합리화시키는 의미를 갖는다.[23] 그런데 그는 거의 비슷한 시기에 봉은사 태조진전과 서경의 태조진전을 중수하였다. 이 두 사안은 현종의 왕통의 정당성 강화와 연관된 것이다. 그것은 왕위계승 분쟁기의 끝자락에 즉위한 광종이 봉은사 태조진전과 어머니를 위한 불일사를 세워, 군주권의 정통성을 분명히 하고 권위를 강조

---

21) 《고려사》 세가 4 해당 년월 조.

22) 한기문, 2008, 앞의 논문. 말할 것도 없이 현화사의 창건에는 국가안태를 기원하고 불운하게 세상을 떠난 부모의 명복을 비는 현종의 종교적 염원도 중요한 근본적 동기의 다른 하나일 것이다.(최병헌, 1981, 〈고려중기 현화사의 창건과 법상종의 융성〉 《한우근박사 정년기념 사학논총》 p.245. 임명주, 1997, 〈고려 현종대의 현화사진전〉, 충남대 석사학위논문.)

23) 현종의 아버지는 태조의 여덟째 아들 욱郁이었고, 어머니는 경종의 비인 헌정왕후獻貞王后였다. 경종이 죽은 뒤 두 사람은 사통하여, 현종을 낳았다.

한 것과도 일맥상통한다.

둘째, 중신 동기의 다른 하나는 현종 및 그 당대 조정의 주도세력이 천하다원론자들이었다는 점에서 비롯된다. 서경의 태조진전이 중수된 것이 현종 9년이고 봉은사가 중건된 것도 이 보다 늦지 않은 때라면, 불타버린 태묘를 다시 중건한 것보다 9년 정도 앞선 일이다. 천하다원론계의 정책 속에서 봉은사 태조진전은 태묘보다 우선적으로 배려된 것이다.

한 가지 주목할 사항은, 시기는 상대적으로 늦지만 태묘의 중건에서 보듯이, 천하다원론자들은 종묘도 중요시하였다는 점이다. 천하다원론자들은 자국의 문화전통을 기본적으로 중요시하는 한편, 선진 당송문화의 도입에 대해서도 개방적이었다. 성종대 화이론자들이 주도한 종묘제의 도입에는, 천하다원론자들도 동조한 자들이 적지 않았을 것이다. 다만 그들은 화이론자들과 달리, 태조진전을 우선적으로 중요시함과 함께 종묘도 중시했다는 점에서, 종묘만을 중시한 성종대 화이론자들과 큰 차이가 있었다.

셋째, 성종대 이래로 화이론자들이 폐기한 태조의 천하다원론에 입각한 정책들과 제도들을 부활시키기 위해서도, 태조의 왜곡되지 않은 권위를 다시 살릴 필요가 있었다. 성종대 화이론자 원로대신 최승로는 천하다원론자인 태조의 정책방향에서 급선회 하여, 당송唐宋의 문화인 화풍華風으로 급격히 바꿀 것을 추진하였다. 뿐만 아니라 그는 태조의 유훈을 교묘하게 인용하여, 마치 자신이 태조와 같은 정책을 추구하는 것처럼 왜곡하였다. 태조의 유훈과 최승로의 건의를 보면 다음과 같다.

〈태조 유훈〉 우리 동방東方이 옛부터 당풍唐風을 동경하여, 문물예악文物禮樂이 모두 그 제도를 준수하는데, 지역이 다르고 사람의 성품[人性]이 각기 다르므로 반드시 같을 필요는 없다.[24]

〈최승로 시무28조〉 화하華夏의 제도는 준수하지 않을 수 없으나, 사방四方의 습속이 각기 지역에 따라 다르니 모두 변화시키기는 어려워 보입니다. 그 예악 시서禮樂詩書의 가르침과 군신부자君臣父子의 도道는 마땅히 중화를 본받아 비루함을 혁파할 것이요, 그 나머지 거마車馬 의복衣服의 제도는 토풍土風에 의거하여 호사함과 검소함의 중용을 취하게 할 것이니 반드시 같을 필요는 없 겠습니다.[25]

태조의 유훈은 왕실 안에서 은밀하게 후대의 왕들에게 내려진 것이다. 그것이 조정 신료들을 중심으로 널리 알려지는 것은 대거란전쟁으로 분실 위 기를 넘긴 뒤 발견되는 과정에서 일어난 일이니, 그 전에는 왕실 내부에서만 후대의 왕들에게 전해 오고 있었다.[26] 따라서 일종의 국시國是와도 같은 태조 유훈의 내용을 성종도 전승 받았음에 틀림없다. 그리고 그가 전적으로 신임 하던 최승로와 정책을 의론하는 과정에서 유훈의 내용을 거론할 수밖에 없 고, 최승로도 정책을 만들며 태조유훈을 의식하지 않을 수 없었을 것이다. 그 결과 최승로는 위 자료의 밑줄친 부분에서 보듯이, 유훈의 내용을 앞에 끌어 와서 자신의 주장의 전제처럼 제시하고 있다. 한족의 문화를 태조는 '당풍' 이라 하였으나, 최승로는 그것을 미화시키고 숭상하는 표현인 '화하의 제도' 라고 하고 있을 뿐, 언뜻 보기에 양자의 차이는 잘 드러나지 않는다.

이 노회한 기법에 의해, 현대의 한국사 연구자 가운데도 최승로의 주장

---

24) 《고려사》 세가 2 태조 26년 4월.

25) 《고려사》 열전 6 崔承老傳.

26) 今西龍은 태조의 훈요를 위작이라 하였는데(〈高麗太祖訓要十條に就いて〉 《東洋學報》 8권 3호, 1918), 아직도 그 설을 따른 글이 간혹 보인다. 이 설에 대해서는 여러 측면에서 그 오류를 밝힌 이병도의 연 구가 있었다.(〈태조 십훈요에 대한 신고찰과 거기에 나타난 지리 도참〉 《개정판 고려시대의 연구》 1980) 특히 태조유훈이 '일반 신민에게 내린 것이 아니고, 오직 은근하게 후사왕을 위하여 지은' 것이 라는 유훈의 특성에 대한 지적은 중요한 것이다.

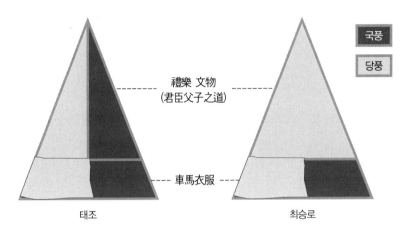

국풍

당풍

禮樂 文物
(君臣父子之道)

車馬衣服

태조

최승로

개념도_ 태조와 최승로의 국풍·당풍의 추구 비교

이 태조의 정책과 기본적으로 같은 것으로 오해하는 경우가 있다. 그러나 양자는 근본적으로 큰 차이를 갖는다. 그 차이는 밑줄친 부분 뒤에 이어지는 문장 속에 들어 있다. 즉 최승로는 '거마의복'과 같은 경제적으로 문제가 되는 경우를 제외하고, 가능하면 국가의 제도부터 사가私家의 제도에 이르는 모든 제도('군신부자의 도'), 모든 문물예악을 당송의 제도로 바꾸자는 것이다. 그에 대해 태조의 유훈은(소비와 관련된 문제를 포함하여) 모든 문화에 대해 선별적으로 당송의 제도를 도입하자는 것이다. 그것을 토속문화(토풍)와 관련하여 보면, 태조는 토속문화 속에 나름으로 존중하고 발전시켜 나갈 것이 있다고 본 반면, 최승로는 그 모두를 '비루하다'고 본 것이다.

화이론자 최승로의 이러한 주장에 따른 일련의 정책들은 성종대에 즉각 실행되었다. 성종대에는 태조가 변경도 금지하며 존속을 강력히 강조했던 전통적 제전인 팔관회와 연등회를 폐지하고, 당풍인 사직社稷, 적전籍田, 원구圓丘의 제도를 도입하였다. 심지어 고려의 일상생활의 가족제도를 무시하고, 그와 전혀 맞지 않는 중국의 가족제도이자 상례인 오복제五服制를 도입하였다. 태조대 이래로 만주지역 여진 부족들과 발해유민 집단들을 규합한 대거란 동맹의 맹주역할과 황제국 제도를 전면 폐기하고, 제후국의 제도를 도입하는 한편, 송 나라에 대한 사대에만 치중하였다.[27] 전통적 제례법을 내포하고 있는 봉은사 태조진전의 제례 비중을 극도로 약화시키는 한편, 그것과 전혀 다른 유교적 제례법의 종묘제를 도입하였다. 화이론자들은 겉으로는 태조를 내세우면서도 태조의 정책적 뜻을 형해화시킨 것이다.

천하다원론자들이 현종의 즉위와 함께 집권하면서, 성종대에 폐기된 연등회와 팔관회 등의 제도들이 다시 부활되었다. 그리고 그 핵심적 상징이기도 한 봉은사 태조진전의 대대적인 중신이 추진된 것이다.

---

27) 노명호, 1999, 〈고려시대의 다원적 천하관과 해동천자〉 《한국사연구》.

# 5. 정종대의 제례법 제정

## 연등회 봉은사 진전 어가 행차의 상례화

앞에서 본 현종대의 태조진전, 특히 봉은사 태조진전에 대한 강화된 관심은 현종의 뒤를 이은 덕종대나 정종대에도 지속되었다. 정종대의 봉은사 태조진전의 제례법 제정 등은 그러한 현종대 이래 추세의 연속선상에서 이루어진 것이다. 그런데 정종靖宗 4년에 관련 제례법을 정했다는 《고려사》의 기록에만 주목하는 한편, 태조진전의 위상 강화는 이 이후라고 보는 견해들이 있다. 그러한 견해 가운데는 다음과 같은 덕종德宗 원년의 기사에 의거하여 정종 4년 전의 연등일에는 봉은사가 아닌 왕륜사王輪寺에 국왕이 행차했다고 보기도 하였다.[28]

(덕종 원년 2월) 을묘에 연등燃燈으로 왕륜사에 행차하였다.[29]

위에서 보면, 덕종이 그 원년 연등회 때 당시 중요 사찰의 하나인 왕륜사에 행차한 적이 있었던 것은 분명하다. 그렇지만 이 기사는 단지 덕종 원년의 사실을 보여줄 뿐이고, 정종 4년 전에는 국왕이 연등회에 늘 왕륜사에 가서

---

28) 安啓賢, 1959, 〈燃燈會攷〉《白性郁博士紀念佛敎學論文集》, p.16.
29) 《고려사》 세가 5 덕종 원년 2월 을묘.

분향했다는 것을 보여주지는 않는다.[30]

위 기사를 근거로 연등회 때 국왕이 행차한 최초의 사찰은 덕종 때 왕륜사였다고 보는 견해도 있다.[31] 기록에 남은 연등회 때 국왕의 사찰 행차는 위의 기사가 최초인 것은 분명하다.

전해 오는 기록 가운데, 연등회에 국왕이 봉은사에 행차한 최초의 것은 정종 4년의 기사이다. 그렇다면 연등회에 국왕이 봉은사에 행차한 것은 정종 4년이 처음이고, 또한 그 때에 그것을 항구적인 상식常式으로 제도화한 조처를 내린 것일까? 정종 4년의 조처는 연등회에 한 번도 봉은사에 행차한 전례도 없었던 상태에서 갑자기 매년 행차하도록 변화된 제도를 만든 것이 되는데, 과연 그러할까?

연등회, 봉은사, 왕륜사 등의 관련 사실을 이해하려면, 위 덕종 원년의 기사 이외에도 다른 기록들도 주목할 필요가 있다. 기존 연구들에서 전혀 주목하지 않은 현종대 봉은사 진전을 크게 중시했던 사실에 대한 금석문 등과 함께 다음의《고려사》덕종 원년 기사도 주목할 필요가 있다.

(덕종 원년 3월) 경자. 가뭄으로 봉은奉恩 중광重光 두 절의 역부役夫를 놓아 보냈다.[32]

위 자료에는 덕종 원년 3월에 가뭄 때문에 진행되던 봉은사와 중광사의 공사가 중단된 사실이 언급되어 있다. 대개의 토목 역사가 농한기에 시작되는 것을 고려하면, 이 공사는 2월 연등회 무렵에는 한창 공사 중이었거나, 설사 공사 중이 아니었다 해도 공사가 필요한 정돈되지 못한 상황이었다. 따라

---

30) 안지원, 2005, 〈연등회의 의례 내용과 사회적 성격〉《고려 국가 불교의례와 문화》, 서울대출판부.
31) 앞의 주 29)와 같음.
32)《고려사》세가 5 덕종 원년 3월 경자.

서 이해의 연등회 때는 봉은사 진전에 국왕이 친행하기는 어려운 상태였을 것이다. 덕종 원년의 왕륜사 행차는 현종대나 그 전의 광종대 등에 간혹 연등회가 시작되는 날 저녁인 등석燈夕에 봉은사 태조진전에 행차하다가 임시로 장소를 바꾼 것일 수도 있다. 앞에서도 보았듯이 이미 현종대 초반에 봉은사를 대대적으로 중수하였고, 서경의 태조진전도 중수하였다. 그것은 제례 상으로 황도皇都에서는 봉은사 태조진전의 중심적 위치를 확고히 하고, 지방에서는 개경 다음으로 중요시되는 서경의 진전을 중심적 제소祭所로 확고히 하는 현종대의 조처였던 것이다.

덕종 원년 3월 가뭄으로 중단된 봉은사의 공사는 그 얼마 후 마무리 되었던 것으로 보인다. 다음에서 보는 바처럼 세 달 뒤인 6월에는 덕종이 봉은사에 행차하여 태조의 기제사를 올렸다.

(덕종 원년) 6월 신축辛丑에 왕이 태조의 기일도량으로 봉은사에 갔다.[33]

위에서는 진전에 대한 언급이 없으나, 후대의 기록에도 연등회나 기일제사 때 진전 부분은 생략되고 왕이 봉은사에 갔다고만 서술한 것이 자주 보인다.[34] 위의 태조 기일도량忌日道場으로 왕이 봉은사에 갔다는 기록은 태조 진전 친행의 내용도 포함한 것이라 보아야 한다. 태조 기일에 왕이 봉은사에 가서 도량에 참석하면서, 태조의 진전에는 행차하지 않았다고는 생각할 수 없다. 봉은사 진전은 덕종 원년에도 태조에 대한 가장 중요한 제소였으니, 그 해 왕륜사 행차는 봉은사의 공사와 관련된 특수한 상황 때문이었다고 판단된다.

---

33) 위의 책, 세가 5 덕종 원년 6월 신축.
34) 위의 책, 정종 8년, 9년, 문종 1년, 2년, 5년 등등의 연등회 때가 그 예이고, 문종 1년, 2년 등의 6월 봉은사 친행도 그 예이다. 이러한 예는 뒤에도 많은데, 봉은사 태조진전 행차에 대한 《고려사》의 간략화된 기록방식이기도 하였다.

현종대 이래로 덕종대에도 태조에 대한 가장 중요한 제소는 봉은사 태조 진전이었다. 그리고 연등회는 신년을 시작하는 의례의 의미도 있어서, 그 의 례의 첫 날에 태조에 대해 올리는 의식이 들어가 있다. 그렇다면 신년 의례를 올리는 대상으로서의 태조의 상징은 봉은사 진전의 태조상이 아닐 수 없다. 정종 4년 등석에 국왕이 봉은사 진전에 친행하는 것을 상례화한 것을 선례가 없이 갑자기 만든 것으로 보는 것은 무리이다. 그것은 현종대 이래로 태조진 전에 대한 제례가 지속적으로 강화되고 있었던 추이의 연속선상의 일이었다.

잘 알려진 바처럼 정종靖宗 4년(1038)에는 등석의 봉은사 진전 어가 행차 를 항구적 법식으로 정한 다음과 같은 조처가 있었다.

> (정종 4년) 2월 계미. 연등燃燈에 왕이 봉은사에 행차하여, 태조진太祖眞을 알 현하고, (앞으로는) 등석燈夕에 반드시 (왕이) 친행親行하여 진전에 분향하는 것을 상식常式으로 정하였다.[35]

위에서 보면, 정종은 '태조 진'을 알현하는 의식을 중심으로 연등회의 등석에 봉은사(태조진전)에 친행하는 것을 항구적으로 지켜질 상식常式으로 삼았다. 이로써 봉은사의 태조진전과 태조상의 상징적 권위는 의례에서 최고 의 위치로 공식화되고 확고한 기반을 갖게 된 것이다.[36]

---

35) 《고려사》 세가 6 정종 4년 2월 계미.
36) 安啓賢, 1959, 앞의 논문.
    위 논문에서는 정종 4년 전에는 국왕이 왕륜사에 친행했다고 보고, 위 기사를 매년 다른 사찰(왕륜사)에 친행하던 것에서 장소를 봉은사로 바꾼 것으로 이해한다. 이러한 이해는 연등회 등석 의례의 중심 장소가 왕륜사에서 봉은사 태조진전으로 급격히 불연속적 변화를 보았다는 것이 된다. 그런데 1030년 대에 왕륜사나 고려왕실의 시조숭배에 이러한 급격한 변화를 상정할 만한 다른 어떤 징후가 나타나지 않는다. 이러한 이해는 현종대와 덕종대 봉은사 태조진전과 관련된 중요한 사실들을 고려하지 않은 데서 비롯된 것이다.

## 봉은사 진전의 공간 구성과 의례

정종 4년 2월에 상식으로 삼은 변화의 골자는 다른 사찰로부터 봉은사로의 변화라기보다는 '국왕의 태조진 알현', '봉은사 태조진전에 친행 분향'을 '상식화常式化'한 것이라고 보는 것이 문면 해석에서도 자연스럽다. 그 변화의 골자의 중요한 하나는 정규적이지 않고 간헐적이었던 등석의 봉은사 진전 국왕 행차를 정규적으로 상식화한 것이었다고 이해된다.

그리고 위 정종 4년의 기사에서 '태조진'과 '태조진전'이 강조된 것으로 보아, 또 하나의 변화의 골자는 봉은사의 금당 등과 관련된 사찰전용 공간과 구분된 태조진 및 진전관련 공간에서의 의례 내용을 분명하게 하여 상식화한 것으로 이해된다. 《고려사》의 상원 연등회의 '태조진 알현 의식[謁祖眞儀]'에는 봉은사에 도착한 뒤 임금의 동선이 나타난다. 그에 따르면, 임금은 우선 봉은사의 금당 등이 위치한 사찰전용의 구역과 봉은사 진전 구역을 아우르는 전체 구역의 출입문인 ① 봉은사의 '삼문三門'을 통과한다. 다음으로 봉은사 태조진전과 그 전정殿庭으로 구성된 진전구역의 출입문인 ② '진전문眞殿門'을 통과한다. 최종적으로는 진전 건물의 문인 ③ '전호殿戶' 안으로 들어가 핵심적인 의식을 거행하였다. 그리고 나올 때는 그 역순으로 이동하여, 환궁하였다.[37] 연등회 첫째 날의 두 의식 가운데 궁에서 행하는 '소회의식小會儀式'에 이어, 임금이 행차하는 '태조진 알현 의식'은 봉은사 사찰 전용의 구역과 분명히 구분된 진전 구역에서만 의식이 거행되었다.

봉은사가 본래 태조의 원찰로 출발한 것이었으므로, 정종 4년 전에는 진전구역과 사찰전용 구역을 분명히 구분하는 의식상의 원칙이 없이 사찰 전용의 공간에서 행하는 불교적인 성격의 의식이 일부 혼합되는 경우도 존재했을

---

37) 《고려사》 지 23 禮 11 嘉禮雜儀 上元燃燈會儀 謁祖眞儀.
　　의식의 진행과정의 단계별 내용은 안지원, 앞의 책, p.225에서 자세히 검토된 바 있다.

수 있다. '태조진 알현 의식'의 내용이 모두 정종 4년에 정해진 것인지는 《고려사》기록에 명시되어 있지 않다. 아마도 그 세부적인 내용에는 후대의 첨삭도 있었을지 모른다. 그러나 정종 4년에 정한 상식이 '태조진 알현 의식'에 규정된 봉은사 진전 전용 구역을 중심으로 한 공간에서 행하는 의식의 윤곽이나 바탕이 된 것은 분명하다.

정종 4년에는 현종대 이래로 부활되어 강화되어 온 봉은사 태조진전에 대한 의례가 정비되어 정형화되었다. 고려 말까지 내려온 '태조진 알현 의식'에 보이는 의례의 내용은 정종 4년에 그 기본골격 또는 그 대부분에 해당하는 내용이 정해진 것으로 보인다.[38]

---

38) 연등회의 국왕의 봉은사 진전 행차와 태조 진전에서의 의례를 왕권의 강화와 재생을 도모한 것이라고 본 견해도 있다.(奧村周司, 2003, 〈高麗における謁祖眞儀と王權の再生〉 《早實研究紀要》 37) 봉은사 태조진전 의례에 일부 그러한 의미가 있다고 볼 수도 있으나, 그 '의식'의 의미가 한쪽으로 편향된 감이 있다. 그렇게 보기에는 연등회 태조진전 의례의 성립이 정종대로 너무 늦고, 그 뒤에도 왕권과 관련하여 의례의 거행에 그러한 한 가지 경향성이 보이지 않기 때문이다. 그리고 이 책의 여러 곳에서 언급한 바처럼 태조진전의 제사는 왕권과 관련된 의미 외에도 정치적이나 사회적으로 여러 가지 복합적인 다른 의미들도 중요했다고 생각된다.

# 6. 강도江都의 봉은사와 개경 환도

## 강도 시절

1232년(고종 19) 6월 몽고의 침입에 대항하여 강화도로 천도하게 되자, 태조 왕건의 동상도 전시 수도 강도江都로 함께 피난하게 되었다. 천도한 뒤에도 연등회와 태조진전 행향은 전과 동일하게 하였다. 강도 첫 봉은사 행차에 대하여 다음과 같은 기사가 보인다.

> 고종 21년(1234) 2월 계미. 연등에 왕이 봉은사에 행차하였다. 죽은 참정參政 차척車倜의 집으로 봉은사를 삼고, 민가를 헐어 어가행차의 길을 넓혔다. 당시 비록 천도한 초창기였으나, 무릇 구정毬庭·궁전·관청 등의 명칭은 모두 송도松都를 본떴고, 팔관회와 연등회의 행향行香 도량은 일체 옛 법식에 의거하였다.[39]

개인의 주택을 봉은사로 삼은 만큼, 규모 등은 현격히 줄어들었을 것이나, 연등회의 태조진전 분향 제의는 옛 법식대로 진행되었다. 여기서 '봉은사에 행차하였다'는 서술은 '봉은사 태조진전에 행차하였다'를 축약한 표현으로 《고려사》에서 자주 나오는 것이다.

---

39) 《고려사》 세가 23 고종 21년 2월 계미.

피난 수도 강도에서도 연등회와 봉은사 태조진전에서의 의식은 중심적 의례로서 상징적 의미를 가지고 있었다. 그것은 외침으로 수도를 포기하여 위기를 맞은 무신정권으로서는 강도의 정부가 개경에서와 똑같은 정통성을 갖는 정부임을 공식적 행사를 통해 분명히하는 상징적 의례이기도 하였다.

강도 봉은사 진전에서도 제례의 핵심 대상은 변함없이 태조 왕건의 동상이었다. 《고려사》에는 왕건 동상의 강도 피난 사실 기록이 누락되었다. 그런데 개경 환도를 앞두고 방열邦悅이 '태조진' 앞에 나아가 점을 쳤다고 함이 보인다.[40] 그리고 개경으로 환도할 때, 강화에서 왕건 동상을 맞아 오도록 한 기사에서 그것이 확인된다. 강도 봉은사 태조진전에는 개경에서 피난 온 왕건의 동상이 봉안되었던 것

표1 봉은사 진전 행차

|  | 연등회 행차 | 기일 등 행차 | 행차 총계 | 연평균 |
|---|---|---|---|---|
| 德宗 | 3 |  | 3 | 1.0 |
| 靖宗 | 4 | 1 | 5 | 0.4 |
| 文宗 | 6 | 6 | 12 | 0.3 |
| 順宗 |  |  |  | 0.0 |
| 宣宗 | 2 | 2 | 4 | 0.4 |
| 獻宗 | 1 |  | 1 | 1.0 |
| 肅宗 | 10 | 9 | 19 | 1.9 |
| 睿宗 | 10 | 21 | 31 | 1.8 |
| 仁宗 | 2 | 24 | 26 | 1.1 |
| 毅宗 | 20 | 15 | 35 | 1.5 |
| 明宗 | 15 | 19 | 34 | 1.3 |
| 神宗 | 1 | 2 | 3 | 0.5 |
| 熙宗 | 2 | 5 | 7 | 1.0 |
| 康宗 | 2 | 2 | 4 | 2.0 |
| 高宗 | 25 | 32 | 57 | 1.2 |
| 元宗 | 10 | 8 | 18 | 1.2 |
| 忠烈王 | 13 | 8 | 21 | 0.6 |
| 忠宣王 | 1 |  | 1 | 0.2 |
| 忠肅王 | 3 | 1 | 4 | 0.2 |
| 忠惠王 | 1 |  | 1 | 0.1 |
| 忠穆王 | 3 | 2 | 5 | 1.3 |
| 忠定王 |  |  |  | 0.0 |
| 恭愍王 | 2 | 10 | 12 | 0.5 |
| 禑王 | 1 |  | 1 | 0.1 |
| 昌王 |  |  |  | 0.0 |
| 恭讓王 |  | 1 | 1 | 0.3 |

이다. 그리고 태조진전의 왕건 동상에 대한 경배의식을 중심으로 하는 연등회 첫날의 제의祭儀도 '일체 옛 법식에 의거하여' 거행된 것이다.

고종대의 봉은사 진전 행차를 〈표1〉의 집계에서 보면, 전체 연평균은 1.2회이지만, 강도시기만 보면 27년간 총65회, 연평균 2.4회로 매우 높은 빈도이다. 원종도 강도시기 10년 동안 총12회, 연평균 1.2회로 높은 편이다.

---

40) 위의 책, 열전 43 裴仲孫傳.

〈표 1〉에서 봉은사 진전 행차의 연평균 빈도수가 높은 왕대는 대체로 공통성을 갖는다. 즉, 국내외 정세의 큰 변화로 거센 도전을 받는 시기인 동시에 국왕이 어떠한 형태로든 그 도전에 적극 대응하려는 시도를 하고 있는 시기이다.

강도시기의 고종과 원종대의 봉은사 진전의 행차 빈도가 높은 것은, 무신정권과 국왕에게 중요한 의미를 가졌다. 그것은 우선 무신정권으로서는 강도 정부가 변함없이 정통성을 갖는 정부라는 점을 분명히 하는 것이었다. 그리고 실권을 갖지 못하는 고려군주로서도 주권자로서의 상징적 지위를 지키는 것이기도 하고, 외적의 침입에 맞서 싸우는 고려국의 결집에 기여하는 길이기도 하였다.

강도로 옮겨간 왕건 동상과 봉은사는 고려정부가 개경시절의 정부와 연속성을 갖는 존재라는 것을 보여주는 상징체계의 중심에 있었다. 또한 외적의 침입에 대항하며, 국가적 결속을 유지하는 구심력의 중요한 역할을 하고 있었다.

## 환도와 연등회 어가행렬

강도에서 37년이 지난 뒤, 왕건의 동상은 원종 11년(1270)에 개경으로 환도하였다. 다음의 기록을 보자.

(1270년 5월) 을축에 원외랑員外郞 이인성李仁成을 보내 강화에서 태조진太祖眞을 받들어 모셔오도록 하였다.[41]

여기서 '태조진'은 왕건 동상이다. 강화도 피난 시절이 끝나고, 개경으

---

41) 위의 책, 세가 26 원종 11년 5월 을축.

로 돌아온 것이다.《고려사》에는 원종 11년 기사의 끝에

> 이 해에 니판동泥板洞에 건물을 짓고, 세조世祖와 태조의 재궁梓宮(관), 봉은
> 사의 태조소상塑像 그리고 구묘九廟의 목주木主를 가안치하였다.[42]

고 하였다. 가안치의 시점은 그 해 5월 을축일 이후이다. 개경의 봉은사 진전
은 강화도 피난 시절 오랜 기간 전란 속에 방치되어 있었으므로, 왕건 동상을
임시 건물에 가안치한 것이다.

봉은사 진전은 빠르게 복구되어, 다음 해(1271) 2월 연등회에 원종이 행
차하였다. 그런데 환도 후 첫 봉은사 진전 행차는 저시교楮市橋 인근 민가 300
여 호에 화재가 나서 연등과 기악伎樂을 제하고, 태조진전 알현만을 하였
다.[43] 그 뒤 원종의 국상이 난 1274년을 빼고, 원종은 매해 연등회와 태조기
일에 봉은사 진전에 행차하였다.(부록 연표 참조.) 하지만 1273년 연등회 행차
기록에서 '국가에 변고가 많으므로 기회伎會(연희)를 하지 않고 절문 밖에 등
만 설치하였다'고 한 것에서 보듯이, 연등회 어가행렬은 환도 초기에는 옛 모
습을 찾지 못하고 있었다.

연등회 어가행렬이 옛 모습을 찾은 것은 환도 후 6년 정도가 경과된 충
렬왕 2년(1276)이었다.

> 연등에 왕이 봉은사에 행차하였다. 사녀士女들이 거리를 메우고 경하하기를
> "오늘 다시 태평시의 옛 모습[舊儀]을 볼 줄 어찌 알았으리오."라고 하였다.[44]

---

42) 위의 책, 세가 26 원종 11년. 여기서 왕건 동상을 소상이라고 한 것에 대해서는 본서의 II장 1절 2)소
절 참조.
43) 위의 책, 세가 27 원종 12년 2월 무신.
44) 위의 책, 세가 28 충렬왕 2년 2월 기유.

전란을 겪으며 피폐된 개경 거리에서 사녀들은 이 때에 비로소 성대한 연회 공연과 의장을 갖춘 연등회 어가행렬을 보고, 옛 태평시절을 생각하며 감격하였다. 어가행렬의 종착점은 봉은사 태조진전이었고, 온 개경민들이 함께 참여하는 축제 행렬이 향하는 중심 경배 대상은 고려 태조이었다. 그리고 왕건 동상은 그 대표 상징물이었다.

원 복속기를 비롯한 고려 후기에도 왕건의 동상은 왕실을 비롯하여 고려 신료들 내지 고려인들의 신성한 상징물로 숭앙되었다. 일관日官 출신으로 대신에까지 오르고 충렬왕의 두터운 신임을 받았던 오윤부伍允孚의 일화는 두 가지 측면에서 주목된다.

> 오윤부는 성품이 아주 곧았고, 자못 나라 일을 자신의 근심으로 삼았다. (중략) 그는 일찍이 봉은사 태조 진전에 고삭告朔(매월 초하루임을 조상에게 아뢰는 의식) 의 의식을 거행한 적이 있다. 제물을 올리고는 절하고 울면서, "태조시어! 태조 시어! 임금님의 나라 일이 잘못되고 있습니다"고 하며, 흐느끼고 목메어 어쩔 바 를 몰라 하였다. (하략) [45]

주목되는 하나는 봉은사 태조진전 왕건 동상에는 국왕이 거행하는 의식 외에도 신료가 담당하는 매달 초하루의 고삭 의례가 언제부터인가 거행되고 있었다는 사실이다. 봉은사 태조진전은 왕실 의례만이 아니라 신료들이 거행하는 의례의 대상으로도 성립되어 있는 것이다. 그리고 고삭 의례는 오윤부에 대해 언급하는 가운데 우연히 부수되어 나타난 것이다. 이런 종류의 의례들은 조선시대 편사자들의 관심 대상이 아니었으니, 신료들에 의해 거행되는 정기적 부정기적 의례들이 기록에 흔적도 남기지 못한 것들이 더 있었을 것이다.

---

45) 위의 책, 열전 35 伍允孚傳.

주목할 다른 하나는 태조 왕건의 동상 앞에서 오윤부가 간절한 마음으로 읍소하며, 기원하고 있는 데서 나타나는 숭배 내지 신앙의 대상으로 되고 있는 측면이다. 신앙적 대상화는 앞에 나온 개경 환도를 앞두고 방열邦悅이 태조진 앞에 나아가 점을 친 것, 공민왕이 천재지변에 대해 봉은사 진전에 가서 태조 왕건의 동상에 기도한 것, 태조 진전에 알현하고 한양 천도를 점친 것 등에서도 나타난다.[46] 우왕 4년(1378)에 재추宰樞 등이 봉은사 태조진전에 가서 천도를 점쳤는데, 불길하다 하여 그만두었다는 것도 그러한 사례이다.[47]

이 두 가지 측면을 보면, 고려 태조 및 그 대표 상징물인 동상은, 원 복속기 몽고의 전방위 정치적 압박에 직면하여, 고려 사회에서 왕실을 대표하는 국가권위의 원천적 상징이자 정신적 지주支柱가 되고 있었다.

왕실을 대표하는 국가권위의 원천적 상징물이라는 왕건 동상의 기능은 고려 말 왕실의 존립이 권신들에 의해 좌우되는 상황에서는 권신들에게 이용되었다. 우왕 1년(1376)에 이인임李仁任은 여러 신하를 거느리고 봉은사 태조진전에 나아가, 태조의 혼령께 왕위에 도전하는 세력으로부터 새 왕을 옹위하여 받들 것을 맹세하였다.[48] 공양왕 원년(1389)에는 이성계 등이 창왕을 폐하고 새 왕을 옹립하기 위해, 봉은사 태조진전[啓明殿; 후술함]에 갔다. 그들은 태조에게 고하고 제비뽑기를 하여 정창군定昌君(즉위전 공양왕)의 이름을 뽑았다,[49] 이성계일파의 주도 속에 공양왕은 우왕과 창왕을 벤 일을 봉은사 진전에 가서 고하였다.[50] 왕실을 대표하는 국가권위의 원천적 상징물인 고려태조 왕건의 동상은 이성계일파에 의해 고려왕실의 막을 내리는 마지막 수순에 이용되고는, 그 또한 역사의 무대에서 퇴장하는 걸음을 옮기고 있었다.

---

46) 위의 책, 세가 39 공민왕 5년 1월 신묘. 공민왕 6년 1월 임진.
47) 《고려사》 열전 46 우왕 4년 9월.
48) 《고려사절요》 권 30 우왕 원년 4월.
49) 위의 책, 권 34 공양왕 원년 11월.
50) 《고려사》 세가 45 공양왕 2년 1월 신미.

# 7. 고려말 봉은사 태조진전의 명칭 변화

### 두 계통의 명칭

고려 태조 왕건의 동상이 봉안되어 경배되던 공간은 개경에 있었던 봉은사 태조진전이었다. 전란으로 개경이 함락될 위기에 처해 국왕이 몽진할 때에는 왕건 동상도 함께 이동하여 피난처에 임시 봉안되기도 하였으나, 봉안되었던 주된 공간은 봉은사 진전이었다. '봉은사'는 광종대에 태조를 위해 창건된 사찰의 이름이고, '진전眞殿'은 초상화나 조각상 등의 상징물인 '진眞'을 봉안한 전각殿閣을 의미한다.

봉은사 태조 왕건의 진전의 명칭에 대해서는《고려사》등에 '봉은사 태조진전奉恩寺太祖眞殿', '봉은사 진전', '효사관孝思觀', '경명전景命殿' 등이 보인다. 자료들에 보이는 명칭은 크게 두 계통으로 나누어 볼 수 있는데, A, B로 표시하고 시간 순서로 열거하면 다음과 같다.

A1) 선종 9년 1월 신묘, 연기 같은 기운이 봉은사 태조진전에서 피어났다.[51]

A2) 헌종 원년 6월 계사, 봉은사 진전의 (태조상의) 어탑御榻(어좌의 넓은 의자)이 스스로 움직였다.[52]

---

51) 위의 책, 지 8 五行2 金.
52) 위의 책, 지 8 五行2 木.

A3) (예종 원년) 8월 신사, 왕이 봉은사에 행차하여, 태조진전에 배알하였다. [53]

A4) 예종 원년 8월 무인에 뱀이 봉은사 태조진전에서 보였는데, 색이 청황이었다. 경진에 또 보였다. [54]

A5) (의종 조) 상원연등에 봉은사 진전에 친행하는 위장衛仗. [55]

A6) 상원연등에 봉은사 진전에 친행하는 노부鹵簿. [56]

A7) (명종 11년) 3월 신미, 떼도둑이 봉은사에 들어가 태조진전의 은병銀甁 30여 구口를 훔쳤다. [57]

A8) (신종 6년) 9월, 최충헌이 봉은사 태조진전에 제례祭禮를 올리고, 겉옷과 속옷을 바쳤다. [58]

A9) (원종 12년) 2월 무신, 연등에 왕이 봉은사에 행차하였다. 저시교楮市橋 인근 민가 300여 호가 불이 나, 연등燃燈 기악伎樂 없이, 태조진전 알현만을 하였다. [59]

A10) (공민왕 1년) 8월 무신에 왕이 공주와 함께 복령사福靈寺에 갔다가, 봉은사에 가서 태조진전에 알현하였다. [60]

A11) (공민왕 2년) 11월 을유에 왕이 봉은사에 가서 태조진전에 알현하였다. [61]

B1) (공민왕 3년) 12월 무신에 왕이 천재天災로 봉은사 효사관孝思觀에 가서, 태조진에 기도하였다. [62]

---

53) 위의 책, 세가 12 예종 원년 8월 신사.
54) 위의 책, 지 7 五行1 水.
55) 위의 책, 지 26 輿服 燃燈衛仗.
56) 위의 책, 지 26 輿服 燃燈鹵簿.
57) 위의 책, 권 20 명종 11년 3월 신미.
58) 위의 책, 세가 21 신종 6년 9월.
59) 위의 책, 세가 27 원종 12년 2월 무신.
60) 위의 책, 세가 38 공민왕 1년 8월 무신.
61) 위의 책, 세가 38 공민왕 2년 11월 을유.
62) 위의 책, 세가 38 공민왕 3년 12월 무신.

A12) (공민왕 5년) 1월 신묘일에 왕이 봉은사에 가서 태조진전에 알현하였다. [63]

A13) (공민왕 5년) 4월 임술에 왕이 봉은사에 가서 태조진전에 알현하였다. [64]

A14) (공민왕 6년) 1월 임진에 왕이 봉은사에 가서 태조진전에 알현하고, 한양으로 천도하는 일을 점쳤다. [65]

A15) (공민왕 7년) 8월 갑신에 왕이 봉은사에 가서 태조진전에 알현하였다. [66]

B2) (공민왕 22년) 5월 정묘에 효사관을 경명전景命殿으로 고쳤다. [67]

B3) (우왕 원년) 하4월에 이인임이 여러 신하를 거느리고 효사관에 나아가 태조의 혼령께 맹세하였다. "본국의 무뢰배들이 심왕瀋王의 손자를 끼고 북쪽 변방에 와서 왕위를 엿봅니다. 우리 동맹하는 신하들은 힘을 다해 막아서, 새 임금을 돕고 받들겠나이다. 이 맹세에 변함이 있으면, 천지와 종묘 사직이 반드시 은밀한 주벌을 내릴 것입니다." [68]

A16) (우왕 4년) 9월 재추宰樞 등이 봉은사 태조진전에 가서 천도를 점쳤는데 불길하다 하여 그만두었다. [69]

B4) (공양왕 원년 11월) 우리 태조가 판삼사사 심덕부沈德符, 찬성사 지용기池湧奇, 정몽주鄭夢周, (중략) 등과 흥국사興國寺에 모여서 삼엄한 군사의 호위 속에서 의논하였다. "우禑와 창昌은 본래 왕씨가 아니니, 종사宗祀를 받들게 할 수 없다. 또 천자의 명命도 있으니, 마땅히 가짜 왕을 폐위시키고, 진 왕을 세워야 될 것이다. 정창군定昌君 요瑤는 신왕神王(神宗)의 7대손으로 그 족속이 가장 가까우니, 왕으로 세워야 할 것이다." (중략) 이에 종실宗室

63) 위의 책, 세가 39 공민왕 5년 1월 신묘.
64) 위의 책, 세가 39 공민왕 5년 4월 임술.
65) 위의 책, 세가 39 공민왕.
66) 위의 책, 세가 39 공민왕.
67) 위의 책, 세가 44 해당연월일조.
68) 《고려사절요》 권 30 우왕 원년.
69) 《고려사》 열전 46 신우.

의 몇 사람의 이름을 써서, 심덕부·성석린·조준을 보내어 계명전啓明殿에 가서 태조에게 고하고 제비를 뽑았더니, 정창군의 이름이 뽑혔다.[70]

B5) 얼마 뒤 (공양)왕은 심덕부에게 (중략) 벽상삼한삼중대광壁上三韓三重大
匡문하시중門下侍中 (중략) 영효사관사領孝思觀事 (중략) 영경연사領經筵
事를 내려주었다. (하략) [71]

B6) (공양왕 원년, 12월) 계해일에 왕이 효사관에 나아가서 우와 창을 벤 일을
태조에게 고하였다.(하략) [72]

B7) (공양왕 2년 정월 신미)이날에 여우가 수창궁壽昌宮 서문에서 나와 달아나
효사관의 서쪽 봉우리로 들어갔다.(하략) [73]

B8) 공양왕 4년 5월 정해에 노루가 효사관으로 들어갔다.[74]


위 자료들에서 나타나는 봉은사의 태조 왕건의 진전을 일컫는 명칭은 크
게 두 가지로 나뉘어진다. 한 가지는 A1~16)의 연관된 고유명사에 '진전'을
결합한 '봉은사 태조진전'과 그 약칭들이다. 다른 하나는 B1~8)의 별도로
작명된 '단일 고유명사'로 된 명칭이다.

A)계열의 명칭은 '봉은사 태조진전', '봉은사 진전', '태조진전'이 그것

---

70) 《고려사절요》 권 34 恭讓王 원년 11월. 《고려사》 세가 45 공양왕 즉위조.
71) 《고려사》 열전 29 沈德符傳. 심덕부를 문하시중으로 임명한 것은 공양왕 원년(1389) 11월이다.(《고려사
절요》 권 34)
72) 《고려사》 세가 33 공양왕 원년.
73) 《고려사절요》 권 34 공양왕 2년 정월. 《고려사》 지 8 五行 2 金에는 "恭讓王二年正月辛未 狐出壽昌
宮 西門 走入思親觀 西岡"이라 하였다. 이 기사는 《고려사절요》의 앞부분과 동일한 내용인데, '효사
관'을 '사친관'이라 한 것만이 다르다. '사친관'은 이 자료에서만 나타나는 것으로 '효사관'을 잘못
기록한 것이 분명하다. 이성계 일파가 흔한 동물인 여우의 출현을 가지고 공양왕을 압박하는 특별한
정치적 구실로 삼은 것을 보면, 왕실의 최고상징인 '효사관'에 여우를 결부시킨 것이 자연스럽다.
이 기사는 크기도 작고 길이 아닌 덤불 속 등으로도 다니는 여우가 수창궁을 나와 봉은사 서쪽 봉우리
까지 가는 것을 계속 추적했다는 것을 액면 그대로 믿기 어려운 면도 있다. 이성계 일파가 잠시 목격
된 여우를 가지고 부풀렸거나 꾸며낸 이야기일지도 모른다. 그런데 어떻든 수창궁터에서 추정되는 봉
은사 터까지의 직선 거리가 대략 1200m 내외로 가까웠기에 가능하다.(봉은사 위치는 다음 장 참조)
74) 《고려사》 지 8 五行 2 金.

이다. '봉은사 태조진전'의 세 낱말에서 '태조'를 생략한 것이 '봉은사 진전'이며, 이들은 같은 의미를 담은 표현이다. 그런데 '봉은사'를 생략한 '태조진전'은 봉은사뿐만 아니라 서경, 개태사 등 여러 곳에 태조진전이 있었으므로, 의미가 달라질 수 있다. 따라서 봉은사 소재의 진전을 일컫기 위해서는 '봉은사' 소재임이 드러나는 문맥 속에서만 '봉은사'를 생략한 '태조진전'이라 표현할 수 있었다. 위의 자료에서 예종 원년, 명종 11년의 기사 등이 그러한 용례이다. 봉은사 소재임이 드러나는 문맥에서는 더 간략화된 '진전'만으로 일컫기도 하였다.[75] 또한 "연등에 봉은사에 행차했다"는 표현에서처럼 '봉은사 진전'에서 축약하여 '봉은사'라 한 경우도 있다. 이러한 용례는 상원 연등 행사에 대한 《고려사》의 기록에서만 보이며, 자주 반복되는 잘 알려진 내용의 기사라서 최대한 축약하여 표현한 것으로 보인다.

연관된 고유명사에 진전을 결합한 '봉은사 태조진전'은 약칭까지 포함하면 사용 빈도가 가장 많은 일반적인 기록이며, 가장 이른 시기부터 나타나 말기까지 나타나는 명칭이다. 세 낱말로 합성된 이 명칭에서 한 두 낱말을 생략한 네 가지 약칭도 많이 사용되었다. 이러한 것은 이 명칭이 오랜 기간에 걸쳐 일반적으로 많이 사용된 결과이기도 하다. 원초적이고 구체적인 의미를 담은 세 낱말로 구성된 이 명칭은 그 자체에 일컫는 내용을 담은 직관적인 명칭이고 기억하기도 쉽다. 이것이 이 명칭이 오랜 기간 널리 사용되게 한 요인의 하나라고 생각된다.

'봉은사 태조진전'에서 군주의 어진을 모신 전각이라는 의미의 '진전'이라는 용어는 중국사에서 보이지 않는 것으로서 고려에서 만들어진 용어로 보인다. 그와 비슷한 용어는 중국 고대부터 나타나는 '원묘原廟'가 있고, 송대宋代에 나타나는 '신어전神御殿'이 있다. 군주의 어진을 전각에 모시고 제사하

---

75) "二月癸未 燃燈 王如奉恩寺 謁太祖眞. 燈夕 必親行香眞殿 以爲常." (위의 책, 세가 6 靖宗 4년)

는 제도는 송대에 유행하는데, 봉은사 태조진전은 그 관련 요소들이나 문화적 배경이 송의 신어전과 다르다. '봉은사 태조진전'과 그 약칭들은 고려 사회의 문화 전통에 기반을 두었고, 그 때문에 널리 통용되는 생명력을 가졌다.

B)계열의 단일 고유명사로 된 명칭은 '효사관孝思觀'과 그것을 공민왕 22년에 개정한 명칭인 '경명전景命殿'이 그것이다. 공양왕 원년 11월 자료에 보이는 '계명전啓明殿'은 또 다른 명칭이 아니라, 경명전의 오류임이 분명하다. 효사관을 '사친관思親觀'이라고 한 오류와 같은 예이다.[76] 이 명칭들은 추상적이어서 기억하기도 쉽지 않아, 지배층에서 조차 착오를 일으키는 경우가 있었다.

경명전과 달리 효사관은 그 명칭의 시작 연대에 대해 전하는 기록이 없고, 공민왕 3년 11월은 효사관 명칭이 자료에 처음 보이는 시기이다. 다만 '효사관'이라는 명칭을 통해 약간의 검토를 해볼 여지는 있다.

### 누각 형태의 봉은사 태조진전

'관觀'에는 누각樓閣이라는 자전적 의미가 있어, 봉은사 태조진전의 외형에 따른 명칭으로 해석된다. 태조진전이 누각 형태의 건물인 것은 태조진전을 모신 어

그림 1_ 고려시대의 누각 그림. 〈관무량수경변상도〉 일본 서복사 소장

좌의 형태와 관련된다. 제Ⅱ장 1절 1소절에서 보았듯이 왕건 동상은 어탑御榻

---

76) 주 71) 참조.

**그림 2_** 인정전의 닫집. 《창덕궁인정전중수도감의궤》 **그림 3_** 인정전. 《창덕궁인정전중수도감의궤》 (1857).
(1857). (한영우, 2003 《창덕궁과 창경궁》)

**사진 3_** 창덕궁 인정전의 닫집과 용상. 닫집은 당가唐家라고도
한다.

이라는 폭 넓은 의자에 앉은 형태로 봉안되어 있었다. 이 어탑은 조선시대처럼 어좌를 꾸민 닫집에 설치되었을 것으로 생각된다. 창덕궁 인정전 어좌에서 보면, 층계가 있는 단壇 위에 용상이 놓이고, 그 위로는 지붕처럼 보개寶蓋가 덮고 있다.[77] 규모면에서 아주 작게 축소된 것이나, 숭의전의 경우도 왕건의 위패

---

[77] 일부 국어사전에는 '당가唐家', '닫집'이 '보개寶蓋'와 동의어로 풀이되어 있다. 보개는 어좌御座나 불
좌佛座 위를 덮은 지붕 형상의 시설물을 말한다. 그런데 《창덕궁인정전중수도감의궤》에 '당가'의 도판
은 하부의 층계를 포함한 단壇과 상부의 보개를 아우르는 전체를 담고 있다. 말뜻으로 보면, 닫집은
'당가'의 우리말이고, 이 단어는 단과 보개로 구성된 구조물 전체를 의미하는 것으로 보인다.

**사진 4_** 인정전

는 단 위에 모시고, 그 위에는 보개가 설치되어 닫집의 형태와 비슷하다.(이 책 VI장 1절 사진 4 참조) 조선시대의 닫집제도는(그림 2와 사진 3 참조) 고려시대의 제도를 많이 이어 받지 않았을까?

왕건 동상의 어탑이 단과 보개로 된 닫집 안에 설치되어 있었다면, 실내 의 천정은 높아져, 외형은 적어도 2층의 누각형태여야 했던 것으로 보인다. 인정전의 경우 내부는 닫집이 설치된 높은 천정이고, 외부는 2층 형태이다. 효사관의 '관觀'은 이러한 태조진전 건물의 누각형태가 반영된 명칭으로 생 각된다.

## '효사관' 명칭의 기원

효사관의 '관'이 그처럼 건물의 외형이 반영된 명칭이라 해도, '△△관 觀'이라는 명칭은 고려시대나 조선시대의 전각 명칭에서는 보기 어렵고, 중 국 도교의 사원인 도관道觀의 이름 가운데는 흔한 것이다. 그러나 물론 태조진전이 도관과 직접 관련되었다고 볼 수는 없다. 다만 비슷한 시기 인접한 송 나라의 경우를 보면, '신어전神御殿'으로 불린 송宋 대 황제의 초상화나 조각상을 안치한 진전은 불교사원 외에도 도관에 세워진 경우가 많았다.[78]

원묘原廟라고도 한 선대先代 제왕의 초상화나 조각상을 둔 제사용 건물은, 당唐 나라 전 시기까지 올라간다. 그런데 선대 제왕의 상像을 안치한 제사용 전각이 국가적 제도로 성립되어 유행하게 되는 것은 송대이다. 송에서는 그 전각을 신어전이라 하였는바, 그 유행의 배경에는 유교 제례인 종묘와 계통을 달리한 도교道教 제례가 크게 작용하였다.[79] 그리고 송대의 신어전은 모두 단일 고유명을 붙였고, 그 가운데는 '효사전孝思殿'이라는 명칭도 나타난다.[80]

고려의 '효사관'이라는 단일 고유명은 후대에 제한적으로 송제宋制를 참고하며 붙여졌을 가능성도 있다. 그런데 송의 신어전보다 이른 시기인 951년에 세워진 봉은사 태조진전은 태조상이 고구려계 전통인 착의형 나체상인 것에서 보듯이 송제와 뿌리를 달리한다.

'효사관'이라는 명칭이 어떤 식으로든 송의 제도의 영향을 받은 것이라면, 그 명칭을 만든 것은 전기에서는 예종睿宗 치세가 상대적으로 유력시된다. 예종대에는 송의 문물을 새롭게 광범하게 들여왔는데, 특히 송의 도교를 들여와 복원궁福源宮이라는 도관이 세워지기도 하였다. 그러나 그렇게 보기에는 실제 사용례가 전혀 나타나지 않아, 가능성이 적어 보인다.

송 나라의 제도인 신어전은 원대元代에도 세워지고 그 가운데는 '효사전'도 있었다.[81] 원에 복속한 시기에 그것을 참조하며, 효사관의 명칭을 붙였

---

78) 山内弘一, 1985, 〈北宋時代の神御殿と景靈宮〉《東方學》 70.

79) 위의 논문.

80) 《宋史》 지 63 예 12 神御殿. 이외 본기 등 여러 곳에 보인다.

81) 위의 책, 지 26 神御殿.

을 수 있다. 그리고 '효사관' 등의 명칭은 공민왕 3년에 처음 보이고, 고려 말에만 사용례가 나타난다. 공양왕대의 '영효사관사領孝思觀事'라는 직함에서 보듯이, 고려 말에 공식적인 명칭으로 사용되고 있다. 그렇게 보면, 효사관 명칭은 공민왕 원년 또는 그에서 멀지 않은 시기에 처음 정해진 것인 가능성이 상대적으로 크다.

효사관, 경명전 등의 단일 고유명을 만든 것은 송의 제도 또는 송의 제도를 사용한 원의 제도의 영향을 받은 것으로 보인다. 사회내의 자생적 기반을 갖는 '봉은사 태조진전'이라는 명칭과 달리, 외래제도의 영향을 받은 이 단일 고유명은 지배층에서조차 익숙해지기가 쉽지 않았다. 두 명칭 모두 지배층에서도 음과 한자를 틀린 용례들이 나타난다. 특히 공민왕 22년에 개정된 '경명전' 명칭은 개정 뒤 제대로 사용된 기록이 남아 있지 않다. 아마도 뒤이은 국정의 심한 혼란 속에 정착될 수 없었던 것으로 보인다. 대신 '효사관'이 관직명에서도 사용되며 공식적 명칭으로 자리 잡게 되었다. 그럼에도 '봉은사 태조진전' 명칭은 여전히 통용되고 있었다.

# V

# 조선 건국 후 지워진
# 봉은사의 위치

## 조선시대 문헌의 언급회피

봉은사와 그곳에 있던 태조진전은 이성계가 조선을 건국하자 사라지게 되었다. 이성계는 즉위하자마자 고려의 종묘를 헐고, 봉은사 진전의 고려 태조 동상을 지방의 조그만 암자인 앙암사仰庵寺로 옮기게 하였다. 그 때 봉은사와 태조진전 역시 헐렸던 것으로 보인다.

고려 왕실의 최고의 상징물이었던 고려 태조의 진전과 왕건의 동상은 새로이 세워진 조선 왕실에게 이중적인 의미를 갖는 대상이었다. 현실적으로 그것은 옛 왕조에 대한 충성을 뿌리뽑고, 조선 건국을 굳히기 위해, 제거해야 할 전왕조의 1차적인 정치적 상징물이었다. 하지만 그 시대의 도의道義로 보면, 조선의 왕들은 그 선대가 고려의 신하였으므로, 그것은 조선 왕실이 예우를 해야 할 대상이었다.[1]

당시의 유교적 정치제도에서 신왕조를 개창하면, 전왕조의 종묘를 헐고, 신왕조의 종묘를 세우는 것은 불가피하였다. 하지만 진전은 그러한 국가적 제도에 따라 반드시 철거해야 할 존재도 아니었다. 원초적으로는 고려 태조의 명복을 빌고 제사를 올리는 사당과도 같은 곳이었다. 그리고 이성계 등

---

[1] 이성계를 포함한 초기 4대가 고려의 신하였으므로, 고려 태조에 대한 예우는 다른 왕조의 왕들과 달리 각별해야 한다고 한 英祖의 지적은 그러한 도덕적 관점을 잘 보여준다.(《영조실록》 권 9 2년 5월 을묘.)

초기의 조선왕실과 조선건국세력들은 고려의 신하였으므로, 고려 태조의 진전까지 헐어 없앤다는 것은 당시의 사회적 감정이나 도의에 결코 떳떳한 것이 아니었다.

봉은사 태조진전은 고려의 역대 군주들이 행차하여 의식을 거행하였고, 대체로 후기로 내려올수록 그 정치·사회적 의미가 더 커졌지만, 조선건국 이후 갑자기 모든 문헌에서 흔적이 완전히 지워졌다. 조선 초기 이래의 많은 지리지地理志들에는 고려시기의 중요 사찰들은 폐사廢寺라도 사찰의 이름과 위치를 수록하고, 역대의 중요한 사실들에 대한 글을 수록하였다. 하지만 봉은사에 대해서는 어떤 것도 그 사찰의 이름 조차 언급한 것이 없다. 각종 공사公私의 문헌에서도 그토록 유명하고 중요했던 봉은사의 조선건국 이후 상태에 대한 언급은 없다. '봉은사'를 거론하는 것은 철저히 회피했던 분위기가 감지된다.

태종대까지는 고려 왕실의 서출마저도 철저히 색출하여 제거하였다. 또한 고려왕조에 조금이라도 호의적인 언행을 보이면, 목숨을 부지하기 어려운 상황이었다. 그러나 세종대 이후 조선왕조는 확고해지고, 전왕조 지지 세력이라 할 만한 것이 거의 완전히 사라져, 오히려 전왕조에 대한 예우를 배려할 여유까지 생겼다. 세종은 전왕조에 대한 예우가 너무 부족함을 걱정하였다.(다음 장 참조) 그러함에도 모든 문헌에 봉은사에 대한 언급이 없다. 봉은사에 대해 조선왕실로서는 도의에 떳떳치 못한 사실을 가졌던 때문에, 그 이름을 거론하는 것도 신료들로서는 회피하였던 것이 아닐까?

## 고유섭의 위치 추정

400년이 넘도록 거론 자체가 회피되는 가운데, 봉은사의 최후에 대한 사실과 함께 그 위치도 기억에서 지워지게 되었다. 그리하여 19세기에 들어와서 비로소 지리지에 봉은사에 대한 짧은 추측성 서술이 나타난다. 1830년에 간행된 개경에 대한 지리지인《중경지中京誌》에서는 봉은사를 개성 태평관太平館 서북 비슬산琵瑟山에 있었던 '불은사佛恩寺'라고 추측하였다.[2]

고유섭은 일찍이《고려사》등의 기록에서 볼 때, 불은사와 봉은사가 동시에 존재한 사찰이라는 점을 들어,《중경지》의 추측이 잘못된 것임을 밝힌 바 있다.[3] 그리고 고려 인종 10년의 다음과 같은 기록을 주목하였다.

큰 비로 인가가 떠내려가거나 물에 잠긴 것이 헤아릴 수 없이 많았다. 또한 봉은사 뒤, 산 위의 옛 우물이 용솟음쳐서, 급류가 국학國學에 흘러들어가, 경사백가문서經史百家文書가 물에 잠겼다.[4]

그는 이 기사에 의거하여 봉은사는 국자감 위쪽 터에 상하로 인접해 있었을 것으로 추정하였다. 그리고《개성지開城誌》에서 국자감이 옛 국재동國在洞, 당시 전매국 사택舍宅 자리라 한 것에 의거하여,[5] '태평정太平町 103번지에서 116번지로 120번지에 끝나는 지역을 하반은 국자감 자리, 상반은 봉은사 자리로 추정'하였다.

고유섭은 또한 최자崔滋가 강화로 천도했을 때 쓴《보한집補閑集》의 글에 주목하였다. "구도舊都에서는 아홉 거리가 넓고 평탄하였고, 흰 모래를 평평하게 깔았다. 큰 냇물이 조용히 거리 양 랑廊 사이를 흘러 나간다"는 귀절이

---

2) 《中京誌》 권 6 寺刹 佛恩寺條에서 그 위치와 함께 李穀이 쓴 고려 광종대에 세워졌다는 사찰연기설화를 수록하였다. 그리고 그 뒤에 이어지는 奉恩寺條에서 皇城 남쪽에 있고, 광종대에 창건되었다고 하고, 곧 불은사로 추정하였다.

3) 고유섭, 1977,《松都의 古蹟》〈12.奉恩寺와 國子監〉(열화당)

4) 《고려사》 지 7 五行 1 인종 10년 8월 무자.

5) 林鳳植, 1933,《開城誌》 권 4 館學書院 成均館. (경인문화사 영인, 한국지리풍속지총서 45.)

다. 직접적인 언급은 없지만 여기서의 '랑'이 봉은사의 일부로 생각한 것같다.[6] 그런데 이 귀절은 문맥상 봉은사가 아니라, '봉은행향奉恩行香'어가 행렬이 지나는 개경의 거리 모습을 서술한 것이다. 1934년에 발행한 1만분의 1 개성 지형도에서 보면,[7] 고유섭이 추정한 봉은사 위치는 큰 냇물이 흐르는 곳이 아니고, 과거에도 평상시에 양랑 사이로 흐르는 큰 냇물이 있었다고 보기 어려운 지형이다. 다만 집중호우와 같은 상황에서는 계곡 물이 갑자기 불어날 수 있는 지형이다.

## 봉은사 위치에 대한 추가 증거

고유섭의 봉은사 위치 추정은 가능성이 있으나, 근거자료가 인종 10년의 기사 하나만인 것은 보강될 필요가 있다. 봉은사 위치를 보여주는 자료는 더 없을까? 다음의 문종대 기사도 봉은사와 국자감이 연이어 들릴 수 있는 곳이었음을 보여준다.

(문종 15년) 6월 왕이 봉은사에 갔다가, 마침내 국자감에 갔다.(하략)[8]

1934년에 발행된 1만 분의 1 〈개성 지형도〉와 새로 발견된 몇 가지 문헌자료들을 결합하여 살피면, 좀더 구체적인 접근이 가능하다. 우선 지형도에서 보면, 고려말에 옮기기 전 국자감의 추정 위치인 '옛 국재동, 전매국 사택자리'는 지도의 우측 끝 중앙에서 약간 아래 지점의 '재무국전매과출장소' 북쪽에 '계류지'를 나타내는 녹색 점선을 경계로 인접한 지역이다. 전매과출장소 구역의 북서쪽의 비碑 표시는 고유섭이 말한 '안향安珦의 여지閭址 비각

---

6) 한기문, 2008, 앞 논문에서도 고유섭이 '양랑'을 '봉은사 양랑'으로 해석했다고 보았다.
7) 서울대학교 도서관 소장 구간도서.
8) 《고려사절요》 권 5. 《고려사》 세가 8.

〈봉은사지 추정 지역 지형〉
(1934년 조선총독부 발행 1만분의 1 개성 지형도의 일부)

碑閣'으로 보인다. 그리고 전매국 사택 자리의 북서쪽에 인접한 구역이 고유섭이 추정하는 봉은사 유지이다. 그곳은 〈개성 지형도〉에 청색 점선 타원으로 표시하였다.

고유섭이 추정한 봉은사의 위치를 1934년 발행 지도의 지형에서 보면, 그 지형이 인종 10년의 홍수 기사와 부합될 수 있다. 지도에서 고유섭의 봉은사 비정지역은 150.4m의 야매산 북서쪽 119.9m 높이 동산 동남동쪽이다. 봉은사 추정지의 동남쪽 아래에 인접하여 국자감 추정지가 위치한다. 이 지역은 지형도에서 보면, 북서쪽으로 발달한 골짜기의 봉은사보다도 아래쪽 가장 낮은 곳이다. 이러한 지형에 집중호우가 쏟아지면, 골짜기 입구 낮은 지역인 국자감지는 큰 물이 몰려들 지형이다.

인종 10년 홍수 때, 봉은사 뒤 오래된 우물에서부터 흘러내린 물은 길게 발달한 골짜기로 모여 드는 빗물과 함께 지대가 낮은 국자감으로 몰려와 수해를 일으켰다. 이 골짜기 일대는 집중호우가 오면 수해가 발생할 곳이다. 봉은사나 국자감의 유지는 오랜 세월 속에 자연적으로도 몇 차례 유실이나 퇴적이 있었을 것으로 보인다.

다음의 자료는 대각국사 의천義天이 송나라에서 돌아 왔을 때 기사이다. 여기서 예성강 항구, 봉은사 그리고 도성 사이의 상대 위치가 나타난다.

> (선종 3년) 6월에 후煦가 송 나라에서 돌아왔다.(중략) 후가 예성강禮成江에 도착하자 왕이 태후를 모시고 봉은사에 나가서 기다렸는데, 그 맞이하는 의식의 융성함이 전고前古에 견줄 데가 없었다.(하략) 9)

봉은사는 예성강 항구(벽란도)에서 왕궁으로 들어오는 중간의 길 가까이

---

9) 《고려사절요》 권 6.

위치하였음을 알 수 있다.

고유섭이 추정한 봉은사의 위치는 예성강 입구로 통하는 선의문宣義門(일명 午正門)과 개성 남대문 도로의 중간 부근에 있으니, 위의 선종 3년의 기사와도 부합한다. 지도에서 보면 그 위치는 황성皇城의 승평문에서 남쪽 남대문까지의 직선 거리가 약 1.6 Km안팎, 남대문에서 봉은사 추정 부근까지의 직선 거리가 약 1.6 Km, 그곳에서 다시 예성강으로 통하는 선의문까지의 직선 거리가 약 1.2 Km 정도이다.

또 다른 자료로는 이색李穡이 퇴락한 국자감에 들러서,[10] 문묘에 재배하고 지은 시가 있다.

산사에서 돌아와 반궁[국자감]에 들어오니 / 山寺歸來入泮宮

뜰에 드리워진 나무 그림자 한 낮이로세 / 庭除樹影日初中

머리 숙여 재배하니 신은 있는 듯하건만 / 低頭再拜神如在

처음 노닐던 때 손꼽아보니 꿈같이 허망할뿐 / 屈指初游夢已空

십수년 지난 오늘, 잡초는 더부룩한데 / 十數年將爲茂草

간혹 몇몇 사람 선비의 기풍있도다 / 二三子或有儒風

봉은사 서쪽 봉우리 장송은 사라지고 / 奉恩西嶺長松盡

머리 돌리니 오공산에 지는 해 붉도다 / 回首蜈蚣山落照紅

(하략) 11)

이 시에 따르면, 국자감에서 '봉은사 서쪽 봉우리'의 키 큰 소나무가 있던 곳이 보이고, 조금 머리를 돌리면 오공산蜈蚣山이 보였다. 여기서 '봉은사

---

10) 지금 남아 있는 개성 북동쪽에 성균관이 중건되는 것은 공민왕 16년(1367)이니, 이 시는 그 직전 무렵에 지은 것이다.

11) 《牧隱詩藁》 권 12.

서쪽 봉우리'는 〈개성 지형도〉의 야매산이거나 그 북북동쪽의 119.9m 높이 봉우리, 둘 가운데 하나일 터이다. 그런데 봉은사는 후자의 기슭이므로, 아마도 후자를 지목한 것이 아닌가 한다. 그런데 봉은사가 국자감에서 가까이 있고 표고 차이가 적었다. 그러므로 국자감 안에 서 있는 이색에게 봉은사 건물은 국자감의 건물과 담장에 가려 잘 안보이거나 지붕 등 일부만 보였을 것이고, 그 서쪽 봉우리만 눈에 잘 들어왔을 것이다. 그리고 조금 시선을 돌리면 그 봉우리를 약간 빗겨서 그 서쪽으로 203.6m 높이의 오공산과 그 산에 걸린 지는 해가 잘 보였을 것이다.

이색의 시는 오공산이라는 위치가 분명한 지형지물을 기준으로 봉은사 서쪽 봉우리, 봉은사, 국자감의 상대위치를 보여주는 중요한 자료이다. 이 자료 또한 고유섭의 추정을 확고히 밑받침해 준다. 봉은사 태조진전은 오공산 동남동 쪽에 인접한 작은 봉우리의 동남쪽 기슭에 옛 국자감 유지 가까이 위치하였던 것이 분명하다.

다음의 자료는 수창궁과의 대략의 상대적 위치와 함께 봉은사 서쪽의 동산의 존재를 보여준다.

(공양왕 2년 정월 신미)이날에 여우가 수창궁壽昌宮 서문에서 나와 달아나 효사관孝思觀의 서쪽 봉우리로 들어갔다. 낭사에서 다시 소를 올려, "여우는 음陰의 부류고 구멍에 사는 것이니, 소인이 권세에 의탁한 상입니다. (중략) 옛날 사람이 이르기를, '결단을 못 내리고 여우처럼 의심하는 마음을 가진 자는 참소하고 해치는 입을 초래한다' 하였으니, 전하께서는 위로는 하늘의 경고를 두려워하고, 다음으로는 조종의 업을 생각하여 (변)안열 등 6인의 죄를 다스려 조종에 사과한다면 하늘의 견책을 그치게 할 수 있습니다."고 하였으나 듣지 않았다.[12]

위의 자료는 앞에서도 나온 바로 이성계일파가 변안열 등을 처벌하도록 공양왕을 정치적으로 압박하고 있는 장면을 보여준다. 여기서 수창궁과 봉은사 태조진전인 효사관 사이 여우의 출현과 이동은 이성계일파가 정치적 목적에서 꾸며낸 것인지 사실인지 의문이다. 하지만 어느 쪽이든 수창궁에서 봉은사까지의 거리가 가까웠기에 가능한 것이다. 〈개성 지형도〉에서 보면, 개성 대화정大和町 우편국 남쪽 가까이 있는 수창궁 정문 앞에 있던 궐문교闕門橋에서[13] 봉은사 추정지까지는 서북서 방향으로 직선거리가 대략 600m 안팎에 지나지 않는다. 여우의 출현지점이 수창궁의 서쪽 끝부분 담장이라면 거리는 더 가까울 것이다.[14] 이는 그 위치가 잘 알려진 수창궁과 봉은사의 상대위치를 보여주는 좋은 자료이며, 역시 고유섭의 비정이 타당하다는 것을 보여준다.

이상의 검토로 보면, 고유섭이 봉은사의 위치를 일제 때 개성 전매과출장소 북쪽 그 사택 자리인 옛 국자감터의 북서쪽에 인접한 구역으로 추정한 것은 여러 자료들에 의해 타당성이 분명히 드러난다.

---

12) 《고려사절요》 권 34 공양왕 2년 정월. 《고려사》 지 8 五行2 金에는 "恭讓王二年正月辛未 狐出壽昌宮 西門 走入思親觀 西岡"이라 하였다. 《고려사》의 기사는 《고려사절요》의 앞부분과 동일한 내용인데, '효사관'을 '사친관'이라 한 것만이 다른데, 다음과 같은 점에서 《고려사절요》가 맞는 것으로 판단된다. 첫째, '사친관'은 이 기록에서만 나타나며, '효사'라는 말이 '사친'으로 착오를 일으킨 것으로 보이기 때문이다. 둘째, 이성계 일파가 흔한 동물인 여우의 출현을 가지고 공양왕을 압박하는 특별한 정치적 구실로 삼은 것을 보면, 왕실의 최고상징인 태조진전에 여우를 결부시킨 것이 자연스럽기 때문이다.

13) "우편국에서 大和町 247번지와 248번지 사이에 골목으로 나서면 十川 위에 조그만 돌다리가 있으니 이곳을 속칭 궐문교라 하나니 이것이 곧 壽昌宮 정문 앞에 있던 다리로 宮前橋 또는 수창교라 일컫던 곳이다."(고유섭, 1977, 앞의 책, p.84) 1만분의 1 지형도에서 '郵便局'과 남쪽 다리가 확인된다.

14) 위 자료의 '서쪽 봉우리'는 이색의 시에 나오는 봉은사 서쪽 봉우리와 같은 것이며 지형도의 119.9m 동산이다. 그런데 추정되는 봉은사지의 중심부에서 이 동산의 방위는 정확하게는 정 서쪽에서 약 27도 북쪽으로 틀어진 방향이었다. 이와 관련하여 《고려사》 열전 46 '辛禑'傳의 다음의 기사가 주목된다.

(우왕 10년, 1376, 윤9월) 戊申일, 順靜王后 韓氏를 懿陵에 묻었다. 당시 明經及第 韓略이 말하기를 "나는 韓氏의 宗人이다. 처음에 韓氏가 죽었을 때, 나와 韓氏 族인 故僧 能祐가 그 시신을 화장하여 뼈를 수습해서 奉恩寺 松林에 두었다."고 했다. 이에 寺의 북쪽 봉우리(北岡)에서 燒骨 一缸을 발견하였다.(하략)

위 자료에서 보는 '봉은사의 송림'은 봉은사 주변, 특히 119.9m 동산 일대와 그 동북쪽 골짜기 건너편의 낮은 산줄기 일대에 걸쳤을 것으로 보인다. 그렇다면 위 자료에 보이는 봉은사의 '북쪽 봉우리'는 봉은사에서 남쪽으로 치우친 서북서 방향인 119.9m 동산을 일컫는 것일지도 모르고, 어쩌면 그 봉우리 동북쪽의 골짜기 건너편 산줄기일지도 모르겠다.

# VI

## 숭의전 제례의 성립과
## 왕건 동상의 매장

1. 조선 건국 후 매장되기까지

2. 왕건 동상 매장의 동기

# 1. 조선 건국 후 매장되기까지

**임진강변 시골의 작은 암자로**

조선 태조 이성계는 1392년 7월 28일 즉위교서에서 왕씨의 후손으로 하여금 마전군麻田郡(지금의 경기도 연천군 지역)에서 고려 태조의 제사를 받들게 할 것을 명하였다.[1] 그 십여 일 뒤 8월 8일에는 왕건에 대한 제사가 마전군으로 옮겨지는 절차가 시행되고,[2] 그 결과가 8월 13일에 다음같이 기록되었다.

전조前朝 태조의 주상鑄像을 마전군으로 옮겼다.[3]

이 고려 태조의 주상은 개성 봉은사 진전으로부터 옮긴 것으로서, 뒤에 현릉에 묻히게 되는 왕건의 주조된 상이다. 마전군에서 제사를 지내도록 한 명령이 내려지고 나서 5일 정도의 기간은 개성으로부터 동상을 옮기는 데 소요된 시간이다.

고려 태조의 동상이 옮겨지고 있는 동안 8월 11일에는 마전의 고려 태조 묘太祖廟에 합제合祭하도록 혜종·현종·원종·충렬왕이 추가되었고, 다음날

---

1) 《태조실록》 권 1 원년 7월 정미.
2) 위의 책, 권 1 원년 8월 정사.
3) 위의 책, 권 1 원년 8월 임술.

**사진 1_** 왕건 동상이 있었던 숭의전. 중앙의 큰 건물이 숭의전 본전, 좌측 끝 건물이 앙암재이다. 숭의전은 6.25전쟁 때 불타고, 1970년대 초에 건물의 위치를 약간 옮겨 복원되었다. 소재지는 경기도 연천군 미산면 아미리 산10번지이다. 아미리 동쪽에 현재 '마전리'가 붙어 있다. 남쪽으로 임진강을 바로 앞에 내려다보는 가파른 언덕 위에 자리잡고 있다.

에는 성종과 문종도 추가되었다.[4] 이로써 왕건의 동상을 사용하며 고려 태조를 포함한 8왕을 제사하는 조선 초 마전현 고려 태조묘太祖廟의 제례가 시작된 것이다.[5]

조선 건국 초에 왕건을 비롯한 고려왕들의 사묘祠廟로는 '앙암사仰庵寺'라는 암자를 이용했다는 것이 조선 문종대 기록에 나온다. 의정부議政府에서 제사를 받드는 문제를 의논한 기사에 다음과 같이 보인다.

---

4) 위의 책, 권 1 원년 8월 경신, 신유.

5) 제사 대상인 8왕에 대해서는 조선 定宗대에도 제사기록이 보이며,(《정종실록》 권 1 원년 4월 정묘) 왕릉의 관리에서도 특별한 주의의 대상이었음이 태종 6년의 기사에 보인다. (《태종실록》 권 11 6년 3월 갑인)

一. 국초에 왕씨를 마전의 앙암사仰庵寺에서 제사지냈는데, 사우祠宇가 좁고 누추하여, 신묘神廟에 적합하지 못했습니다. 기사년에(1449, 세종 31년) 관찰사觀察使로 하여금 고쳐 건축하도록 하였으나, 지금까지 성취되지 못하여, 빗물이 새어 무너졌으니, 선대先代를 존숭尊崇하는 뜻에 어긋남이 있습니다. 예조禮曹에 명하여 터를 살펴 정하고 묘사廟祠를 고쳐 세우게 하소서.[6]

여기서 앙암사는 좁고 누추한 사찰이라 사묘로서 적합하지 못하다고 한 것이 주목된다. 조선 태조 6년 10월 26일에는 마전현 인근 고을의 성인 남자 일꾼[丁夫]을 동원하여 '전조 태조묘太祖廟'를 영건하게 명하였다는 기사가 보

---

6) 《문종실록》 권12 2년 3월 신해.

**사진 3_** 숭의전 본전

인다.[7] 하지만 그것은 건물이 누추하고 비좁다는 세종대나 문종대의 기록을 보면, 본래의 앙암사 건물을 일부 개축하는 선에서 벗어나지 못했던 것이다. 정종定宗 1년 4월에 '고려 태조와 혜종 등 7왕의 묘廟를 마전현에 세웠다'는 것도, 태조묘에 합사되던 혜종 이하의 왕들을 명목상 개별묘로 바꾸었다는 것일 뿐, 건물의 상태에는 큰 변화가 없었던 것이다.[8] 명목상으로는 제사에 대한 조처가 있었지만, 비좁고 누추한 건물을 관리조차 제대로 하지 않아, 비가 새고 무너진 상태로 있기도 하였다. 세종 31년에도 개축이 시도되었으나, 시행되지 못한 상태로 문종대에 이르고 있었다.

---

7) 《태조실록》 권 12 6년 10월 갑진.
8) 《정종실록》 권 1 1년 4월 정묘.

## 유교 제례에 밀려 다시 충청도로

앙암사의 '전조 태조묘'는 세종대에 고려왕들의 사묘에 대한 개편이 이루어지면서 '사위사四位祠'로 불리게 되었으니,《세종실록》시리지에 다음과 같은 기사가 있다.

고려高麗 사위사四位祠 : (마전)현 서쪽 답동리畓洞里에 있다. [본조 태조 원년 임신 8월에 예조에 명하여 묘廟를 본현(마전)에 세우고 제전祭田을 주어, (고려)태조·혜종·성종·현종·문종·원종·충렬왕·공민왕을 제사지냈다. 금상今上 7년 을사에 이르러, 담당관리가 아뢰기를, "나라의 종묘도 오직 5실室을 제사지내는데, 전조의 사당을 8위까지 제사지내는 것은 예에 합당하지 아니합니다." 하였으므로, 8위 가운데서 오직 태조·현종·문종·원종만을 남겨 두고, 봄·가을 중정仲丁에 나라에서 향축香祝을 전하여 제사지낸다. 태조 현릉에는 능지기[守陵] 3 호戶를 주고, 나머지 3능은 각각 2호씩을 주어 나무하는 것을 금한다.]⁹⁾

※ [      ]속은 할주割註

사위사라는 명칭은 위 기사에서 보는 바와 같이, 세종 7년에 고려왕들에 대한 제사를 4위로 축소한 뒤에 붙여진 것이다. 그 후 다시 변화가 있었으니, 문종 2년에 건물을 고쳐 세우고 '전殿'으로 일컫게 하자는 의정부의 논의가 있었다. 그런데 같은 해에 문종이 갑자기 사망하고 단종이 즉위하자, 이 논의는 예조를 거쳐 단종에게 건의되었다.¹⁰⁾ 이 때 '숭의전崇義殿'이라는 이름이 붙여진 것으로 보인다.¹¹⁾ 또한 같은 해 12월에는 고려의 공신功臣들이 고려

---

9) 《세종실록》권 148 지리지 경기 철원도호부　마전현.
10) 《문종실록》권 12 2년 3월 신해.《단종실록》권 1 즉위년 5월 신해.

**사진 4_** 숭의전 본전 내부. 원래 있었던 태조 왕건의 진영은 6.25때 불타고, 현재는 그 뒤 현대에 수채화로 제작한 초상화를 구하여 안치하였다. 세 칸 정도 되는 좁은 실내에 태조의 위패와 함께 좌우로 고려의 현종, 문종, 원종 등의 위패가 합사되었다.

왕들에 배향配享되도록 결정되었다.[12] 그리고 세조世祖 원년에는 배향된 고려 여러 신하들의 위차와 위치를 정하였다.[13] 이로써 현재까지 내려오는 숭의전의 명칭과 제례내용의 윤곽이 잡힌 것이다.[14]

---

11) 세조대의 기사에 문종이 숭의전을 세웠다는 것이 보인다.(《세조실록》 권 38 12년 1월 丙午조) 그와 관련된 사실로는 문종대에 '(숭의)전'으로 명명하는 논의가 시작된 것과 고려 현종의 후손이라는 王牛知를 찾아 그 제사를 받들게 한 것이 있다.(《문종실록》 권 12 2년 3월 정유) 그러나 이러한 숭의전 제례의 정비에 실질적 큰 역할을 한 것은 즉위 전부터 권력을 장악하고 있었던 세조였던 것으로 보이며, 폐위된 단종이 아니라 문종에게 업적을 돌린 면도 엿보인다. 그는 숭의전에 남아 있던 왕건의 영정을 매장하자는 예조의 건의를 받아들이지 않고, 궁으로 올려보내게 하여 보존하는 등(《세조실록》 권 2 원년 9월 경진) 세종대 이후의 정책과는 다른 태도를 가지고 있었다.

12) 《단종실록》 권 1 즉위년 12월 신축.

13) 《세조실록》 권 2 원년 8월 정묘.

14) 이 책의 Ⅵ장은 노명호, 2004, 〈고려 태조 왕건 동상의 流轉과 문화적 배경〉(《한국사론》 50)의 뒷 부분을 일부 고쳐쓰고 보완한 것이다. 숭의전에 대해서는 다음과 같은 연구도 있다. 김인호, 2005, 〈조선전기 숭의전의 설치와 역사인식〉《사학연구》 78.

고려 태조묘 제례의 이러한 개편과정에서 가장 큰 변화는 세종대에 이루어졌다. 위 기사에서 사위사라는 명칭이 생긴 계기가 된 개편과정을 좀 더 살펴보면, 그것은 세종 5년에 시작되었다. 세종은 재위 5년 6월 17일(병인)에 마전현에 있는 고려 태조 등 고려왕 여덟 위의 제향祭享이 정결하게 되고 있는지, 제물·제기·건물 등을 살펴 보고하라고 예조에 지시하였다. 그 열이틀 뒤인 6월 29일(무인)에 예조 정랑 윤수尹粹가 마전현에서 돌아 와, 왕건 이하 고려왕 여덟 위位의 제향에 소요되는 제물·제기·묘사廟舍·노비·전택田宅의 수량을 아뢰었다. 세종은 그것을 예조에 내리라고 명하고, 이어서 위판位版의 사용문제 등을 거론한 것이 다음과 같이 보인다.

① (전략) 임금께서 물었다. "고려 태조는 초상肖像이고, 그 나머지 여덟 위位는 모두 위판位版이니, 태조도 위판을 쓰는 것이 어떠한가?" 예조 참판 정초鄭招가 답하였다. "초상은 그 유래가 이미 오래되었는데, 위판으로 바꾼다면 초상은 어디에 두겠습니까?" 임금께서 말씀하였다. "태종이 제전祭田·제기·노비를 두신 것은 만세토록 제사를 폐하지 아니하려 하심이다. 나는 점차 해이해지는 폐단이 없지 않을까 하여 예관禮官에게 가 보라 하였는데, 과연 그렇다." ②임금께서 물었다. "태조 이후 여덟 임금이 모두 백성에게 공덕이 있어서, (제사를) 폐하지 않을 만한 임금이었던가?" 정초가 답하였다. "《고려사》가 반포되지 않아, 신은 전대의 일을 모릅니다." 지신사知申事 조서로趙瑞老가 말하였다. "전자에 진산군晉山君 하륜河崙이 말하기를, '금대今代의 종묘도 오히려 다섯 실室에 불과하니, 고려 태조 이하는 당연히 다섯 주主만 두어서 제사지내야 한다.' 하였으나, 태종께서 그대로 둔 것입니다." 임금께서 지시하였다. "경들은 물러가 예전禮典을 참작하여 아뢰고, 점차 쇠퇴되게 하는 일이 없도록 하라." 15)

위에서는 세종이 고려 태조의 초상을 위판으로 대체할 것과(① 고려 왕들의 제사 대상 8위를 조선의 5묘제와 관련하여 축소할 것에(② 대해 검토하게 한 것이 나타난다. ①에서 말한 왕건의 '초상'은 현대어에서도 그렇지만 조선 초에도 말 그대로 '닮은 형상물'을 의미하는 것으로서 그림인 경우와 조각상인 경우가 있다.[16] 위에서 말한 초상은 당시 조선건국과 함께 태조 이성계의 명에 의해 마전현으로 옮겨온 왕건의 주된 상징물이었던 주상을 일컫는 것이다. 그 때 마전현에 왕건의 또 다른 초상으로 진영이 존재했어도 위판 대신에 쓰인 '초상'이란 복수가 아닌 하나의 초상물이며, 그것은 곧 왕건의 주상鑄像이었다. 정초가 "초상은 그 유래가 이미 오래되었는데, 위판으로 바꾼다면 초상은 어디에 두겠습니까."라고 한 것도 부피가 작은 진영이 아니라 성인 실물대의 주상인 때문에 보관이 문제된 것이다.

①과 ②의 두 가지 조치는 그 후 머지않은 시점에 모두 시행되었으니, ②의 경우 그 결과로 지리지의 '사위사'조 기사에서 세종 7년에 여덟 왕 가운데 태조·현종·문종·원종 네 왕만을 제사하는 것으로 축소되었다는 것이 보인다. 이에 대해서는 동왕 7년 9월에 의정부·육조·춘추관의 논의에 따라, 왕이 네 왕만을 종전대로 제사하도록 교지를 내렸다는 기사도 나타난다.[17]

위 세종 5년의 기사에, 태종이 축소의견을 받아들이지 않고 그대로 여덟 왕의 제사를 지내게 했다는 것에서, 이미 제사 대상의 축소에 대한 이견이 나타난다. 의정부·육조·춘추관이 논의에 참여하고, 왕명이 내린 뒤 2년 3개월 동안 결정이 지체된 데는 선왕 태종의 결정을 번복하고 새 제례법을 정하는

---

15) 《세종실록》 권 20 세종 5년 6월 무인.

16) 《조선왕조실록》에서 초상이 조각상을 의미하는 용례를 예로 들면, "先儒云 土木肖像, 無異浮屠塑像" 이라 함을 볼 수 있다.(《성종실록》 권 120 11년 8월 병자)

17) 《세종실록》 권 29 7년 9월 계축.
위 네 왕만을 제사지내는 것은 그 후에도 계속되었으니, 《續六典》에도 네 왕의 능에 수호하는 戶를 2~3호씩 두게 하였다는 것이 보이며,(《세조실록》 권 3 2년 3월 정유) 영조대의 崇義殿 제사 기사에서도 태조와 함께 제사하는 현종·문종·원종이 언급되고 있다.(《영조실록》 권 30 7년 7월 갑자)

과정이 있었던 것으로 보인다.

태종의 결정을 번복하는 제사 대상의 축소와 달리, 왕건의 동상을 위판으로 바꾸는 것은 비교적 이견의 여지가 적었다. 왕건 주상을 위판으로 교체함에 대해서는 직접적인 태종의 의견이 보이지 않지만, 후술하는 바처럼, 태종은 세종과 마찬가지로 조선왕실의 선대 제사에서도 영정보다 위패의 사용이 바람직하다고 생각하였다. 그것은 세종이 조선왕실의 선대 제사에서 영정을 위패로 바꾸는 데 중요한 밑받침이 되었다. 따라서 왕건 동상을 위패로 바꾸는 것은 큰 이견이 없어서, 늦어도 세종 7년 9월에 4위로 제사대상을 축소한 것보다 앞서 시행되었을 수 있다.

그렇다면 세종 10년 8월 1일(경진)의 기사에서 다음처럼 왕건의 동상이 갑자기 충청도 문의현에 있는 것으로 나타나게 된 것을 이해할 수 있다.

> 예조에서 아뢰기를 "충청도 천안군에 소장한 전조 태조진, 문의현文義縣 태조진 및 주상鑄像, 공신 초상화, 전라도 나주 혜종진 및 소상, 광주光州 태조진을 함께 옮겨 (개성) 유후사留後司로 모은 다음, 각 능의 옆에 묻기를 청합니다." 하니, 그에 따랐다.[18]

문의현이 왕건과 어떤 특별한 연고가 있는 지역도 아니므로, 이 기사에 보이는 문의현의 왕건 동상이 개경지역에서 옮겨온 마전현의 동상과 별개의 것일 가능성은 생각하기 어렵다. 또한 만일 별개의 것이라면, 마전현에 있던 동상의 폐기도 같이 추진되어야만 하는데, 그러한 조처를 내린 흔적은 없다. 옮긴 시기는 정확히 알 수 없지만, 앞에서 인용한 세종 5년 기사에서 정초가 제기한 위판을 사용할 때 주상의 보관문제를 해결하기 위하여, 본래 경기도

---

18) 위의 책, 권 41 10년 8월 1일 경진.

마전현에 있던 태조의 주상을 충청도 문의현으로 옮긴 것이다. 그리고 문의현으로 옮긴 시기는 적어도 태조의 주상의 폐기 논의가 시작되기 전일 것이다. 폐기될지 모를 주상을 굳이 멀리 옮겨 가는 수고를 할 필요는 없을 것이기 때문이다.

## 매 장

태조 왕건의 주상과 진영의 폐기방침이 논의된 것이 처음 나타나는 것은, 세종 9년 8월 10일이었으니, 실록의 기록은 다음과 같다.

> 담당관리가 청하기를 "고려 태조 영정 셋, 행병行兵 때의 영정 둘, 육공신의 영정 여섯, 주상鑄像 하나는 태조릉 옆에 묻을 것을 청합니다." 하였다. 임금께서 이르기를 "공신 영정을 (함께) 한 곳에 묻는 것은 위아래의 분별을 없애는 것이니 각기 파묻는 것이 가하다" 하였다.[19]

위에서 보면 파묻어 폐기하는 것에는 군신 사이에 의견이 같았으나, 어떻게 묻을 것인가에서 세종은 군신간의 분별이 있게 할 것을 지시하였다. 그에 따라 구체적인 실행안이 1년 뒤에 확정된 것이, 앞에 나온 세종 10년 8월 1일 기사에 보인다. 이 때에는 네 지역에 소장되어 있는 고려 태조와 공신의 초상과 조각상만이 아니라, 혜종의 초상과 조각상도 함께 수거하여, 개성유후사로 모은 다음 매장하기로 결정이 되었다. 그 뒤 네 지역에서는 중앙정부의 지시에 따라 소장한 초상과 조각상들을 개성유후사로 보내고 있었으니, 그 가운데 나주(금성)에서 처리한 기록이 다음과 같이 남아 있다.

---

19) 위의 책, 권 37 9년 8월 을축.

(세종 11년 정월 25일) 설행이안관設行移安官 전판서운관사前判書雲觀使 장득수張得修가 전조 혜종의 소상塑像 및 진영 등을 가마[有屋校子]에 모셔두고 (개성)유후사留後使가 (고려) 태조와 한 곳에 파묻도록 군인 80명을 써서 교대하며 옮기도록[傳遞] 2월 초6일에 출발하여 서울로 올라갔다.[20]

여기서 혜종의 소상과 진영을, 개성유후사가 태조와 한 곳에 묻어둔다는 것은, 앞의 세종 10년《실록》기사에서 각 능의 옆에 묻게 한다는 것과, 다른 내용이다. 이는 혜종의 소상과 진영을 개성유후사로 보내는 일만 처리하면 되었던 나주 읍사에서, 당시 중앙정부의 세부방침을 잘못 이해하고 기록한 것으로 보인다. 그러나《금성일기》의 기사가 세종 10년의 결정이 부분적으로 변경된 것의 반영일 가능성도 완전히 배제할 수는 없다.

북한측 발굴보고서에 따르면, 실제로 왕건릉 봉분 뒤에서 공사중 출토된 것은 태조의 동상만이었다. 포크레인 삽으로 착란된 뒤라 확실한 것은 아니지만, 수습발굴에서 혜종의 소상 흔적은 발견되지 않았다. 앞으로 혜종릉에 대한 발굴 조사가 있어야(단, 되도록 서두르지 말고 제대로 된 정밀 발굴을 해야 할 것이다) 최종 확인이 되겠지만, 혜종의 소상과 진영은 세종 10년의 결정에 따르면, 혜종릉 옆에 묻혔을 가능성이 크다.[21]

세종 11년 2월 6일에 나주에서 출발한 혜종의 소상과 진영은 아마도 3월경에는 개성에 도착하였을 것이고, 그 무렵에는 다른 지역의 태조 조각상과 진영들도 모두 개성에 모였을 것이다. 그리고 태조와 혜종의 조각상 진영

---

20) 《錦城日記》宣德 4년 정월 25일 (《朝鮮學報》 53 수록 영인본).

21) 그러나 만에 하나라도 《금성일기》의 기사가 세종 10년의 결정이 부분적으로 변경된 결과일 경우, 혜종의 소상과 진영이 태조릉구역에 함께 묻혔을 것이다. 이 경우 혜종의 부식된 진영은 물론 소상도 땅속에 스며든 습기에 의해 심하게 부스러졌을 수도 있고, 포크레인의 삽에 부스러졌을 수도 있다. 수습발굴에서 문헌에 보이는 왕건의 영정관련 표구재료 등이 발견되지 않은 것을 보면, 수습발굴에서도 이러한 것은 확인하기 어려웠을지 모른다.

이 각기 그 능 옆에 묻힌 것은 그에서 머지않은 시점임에 분명하다.

《실록》의 기사에는 당시 매장을 주관한 것이 개성유후사인지 분명하지 않지만, 《금성일기》에는 개성유후사가 매장하는 것으로 되어 있다. 세종 10년 8월 1일 (경진)의 기사를 끝으로 더 이상 태조 주상의 매장 거행 기사가 《실록》에 나타나지 않는 것은, 그것이 개성유후사에서 중앙정부의 명을 받아 거행한 것으로 종결된 일이었던 때문으로 보인다.

세종 15년에는 예조의

사진 5_ 고려 태조 현릉 표석. 1992년 공사 때 매장공간인 현실 안으로 들어가는 문을 만들고, 원래의 위치에서 그 문 앞으로 옮겨 세웠다.

건의에 따라, 고려 태조 현릉의 표석에 '고려시조현릉高麗始祖顯陵'이라고 크게 써놓도록 하였다.[22] 이는 태조 조각상등을 매장한 뒤 능역陵域 정리를 마감하는 조처였던 것으로 보인다.

이 해에는 태조와 혜종 이외의 고려 여러 왕들의 진영을 폐기하는 조처가 다음과 같이 보인다.

___
22) 《세종실록》 권 59 15년 2월 병신.

예조에서 아뢰기를, "고려 여러 임금의 진영眞影 열 여덟이 마전현에 있으니 그곳 정결한 땅에 묻게 하소서." 하니, 그를 따랐다.[23]

이 기사에 따르면, 고려 태조와 혜종 이외의 왕들의 진영 열여덟 점은 각 능의 옆도 아닌 마전현 지역 어느 한 곳에 매장하였다. 이로써 고려 왕들의 초상에 대한 폐기 작업은 일차적으로 완료된 것이다.

---

23) 위의 책, 권 60 15년 6월 병신.

# 2. 왕건 동상 매장의 동기

## 전왕조 태조에 대한 예우의 문제

앞 절에서 왕건 동상 등이 매장되어 폐기되는 과정을 살펴보았다. 이제 그러한 결정을 하게 된 동기에 대해 살펴보기로 하자. 왕건 동상의 폐기와 제사 대상을 여덟 왕에서 네 왕으로 축소한 것은 고려왕실의 권위를 깎아내리려는 정치적 동기도 내포되었을 가능성이 있으나, 그것이 주된 동기는 아니었다. 이미 태조 이성계는 즉위하자마자 고려의 종묘를 헐고 조선왕실의 종묘를 새로이 세웠으며,[24] 고려 종묘의 위패들과 함께 왕건의 동상을 작고 누추한 지방의 사찰로 옮겼으니, 그것만으로도 이미 고려왕실 권위의 상징물은 철저히 부정된 것이다. 더구나 태조 이성계대에서 태종대에 이르는 동안 고려 왕족은 서얼까지 색출하여 거의 모두 살해하고, 고려조에 애착을 갖는 옛 신하들을 철저히 숙청하여, 세종대에는 고려왕조의 지지세력에 대한 경계가 정치적으로 큰 의미를 가질 수 없었다. 앙암사의 제사 대상을 8명에서 4명으로 축소한 것에는 조선의 종묘가 5묘라는 것이 참조된 조선왕조 권위의 우위를 추구한 형식적인 면도 있기는 하다. 그러나 이미 완전 붕괴된 고려왕실의 권위를 새삼스럽게 깎는다기보다는 제례법의 정비라는 의미가 큰 것이었다.

건국 초에 이성계에 의해 왕건의 동상과 고려 종묘의 신주들은 '작고 누

---

24) 《태조실록》 권 2 1년 10월 신유.

추한' 지방 암자인 '앙암사'에 옮겨져 물자와 노동력의 부족으로 제대로 '정결한' 제사도 올리지 못하는 상태로 방치되었다. 고려 태조 등에 대한 앙암사의 제사가 제대로 되지 못한 곤궁한 상태로 있었던 것은 세종 5년 6월 예관禮官이 마전현에 다녀와 필요한 '제물·제기·묘사廟舍·노비·전택田宅의 수량을 아뢰니, 세종은 예조에 내리라고 명하였다'는 것에서도 드러난다. 세종 자신이 "나는 점차 (앙암사의 제사가) 해이해지는 폐단이 없지는 않을까 하여 예관禮官에게 가보라 하였는데, 과연 그렇다."고 하였다. 왕건의 동상은 겉으로는 조선왕실의 은혜로 보존된다는 명색 아래 실제로는 이미 두세 세대에 이르는 기간 동안 공개적으로 욕을 보고 있었던 셈이다.

세종은 고려 태조가 제사에서 홀대되는 것을 우려했을 뿐만 아니라, 유교적 제례법에 따라 국가적 제례를 새로이 정비하면서, 고려 태조를 중사中祀의 대상으로 정하게 하였다. 세종 19년 예조의 제례체계에서 보면 다음과 같이 나타난다.

> 마전현의 고려 시조 이하 4위는 중사中祀이다. 사우祠宇는 태조신성대왕太祖神聖大王은 남향, 현종원문대왕顯宗元文大王은 동쪽, 문종대왕文宗大王은 서쪽, 충경왕忠敬王은 동쪽에 있다.(하략) 25]

고려 태조를 제사하며 현종, 문종, 충경왕(원종)을 함께 제사한 것이다. 고려 태조가 중사의 대상이 된 것은 제례에서 문선왕文宣王;孔子, 고조선古朝鮮 단군檀君, '후조선後朝鮮 시조 기자箕子'와 같은 등급을 부여한 것이다.26]

---

25] 《세종실록》 권 76 19년 3월 계묘.
26] 위의 책, 권 128 五禮 吉禮序例 中祀.
　　위 〈오례〉에는 고려태조에 부제된 신주로 현왕(현종)과 공민왕이 기록되고 있는 바, 세종 19년의 결정 이후 변경된 것으로 보인다.

대사大祀에는 조선왕실의 종묘가 들어가 있으므로 왕건이 그 아래 등급의 중사에 들어간 것은 조선 왕실의 최고성을 드러내는 의례를 새로이 설정하는 의미도 있다. 그런데 이 국가제례 체계에 고려 태조 제사가 소사小祀로 낮추어지지 않은 것을 주목해야 한다. 고려 태조가 지방의 작은 사찰에 파묻혀 잊혀가는 망한 왕조의 신주로 박대되다가 조선 국가제례에서 공자, 단군, 기자와 나란히 같은 등급의 국가제례 체계에 들어간 것은 유의할 점이다.

세종대에는 고려왕실 권위의 삭감이 필요한 상황이 아니라, 오히려 조선왕실이 전대 왕실에 대한 예우에 너무 야박하다는 세평을 면하기 위한 조처가 필요한 단계로 들어서고 있었다. 앞에 나온 세종 5년 6월 17일과 29일조 기사에 보이는 세종의 앙암사 제사의 부실에 대한 우려는 그 뒤에도 계속된 문제였던 것이다. 문종 2년에는 다시 대가 끊긴 왕씨의 서얼 후손을 물색하여 제사를 맡기었다. 그리고 ‘선대先代를 존숭尊崇하는 뜻에 어긋난다’는 문제의식에 따라 의정부에서는 좁고 누추한 앙암사(사위사) 건물을 고쳐 세우고, 명칭도 숭의전으로 바꾸어 승격시키는 논의가 있었다.[27] 이것은 그 뒤 단종대에 실행되었다.[28]

이 뒤에도 숭의전의 제사는 보완을 위한 조처가 있고 나서 얼마 시간이 경과되면 다시 부실화가 반복되는 것이 《실록》의 기사에 나타난다. 그 이면에는 주周 성왕成王이 은殷 나라 후손을 봉封한 중국고사에 견주며, 마전에 숭의전을 세워 왕씨 후손으로 제사를 받들게 한 것은 ‘후한 일’이라는 생각이 바탕을 이룬다. 그리고 제사를 받들 형편이 나빠진 것에 대한 대책을 건의한 데서 보듯이,[29] 조선왕실의 전왕조 왕실 예우가 야박하다는 평을 듣게 되는 것에 대한 우려가 있었다. 고려 태조의 이름을 휘諱해야 한다는 영조의 말에서

---

27) 《문종실록》 권 12 2년 3월 정유; 2년 3월 신해.
28) 《단종실록》 권 4 즉위년 12월 신축.
29) 《중종실록》 권 26 11년 9월 정미.

고려 태조는 전대의 제왕帝王들과는 다른 바가 있다. 우리 왕조의 네 왕이 모두 고려조에 벼슬하였으니, 고려 태조의 이름은 현재의 신하들은 비록 꼭 피휘할 필요는 없겠으나, 군왕으로서는 휘하는 것이 마땅할 것같다.[30]

고 함은, 역대의 왕조 가운데서도 고려 태조에 대해서는 특별히 조선왕실이 예우를 해야 한다는 인식이 조선후기까지도 사회의 일각에 자리 잡고 있음을 보여준다.

세종대 말과 문종대에 좁고 누추한 사위사의 개축이 논의된 것을 보면, 세종은 사위사 제례에 대한 최소한의 현상유지를 위한 재정 지원에 국한하였던 것을 알 수 있다. 그러한 속에 세종은 '정결한 제사'가 되도록 하는 방안을 모색하였으니, 그것은 유교적 예법으로 제례를 적용하여 간소하면서도 예를 갖추도록 바꾸는 것이었다. 그에 따라 왕건 동상은 '위판'으로 바뀌었고, 왕건을 포함한 네 왕의 '위판'만을 봉안하여 제사지내게 되었다. 이러한 네 위판만으로 봉안 대상을 축소한 상태였던 문종대에도 사위사는 좁고 누추하여 개축이 추진되었다. 그렇다면 실제 성인의 체격 크기 왕건의 동상을 포함한 여덟 왕을 봉안한 상태에서 사위사는 비좁고 누추함이 더 했을 것은 물론이다. 그리고 왕건의 동상은 나신상이어서 옷을 입혀야 했다. 왕건의 동상은 위패에 비하면 관리에 인력과 비용이 많이 필요하여, 위패와 달리 그 관리가 소홀할 경우 퇴락이 몇 배 더 심하게 나타나게 된다. 따라서 세종의 유교적 제례법을 적용한 제례 간소화는 제례에 필요한 비용을 줄이면서 그러한 문제의 보완 효과를 가질 수 있었다.

---

30) 《영조실록》 권 9 2년 5월 을묘.

## 유교제례에 따른 초상물 부정

세종이 고려왕실의 제례를 개편한 또 하나의 동기가 된 것은 유교적 제례법의 시행이었다. 그리고 그것은 아마도 가장 중요한 동기였던 것으로 보인다. 그는 유교적 제례법, 조금 더 정확히는 《주자가례》에 바탕을 둔 제례법의 시행에 앞장서고 있었다. 그것은 고려왕실의 제례에서 만이 아니라, 조선왕실의 선대에 대한 제례법의 개편 추진에서도 나타난다. 세종은 다음에서 보는 바처럼 제례에 진영眞影의 사용보다 위판을 사용하는 것이 옳다는 신념을 가졌다.

영정을 쓰는 문소전文昭殿과 위판(위패)을 쓰는 광효전廣孝殿을 옮겨 봉안할 때 영정과 위판 가운데 어느 것을 쓸지, 신상申商이 묻자, 세종은 다음과 같이 답하였다.

나는 영자影子를 사용하는 것은 잘못이라고 생각한다. 태종께서도 '영자의 법은 심히 잘못되었다.'고 말씀하셨다. 그러나 상정소詳定所로 하여금 의논하여 정하게 하라.[31]

상정소에서 의논한 결과로 두 가지 의견이 제기되었을 때도 세종의 생각은 그러하였다. 황희黃喜 등은 《근사록近思錄》과 《문공가례文公家禮》에 근거하여 영정의 사용이 잘못된 것이므로 신주만을 사용해야 한다고 하였다. 정초鄭招는 그렇게 되면 정묘正廟와 원묘原廟로 나뉘어 신주가 둘 씩 있게 되어 문제이며, 당·송대에도 원묘에서는 영정을 사용한 예가 있다고 하였다. 이 가운데서 세종은 원묘에서도 영정을 사용하지 않고 신주를 사용해야 한다는 황희 등의 의견을 따랐다. 이는 원래 세종이 제기한 의견이기도 하였다.[32]

---

31) 《세종실록》 권 55 14년 1월 병자.
32) 위의 책, 권 55 14년 1월 무인.

정묘에서는 물론 원묘에서도 영정을 사용하지 말아야 한다는 세종의 생각은 《문공가례》등을 더 철저히 따르려는 것이었다는 점에서, 당시 일반 신료들보다도 앞서나가는 것이었다. 세종은 재위 14년에는 다음과 같이 조선 태조의 지방 소재 어용전御容殿의 축소-폐지를 시도하기도 하였다.

> 주州·현縣의 어용전御容殿에 대한 일은, 내가 황희가 돌아오기를 기다려서 다시 의논하고자 하였으나, 다시 생각하니, 정성스럽고 공경하는 마음은 그것을 나누어 놓으면 전일專一하지 못한 것이다. 이미 목청전穆淸殿·선원전璿源殿, 두 전이 있으니, 이 두 곳에 봄·가을에 향香과 축문祝文을 보내고, 그 밖의 경주·전주·평양에 봉안한 영정은 폐지하는 것이 편하겠다. 예조로 하여금 옛 제도를 상고하여 법을 세워서 아뢰게 하라.[33]

공경에 전일한 마음을 손상시킨다는 위 세종의 말에서도 나타나듯이, 《주자가례》에 따른 제사 의례의 정비를 추구한 것이 태조 이성계의 지방 소재 어용전들의 축소 - 폐지를 시도하게 한 것으로 이해된다. 이러한 이성계 어용전 수의 축소 시도는 최종적으로는 시행되지 않았다.[34] 그러나 그 시도는 정묘와 원묘에서 영정 불용의 결정과 함께 세종이 《주자가례》의 제례를 조선왕실의 제례에 적용하는 데도 앞장섰던 것을 보여준다.

세종이 《주자가례》에 바탕을 두고, 조선왕실의 제례에서까지 '영정의 사용은 잘못된 것'이라는 신념을 적용한 것은 직계 선조들에 대한 문제이고, 이미 선대부터 내려온 제도 또는 관습을 바꾸는 것이어서 결코 쉬운 일이 아

---

33) 위의 책, 권 56 14년 6월 경인.

34) 중간의 검토과정은 알 수 없으나, 《세종실록》 지리지에 경주·전주·평양 모두에 그대로 조선 태조 眞殿의 존재가 기록되고 있는 것은 결과적으로 이들 지방소재 진전이 폐지되지 않은 것을 보여준다.(위의 책, 권150 지리지 경상도 慶州府; 권 151 지리지 전라도 全州府; 권 154 지리지 평안도 平壤府)

표1 세종대 폐기과정에서 기록된 고려 왕들의 초상물

| 연월일 / 진행사항 | | 왕 | 眞影 | 조각상 |
|---|---|---|---|---|
| 1차<br>폐기 | 세종 9년 8월 을축 / 폐기 논의 | 太祖 | 영정 3 | 鑄像　1 |
| | | | 行兵時 영정 2 | |
| | 세종 10년 8월 경진 / 폐기 결정 | | (천안군 太祖眞) | (문의현 주상) |
| | | | (문의현 태조진) | |
| | | | (光州 태조진) | |
| | | 惠宗 | 나주　진영 | 나주 塑像 |
| | 세종 11년 1월 / 운반 | | (진영) | (소상) |
| 2차<br>폐기 | 세종 15년 2월 병신 / 폐기 결정 | 그 외<br>여러 왕 | 진영　18 | |

※ (　)는 위 내용과 중복되는 것

니었다. 따라서 그러한 일을 추구했다는 것만으로도 그의 신념이 확고한 것이었음을 드러내 준다. 따라서 그러한 신념대로 그가 왕건을 비롯한 고려왕들에 대한 제례 개편을 추진하는 데 주저함이 없었던 것은 필연적인 것이고, 별로 어려울 것도 없는 일이었다. 더구나 제사에 영정을 사용하는 것도 잘못이라고 그 사용을 축소하려 한 세종으로서는, 동상을 사용한다는 것은 더욱 용납할 수 없었을 것이다. 그것은 다음과 같은 점에서 드러난다.

첫째, 세종은 2차에 걸쳐 고려 왕들의 진영과 조각상을 함께 폐기하였는데, 그 가운데서도 1차로 폐기한 것은 조각상이 있는 왕들의 것이었다. 세종대에 진행된 두 차례에 걸친 고려 군주들의 조각상과 진영으로 구성된 초상물의 폐기 과정을 정리하면 〈표1〉과 같다.

〈표1〉에서 보는 바처럼 이차에 걸쳐 진행된 세종대의 고려왕들의 초상물 폐기에서, 그 1차 폐기대상이 된 태조와 혜종의 초상물은, 2차 폐기 대상들과 달리, 진영 이외에도 조각상이 포함되었다. 태조의 초상물은 1차 폐기대상일 수밖에 없지만, 혜종의 경우 다른 왕들과 함께 2차 폐기 대상에 들어

**사진 6**_ 숭의전 태조위폐(좌측). 조선시대의 것은 숭의전과 함께 6.25전쟁 중 불타고 새로 만든 것이다. 오른쪽 태조영정 역시 새로 그린 것이다.

갈 수 있는 것이다. 게다가 혜종의 조각상은 비좁은 마전현 사묘에 있는 것도 아니었다.

2차 폐기 대상은 당시 모두 조각상은 없고 진영만 있는 왕들이었다. 조각상의 유무가 1차·2차 폐기 대상에서 달리 나타나는 것은 우연의 일치가 아니었다. 고려왕들의 초상물의 폐기 논의는 세종 5년 '고려태조묘'의 제사에서 왕건 동상을 위패로 바꾸는 것에서부터 출발한 것인 만큼, 조각상의 폐기가 우선적으로 이루어진 것이다.

둘째, 영정의 경우 세종은 조선왕실에서도 그 사용을 부정적으로 보아 사용을 축소하려 하였지만, 완전히 금한 것은 아니었다. 그와 같은 것은 고려 왕실에 대한 조처에서도 나타나니, 영정을 모두 폐기한 것이 아니라, 여러 점의 영정이 있는 경우에 축소 정리하는 방향을 택한 것이다.

세종은 재위 5년에 왕건의 동상을 위패로 바꾸는 것을 검토해보도록 명하였다. 그에 따라 세종 9년에 왕건 동상과 영정의 매장을, 세종 15년에 다른 고려왕들의 영정들의 매장을 건의한 것은 예조이었다. 세종은 재위 9년에 예조의 건의를 수정하여, 왕건의 초상물들과 고려 공신들의 영정을 분리하여 매장하도록 지시하였다. 세종이 신료들과 달리 전왕조의 시조에 대한 예우를 조심스럽게 접근한 의견차가 나타난다. 그리고 의견차는 그것만이 아니었다.

세종은 예조관리들과 달리 고려왕들의 영정에서 일부는 남겨두려 하였다. 세종은 재위 19년에 안성군 청룡사에 있었던 공양왕의 영정을 고양현高陽縣에 있는 능 옆 암자로 옮겨 안치하게 하였다.[35] 그는 영정을 자료로 활용하기도 하였다. 공양왕의 영정에 보이는 복식을 이용하여, 상의원尙衣院에 소장되어 있던 공민왕 때 명明 나라에서 보내준 것으로 알려진 관복이 진품이 아닐 가능성을 고증하기도 하였다.[36] 영정을 자료로 이용하였던 세종은 제사에는 위패를 사용하도록 하면서도, 왕건의 영정 한 점을 마전현 사당에 남겨두었다. 세종 사후 겨우 5년 뒤인 세조 원년 당시 숭의전에 있던 왕건의 영정이 다음에서 보는 바처럼 다시 문제되고 있었다.

예조에서 "숭의전에 있는 왕태조의 영정은 청컨대《가례》의 신주를 매장하여 안치하는 예에 따라 사묘祠廟 곁에 묻도록 하소서."라고 아뢰니, 묻지 말고 올려 보내라고 명하였다.[37]

위에서 예조는 숭의전에 한 점 남은 왕건의 영정마저도 폐기할 것을 주장하였다. 이 왕건 영정은 세종대에 남겨둔 것이라고 보아야 한다. 세조 원년

---

35) 《세종실록》 권 78 19년 을사.
36) 위의 책, 권 83 20년 10월 병진.
37) 《세조실록》 권 2 1년 9월 경진.

예조의 주장은 세종대 예조의 주장과도 같은 연장선 위에 있는 것이다. 따라서 세조 때 왕건 영정을, 국상國喪을 치러야 했고 단명하였던 문종이 예조의 반대를 꺾고 숭의전에 다시 봉안한 것이라고 보기는 어렵다. 또한 정치적 혼란기였던 단종대에는 더욱 그러하다. 예조의 폐기 주장에 대한 타협안으로 세조는 숭의전에서 철수하여 자신에게 올려 보낼 것을 명하였다. 이 숭의전에 마지막 남았던 영정의 그 뒤 행방은 나타나지 않는다.

뒤인 선조 9년에 풍기豊基 용천사龍泉寺에 있던 고려 태조의 진영을 다시 숭의전으로 옮겨 안치하게 하였다.[38] 이 진영은 고려 우왕 5년에 왜구를 피해서 용천사로 옮긴 것이라 한다.[39] 이 진영은 숭의전에 내려오다가, 6·25전쟁 때 숭의전과 함께 소실되고 말았다. 세종 10년 각 지역에 있던 왕건의 초상들을 폐기할 때 그 대상에서 누락된 것은 이 진영의 존재를 몰라서일 가능성도 있지만, 숭의전에도 세종이 왕건 영정 한 점을 남긴 것을 보면, 보존을 위해 전화戰禍에도 안전한 지방의 사찰에 영정을 한 점 더 남기는 배려를 했을 가능성도 충분히 있다. 어쨌든 이 영정도 세조대까지 숭의전에 남아 있었던 영정과 함께 세종대의 폐기 과정 뒤에도 남은 왕건 영정이다.

고려 태조와 공양왕 이외에 다른 왕들의 영정도 남겨지고 있었다. 중종 35년에 화장사華藏寺에 전해 오던 한 영정이 공정대왕恭靖大王의 초상이 아니라고 감정하면서, 종부시宗簿寺 제조提調 이관李慣 등은 '전왕조 임금'의 복식이라는 점을 들어, 필시 고려 군왕의 화상이라고 하였다.[40] 그는 고려 군왕의 다른 그림들을 보았을 가능성도 있다. 그 실명失名된 고려왕의 영정은 왕비王妃의 영정과 함께 남아 있었으며, 당시 화장사에서 공민왕의 영정도 함께 가져와 비교 검토되었다.[41] 또한 개경과 그 인근지역의 사찰들에도 고려왕들의

---

38) 《선조실록》 권 10 9년 5월 정미; 9년 6월 신미.
39) 《신증동국여지승람》 권 25 경상도 豊基郡 佛宇 龍泉寺.
40) 《중종실록》 권 94 35년 10월 무진.

영정이 남아 있었다. 《동국여지승람》에 따르면, 영통사靈通寺에는 문종의 영정이 남아 있었고,[42] 광명사光明寺에는 목종의 영정이 전하고 있었다.[43] 성종 7년(1476)에 유호인兪好仁은 사가독서賜暇讀書를 받아 송도松都를 유람했을 때 광명사의 장노가 보여준 목종의 영정에 대해 다음과 같이 기록하였다.

> (영정을) 좌상에 펼쳐 놓는데 헌면軒冕과 채불彩佛이 대개 제왕의 모습이다. 해가 묵어 다 삭아서 비단 올이 만지기만 하면 바슬바슬한데, 축목軸木에 '목종穆宗'이란 두 글자가 가늘게 써 있어, 온 좌중이 깜짝 놀라지 않은 자가 없었다.[44]

유호인은 영통사에서 3명의 고려 후기 관료들의 영정과 함께 선종宣宗의 영정을 보았다고 하였다. 유호인은 《동국여지승람》의 편찬에 참여하였는데, 영통사의 영정을 선종이라 한 것은 문종이라고 한 《동국여지승람》의 기록과는 다르다.

이상에서 보았듯이 세종은 고려왕들의 진영을 모두 폐기한 것이 아니라,

---

41) 위 주 40) 및 위의 책 권 94 35년 10월 갑술.

42) 《신증동국여지승람》 권 12 경기 長湍都護府 佛宇 靈通寺.

43) 위의 책, 권 4 開城府上 佛宇 廣明寺.
  이외에도 고려시대의 사실이나 《동국여지승람》의 편찬 당시 과거의 일로 고려 왕의 영정봉안을 기록한 것들이 있다.
  위의 책, 권 8 京畿 竹山縣의 奉業寺에 고려 太祖의 眞影이 있어, 恭愍王 12년 2월에 車駕가 이 절에 들러 眞殿에 參謁하였다고 한다. 그러나 《동국여지승람》 편찬 당시에는 석탑만 남아 있다고 하였다.
  위의 책 平安道 永柔縣 古跡 高麗 太祖 影殿址에는 "米豆山 鳳進寺 남쪽에 영전이 있었는데 태조의 影幀과 함께 동서쪽 벽에 37功臣과 12將軍의 像을 그렸고, 해마다 제삿날과 명절이면 등에 불을 켰고 端午 秋夕 冬至 立春에는 지방의 首官이 제사를 지냈는데 지금은 없어지고 터만 남아 있다."고 했다.
  위의 책, 개성부하 불우 妙蓮寺조에 옛터만 남아있음을 기록하고, 충렬왕과 충선왕의 영정이 있었던 사실이 언급된 李齊賢의 〈妙蓮寺中興碑〉를 실었다.
  위의 책, 개성부하 海安寺조에는 고려 때 祖宗의 影幀을 봉안하였는데, 명종 때에 무신들이 毅宗이 무신들의 원수라는 점을 들어 성 동쪽에 있는 吳彌院을 宣孝寺로 개명하여 옮겨 모시고, 해안사는 重房의 願堂으로 삼았다고 하였다.

44) 俞好仁 〈遊松都錄〉 (《續東文選》 권 21; 《㵢谿集》 권 7).

각 왕별로 적어도 한 점씩은 남기고 나머지를 폐기하였던 것으로 생각된다. 왕비의 영정까지 남아 있었던 경우를 보면, 비교적 여러 왕의 영정들이 남게 되었을 가능성도 있다. 이에 비하면 조각상은 모두 폐기되었다. 태조와 혜종의 초상물들이 1차적으로 폐기된 것은 바로 이 둘의 경우 조각상이 포함되었기 때문이며, 진영이 함께 폐기된 것도 조각상을 능 옆에 묻을 때 함께 묻기 위한 것이었다. 물론 이 때에도 진영은 모두 폐기된 것은 아니었으니, 태조 왕건의 진영 한 점이 제사용은 아니지만 세조대까지 숭의전에 있었던 것에서 알 수 있다.

## 왕건 동상에 형상화된 문화의 부정

그렇다면 세종이 조각상을 일차적으로 모두 폐기하려 한 이유는 무엇일까? 그 이유는 관리상의 문제 등도 있지만, 유교적 제례법을 중요시한 세종에게 가장 중요한 점은 제례법에 어긋난다는 생각이었다. 제례에서 영정의 사용은 고려시대에도 유행하였고, 세종대에도 그 사용 관행이 완전히 부정된 것은 아니었다. 그러나 세종은 영정도 예에 어긋나는 것이라고 생각하여, 조선왕조 선대의 제례에도 축소와 일부 폐지를 추진하였다. 하물며 조각상의 경우는 《주자가례》를 전범典範으로 삼는 세종으로서는 용납하기 어려운 이질적인 제례 문화였던 것이다.

조각상은 불교의 불상, 보살상 등에서도 사용하고, 유교에서도 이단의 시비는 있지만, 다음에서 보는 바처럼 조각상을 사용한 예가 있다.

(왕이) 승정원承政院에 전교傳敎하여 물었다. "중국 국자감과 우리나라 평양, 개성부의 학學에는 모두 소상을 사용하여 선성先聖, 선사先師를 제사한다. 나는 성균관 대성전大成殿에도 소상을 쓰고자 하는데, 경卿 등의 뜻은 어떠한가." (승정원에서) 답하였다. "선유先儒께서 '흙이나 나무로 만든 초상은 불교

의 소상과 다를 바 없다.' 하였으니 불가합니다." (중략) 도승지都承旨 김계창
金季昌은 말하였다. "조종조祖宗朝부터 위판을 썼으니 예전대로 하는 것만 못
합니다." 좌승지左承旨 채수蔡壽가 말하였다. "문묘文廟에 소상을 쓴 것은 원
나라에서 시작되었습니다. 소상은 오랑캐 풍속에서 나왔고, 고려가 또한 따
라서 본받은 것으로 생각됩니다." (왕이) 전교하였다. "나는 소상을 쓰면 보기
에 존엄할 것으로 생각된다. 원 나라의 법이 본받을 만하지 않았다면, 고려가
어찌 본받았겠는가." [45]

위에서 보는 바처럼, 고려시대에는 성균관 등에서 조각상을 제례용으로
사용하기도 하였고, 조선 성종은 그를 본받으려 하기도 하였다. 고려 성균관
의 선성상先聖像을 보면, 충렬왕 29년에 국학학정國學學正 김문정金文鼎이 선
성십철先聖十哲의 그림과 문묘제기文廟祭器를 가지고 원 나라에서 돌아왔
다. [46] 충숙왕 7년에는 문선왕 소상을 만들었다. [47]

이러한 유교의 조각상은 물론 불교의 조각상과도 왕건의 동상은 계통을
달리하는 착의형 나체상이었다. 비록 유교에서도 조각상을 쓴 바 있어도, 당
시 성리학에서는 이에 대한 부정적인 관점을 지닌 세력이 강하여, 결국 조선
선조대에는 송도의 국학에 있던 소상들이 모두 철거되고 위판으로 대치되었
다. 더구나 남근까지도 묘사된 나신상인 왕건 동상은 유교는 물론 불교의 조
각상과도 문화적 계통을 달리한다.

왕건 동상의 착의형 나체상 양식은 고려의 건국지역 주민들의 고구려유
민의식과 동명신앙에 뿌리를 두고, 신성시되던 동명왕상의 양식을 따른 것이
었다. 조선이 건국한 뒤, 동명신앙은 음사로 몰리고 이단시되어 혁파되었다.

---

45) 《성종실록》 권 120 11년 8월 병자.
46) 《고려사》 세가 32 충렬왕 29년 윤5월; 열전 18 安珦傳.
47) 위의 책, 세가 35 충숙왕 7년 9월.

고려시대까지 유교정치문화와 공존하며, 맥박이 살아 있던 고구려 문화전통을 비롯한 한국고대의 문화전통들은 '성리학적 합리성'을 추구하는 당시의 지배층의 공감을 받을 수 없었다. 그들에게 그것은 한가닥 재고할 여지도 없이 서둘러 혁파해야 할 비속하고 잘못된 문화일 뿐이었다. 당시의 지배층이 문화와 사회를 주도하는 가운데, 아직 맥박이 뛰던 한국 고대의 문화전통들은 대부분 역사의 지층 속으로 매몰 처리되어 간 것이다.

왕건의 동상에서 조선초의 지배세력의 절대적 거부감을 불러일으킬 또 하나의 결정적인 요소는 통천관을 비롯한 황제의 복식이었다. 조선 건국세력 및 그에 합류한 지배층은 고려시대의 황제국의 제도에 대해 근원적으로 부정적인 사대이념을 신봉하고 있었다. 조선 왕조가 건국 한 뒤 그 사대이념은 더욱 강화되고 확고해져 갔다. 그들이 전왕조의 역사 편찬에 반세기를 끌었던 데는 황제국 제도의 서술 문제도 중요한 하나의 요인이 되었다. 그들은 당시의 황제국 제도와 그에 따른 사실들을 용납할 수 없는 일로 본 나머지, 당시의 사실을 제후국의 제도로 고쳐 서술하기도 하고, 사실의 왜곡에 반대하는 쪽에 서기도 하였다. 그러나 어느 쪽이든 고려의 황제국 제도를 잘못된 역사로 보는 것은 동일하였다. 세종의 최종 중재로 《고려사》에는 〈범례〉에 그것이 잘못된 참람하고 분수에 벗어난 사실임을 명시하고, 역사서술은 사실대로 하는 방향을 잡았다. 그럼에도 《고려사》의 서술은 자료의 부분삭제 등의 방식으로 황제국의 제도에 대한 사실 서술을 최소화하거나 피해간 흔적이 도처에 남아 있다. 그만큼 당시의 지배층은 자신들의 이념에 대한 확신이 넘쳐나고 있었다.

황제국 제도의 정치문화가 형상화된 왕건 동상이 조선 초 지배층의 확신에 찬 사대이념에 어떻게 비쳐졌을까? 유교적 제례에 따라, 왕건 동상을 위판으로 대체한다 하더라도 굳이 매장하여 폐기까지 한 이유는 무엇일까? 그들은 왕건 동상을 임진강변의 시골 암자에서 다시 더 멀리 격리시켜, 충청도 문의현에까지 보내 놓지 않았던가?

태조 왕건 및 고려 왕들의 영정은 일부 남겨 놓기도 했지만, 태조 왕건의 동상과 혜종의 조각상은 모두 매장 처리하였다. 앞에서 보았듯이, 중종 35년에 화장사華藏寺에 전해 오던 한 영정을 보고, 이관李慣 등은 '전왕조 임금'의 복식이라는 점을 들어, 필시 고려 군왕의 화상이라고 하였다. 고려 임금들의 복식은 조선의 그것과 달리 황제의 복식이니, 그것이 한 눈에 드러났던 것이다. 혜종 조각상의 복식 또한 황제의 복식이었을 것이다.

영정은 두루마리 형태이어서, 말아 놓으면, 쉽사리 존재가 드러나지 않게 보관이 가능하다. 그러나 성인 크기의 조각상은 덮어 둔다 해도 그 존재를 감추기가 쉽지 않다. 더욱이 오랜 세월 실제 인물처럼 경배되어 온 상징물들이었다. 말아서 보관하게 만든 영정과 달리, 덮어 감추는 것 등은 실제 인물처럼 만들어진 모습에 흉칙한 상태를 조성할 수 있다. 그것은 그들이 전왕조에 대한 예우를 크게 잘못한 것이 될 수도 있는 일이다. 이러한 것들이 조선 초 지배층이 왕건 동상을 매장하여 폐기한 동기로 보인다.

맺는말

# 고려 태조 왕건 동상의 역사적 의미

왕건 동상은 952년(광종 2) 무렵에 제작된 고려 태조의 초상이다. 후삼국시대라는 한국사의 대변동기의 고통스러운 전란과 무질서를 끝내고, 앞장서 새로운 시대를 열어간 영웅의 모습을 표현한, 고려시대 사람들이 제작한 조각상이다. 왕건은 26년간 재위하고, 943년에 67세로 사망하였다. 동상의 얼굴이나 체격은 노년의 모습이 아니라, 힘과 권위가 충만한 장년기의 모습을 보여주고 있다. 의자에 앉은 자세의 발바닥부터 통천관 정면 중앙 상단까지가 138.3 Cm로 성인 실제의 크기에 가깝다.

왕건의 초상물로는 여러 점의 '진영眞影', 즉 영정들도 있었으나, 가장 중요시된 대표 초상물은 왕건의 동상이었다. 왕건 동상은 고려 왕실에서 가장 신성시되는 상징물이었다. 개성 서남부의 봉은사奉恩寺에 마련된 별도의 전각殿閣인 진전眞殿에 안치되어 숭배되었다. 왕건 동상은 지극한 정성으로 보호되어, 큰 전란들을 거치면서도 고려왕조가 끝날 때까지 잘 보존되어 내려 왔다.

청동으로 주조된 동상의 표면 전체는 피부·머리카락·수염 등을 표현하도록 두텁게 안료로 색칠하였으며, 통천관의 내관內冠에는 금도금을 하였다. 그리고 나체상으로 제작된 동상은 속옷과 겉옷을 입고, 금장식의 옥대玉帶를 띠고, 버선과 가죽신을 신었다. 동상은 높은 단 위의 어좌인 어탑御榻이라는 폭이 넓은 의자에 앉아 있었다.

왕건 동상이 형상화된 모습에는 10세기의 고려에서 중요했던 세 가지 문화 요소들이 함께 나타난다. 그 하나는 삼국시대 이래로 한국문화에 녹아든 불교문화이다. 오랜 수양을 쌓은 부처나 출가하지 않은 전륜성왕轉輪聖王의 신체적 특징이라는 32 대인상大人相에 해당하는 모습들이 왕건 동상에 표현되어 있다. 왕건 동상의 모습이 언뜻 보면 어딘가 불상이나 보살상과 같은 느낌이 나는 것은 이런 제작 의도 때문이다. 북한에서 초기에 왕건 동상을 '청동 불상'으로 오해한 것도 그 때문으로 생각된다. 다만 왕건 동상에 표현된 32 대인상은 왕건을 부처나 전륜성왕, 그 자체로 표현한 것이기 보다는 불교의 관념을 빌려 왕건의 형상을 신성하게 표현한 것이다. 왕건을 수양을 쌓아 정신적으로 높은 경지에 오른 존엄한 존재로 형상화한 것으로 해석된다. 그리고 대인상은 겉으로 두드러지게 강조한 것이 아니라, 대부분 왕건의 의복 속에 감추어진 부분에 은밀하게 표현되었다.

왕건 동상에 일부 표현된 대인상은 왕이 곧 부처라는 신라 때의 '왕즉불王卽佛' 관념과는 근본적으로 다르다. 종교적인 신비한 권능을 세속의 군주권과 직결시킨 왕즉불 관념은 신라말까지 잔존한 '진골眞骨'의 골품 관념이나 미륵불彌勒佛을 자처한 궁예弓裔에게서 그 마지막 잔영을 남기고 있다. 왕건은 고승을 '왕의 스승'이라는 의미로 받드는 왕사王師를 책봉하고 있었다. 왕사나 국사國師 제도는 왕즉불 관념과는 근본적으로 다른 논리적 내용을 갖는다. 신라 통일기에 나타나기 시작한 왕사와 국사의 제도는 고려 시대에 들어와 제도적으로 확립되며 활성화되어 중요한 기능을 하였다.

10세기 고려 사회의 군주는 전국적인 광범한 지방문화의 발달을 바탕으로 성장한 새로운 지방 호족들이나 지식층들을 이끌어야 했다. 그들을 재통합하고 능력 있는 인재들을 발탁하여 그들과 함께 정부를 구성하고 운영해야 그 시대의 현안들을 해결할 수 있었다. 종교적인 신비한 권능자를 표방하는 군주의 극단적 일인 독재로는 그러한 역할을 제대로 할 수 없었다. 새로운 시대의 군주상은 신비한 권능을 지닌 존재로부터 수양과 덕을 쌓은 존재로 바뀌고 있었다. 왕건 동상의 대인상은 그러한 면을 표현하여 형상화한 것 가운데 한 가지이다.

왕건 동상에 형상화된 다른 두 계통의 문화는 황제제도를 중심으로 한 유교정치문화와 고구려로부터 내려오는 문화전통이다. 이 두 문화계통은 잘 알려져 있지 않고, 역사학계에서도 이에 대한 관심이 적다.

왕건 동상에서 황제제도는 왕건 동상이 입고 있는 관복冠服으로 형상화되어 있다. 왕건 동상이 착용한 관은 황제가 착용하는 24량樑의 통천관通天冠이다. 왕건 동상이 착용한 옷은《고려사》에 보이는 황제의 복식의 하나였을 것이고, 유물로 나온 금제 장식의 옥대玉帶도 황제가 착용하는 것이었다. 옥대는 고려 당시의 실물로 남아 있고, 통천관은 실물은 아니지만, 정밀하게 묘사된 조각품이라 실물의 원형을 알 수 있게 해준다.

삼국시대의 왕들이 사용한 삼국의 독자적인 형태의 왕관王冠과 달리, 왕건이 착용한 통천관은 641년에 제정된 당 나라의 통천관제도를 바탕으로 하고, 여기에 약간의 고려의 독자적인 장식을 가한 것이다. 외국의 제도로부터 새로이 도입된 황제의 관인 통천관은 유교정치문화와 함께 수용된 것이다. 고려의 황제제도는 군주의 관복 이외에도 정부의 문서양식, 왕실과 궁전의 각종 용어, 각종 의전儀典 예법, 국가의 각종 제례祭禮, 관부官府의 구성, 봉작제도, 고려 주위 여진 부족 등의 세력들과의 관계 형식 등에도 구현되고 있었다. 이러한 사실들은 이른 바 정사正史인《고려사》등 역사서나, 고려시대의 고문서, 금석문, 고려시대 인물의 문집 등, 사료로서 신빙성이 확고한 문헌들에 나타나는 것들이며, 그런 것을 보여주는 자료의 양도 결코 적지 않다.

조선시대의 성리학자들은 고려시대의 다양한 문화전통 가운데 유교문화만을 중시하고 확대하여 평가하면서도, 고려의 황제제도는 격에 맞지 않는 크게 잘못된 것이라고 혹독하게 비판하였다. 그러나 성리학자들의 비판은 그들이 추구한 정치적 노선과 관련된 것일 뿐, 고려 전기와 중기의 황제제도 또한 유교정치문화의 중요한 일부였고, 고려 당시에 국내적으로나 국제적으로 나름의 필요성과 기능이 있었다.

왕건의 시대부터 황제제도는 유교정치 이념이나 제도들과 결합되어 새로운 군주상과 관인상官人像의 성립을 수반하고 있었다. 왕건이 즉위하여 반포한 첫 조서詔書의 첫 번째 내용이 '용현用賢', 즉 학식과 경륜을 갖춘 현인을 등용하는 것이 시급하다는 것이었다. 유교적 관인상과 지배이념, 이상적인 수취율, 새로운 토지제도 등이 표방되었다. 그리고 실제로 고려의 지배층과 정치는 새로운 질서에 대한 반발을 극복하며, 점차 새로운 질서를 향해 움직이고 있었다.

당唐 나라 등 한족漢族 국가의 문화였던 황제제도를 중심으로 한 유교정치문화는 10세기 무렵부터는 인근의 여러 나라에 확산되며, 동아시아의 국제문화로 자리 잡고 있었다. 고려만이 아니라 북방의 거란契丹, 서쪽의 서하西夏, 동남쪽의 월남越南 등도 각기 나름의 정치·외교적 필요에서 각기 방식과 정도에서 차이가 있으나 황제제도를 비롯한 유교정치문화를 도입하고 있었다. 유교정치문화를 바탕으로 한 황제의 모습을 한 왕건 동상은 이러한 동아시아 국제문화의 새로운 동향과도 연결된 것이었다.


왕건 동상에 형상화된 또 한 계통의 문화는 고구려 문화전통이다. 왕건 동상은 왕실시조의 제례용 조각상이면서 옷을 입히는 착의형 나체상의 양식이다. 이러한 조각상 양식은 불교의 조각상이나 유교의 조각상에는 보이지 않는다. 그리고 한반도 인근지역의 조상제례용 조각상에서도 발견되지 않는다. 그러한 조각상 양식은 고구려계 토속신상이나 동명왕상의 양식이었다.

삼국시대 이래로 제사에 조각상을 사용하는 토속 제례문화가 문헌 기록에 보인다. 그리고 부모 등의 제사에 조각상을 사용하는 토속제례는 고려시대

민간에서도 나타난다. 고구려의 조각상을 사용하는 제례문화는 동옥저의 조상목각상이나 신라 탈해왕 소상의 단계와 달리, 무덤과 사당이 완전히 분화된 단계의 것이었다. 중국 정사正史에 기록된 고구려시대의 동명東明의 조각상과 그 어머니 유화柳花의 조각상이 고려시대에도 한반도 중북부에 존재하며 민간에 숭배되고 있었다. 그리고 그 토속신앙은 사회적 기반이 대단히 넓었다. 민간의 '어리석은 자들'도 동명신화의 이야기를 할 정도로 동명을 신성한 존재로 믿고 기원하는 토속신앙은 이 지역 주민들의 일상의 문화였다.

한반도 중북부에서 건국한 '고려高麗'의 국호는 '고구려高句麗'의 부흥국을 표방한 것이었다. '고려'는 '고구려'의 약칭이기도 하였다. 고려 왕실은 그들 자신이 옛 고구려 지역주민 출신으로 그 지역의 문화전통과 정서에 익숙하였고, 그것을 통해 지역주민의 정치적 지지와 결속을 이끌어 내고 있었다. 952년 무렵 고려 태조 왕건의 제사에 사용될 상징물은 자연히 건국 지역의 토속제례를 바탕으로 하였다. 이 때에는 유교의 종묘宗廟나 위패位牌는 아직 매우 낯선 외국의 제례문화였고, 그 제도도 잘 알려져 있지 않았다. 동명의 조각상 양식은 이 지역의 전통적인 토속제례법에 입각한 것이었다. 그리고 동명의 조각상은 당시에 종교적으로도 신성시되며 널리 숭배되고 있었으므로, 동명의 조각상 양식을 따라 고구려의 부흥국, 고려의 건국 시조의 상징물을 제작하는 것은 자연스러운 일인 동시에 정치적으로도 큰 의미를 갖는 것이었다.


왕건 동상과 그를 안치한 봉은사 태조진전은 처음 만들어진 단계부터 고려 국가의 정치에 중요한 상징적 기능을 가지고 있었다. 그 기능은 서로 밀접히 연관성을 갖는 두 가지 측면이 있었다. 하나는 건국시조로서의 왕통王統의 근원이 되는 권위의 상징으로서의 측면이다. 다른 하나는 고려의 국시國是처럼 된 왕건이 그의 신료들과 함께 그 시대의 현안들에 대처하며 정립한 거시적인 정책방향의 상징으로서의 측면이다.

이러한 왕건 동상과 봉은사 태조진전은 자연히 고려가 나름의 정치적 체제를 정립하는 과정에서 큰 파동의 한 복판에 자리 잡고 있었다. 왕건의 아들들 사이에 진행된 왕위계승분쟁을 끝낸 제4대 광종은 봉은사와 함께 왕건 동상을 만들어 태조의 후계자로서의 왕통을 확고히 하였다. 그 뒤 그는 건국공신세력을 정리하며, 왕권의 체제적 기반을 정비해 나갔다.

10세기 말 성종대에는 유교정치문화만을 최상의 문화로 여기고, 송나라에 대한 사대에 완전히 경도된 화이론자華夷論者들이 조정을 장악하면서, 큰 변화가 있었다. 그들은 태조 이래의 중요 정책을 폐기하고, 새로운 제도들을 대거 도입하며 종묘제 등 유교적 제례법도 도입하였다. 이 때에 봉은사 태조진전은 국가적 관심 대상에서 밀려났다.

11세기 초 현종대에 고려 나름의 소천하小天下를 설정하는 천하다원론자天下多元論者들이 다시 집권하게 되면서, 봉은사는 대대적으로 중건되고, 국가적으로 중요시 되었다. 그리고 태조대의 정책과 제도들이 다시 부활되었다. 현종의 봉은사 중건은 정변으로 즉위하고 부모의 불륜으로 출생에 문제가 있었던 현종이 왕통의 계승을 확고히 하는 의미도 있었다. 이후 봉은사 진전에 대한 제사, 왕건 동상의 숭배는 계속 강화되어 갔다. 정종靖宗 대에는 신년의례인 연등회 첫날 의식에 국왕이 봉은사 진전에 친히 가서 예를 올리는 것을 일상적 예법으로 정하였다.


고려시대에는 태조의 정책이 국시화되어 종종 후대의 정치적 중요 현안의 논의에 준거가 되고 있었다. 어떤 정책의 시행을 주장하는 쪽이나 그에 반대하는 쪽이나 서로 태조의 뜻, 유훈遺訓을 자신들 쪽으로 끌어대는 행태가 보인다. 지식층으로 이루어진 지배층 속에서 나름의 정책과 이념을 추구하는 정파들이 서로 타당성의 경쟁을 벌이는 과정에서 드러나는 현상이었다. 태조와 그의 정책은 후대에까지 큰 권위와 영향력을 가지고 있었다. 왕건 동상은 그 태조의 대표적인 상징물로서 국가적 결속의 구심점이 되고 있었고, 그에 대한 숭배는 신앙적 성격을 띠게 되었다. 국가적 중요 문제를 결정하기에 앞서, 국왕이나 대신들이 봉은사 진전에 가서 점을 치거나, 기도를 하였다. 이러한 왕건 동상이나 봉은사의 상징적 위치는 고려말까지 그대로 지속되었다. 조선이 건국된 뒤 왕건 동상과 봉은사를 일차적으로 제거한 것은 고려 왕실의 대표 상징물을 제거하는 의미를 가졌다.

## 고려시대 왕건동상 및 관련제례 연표

| 연 도 | 사 실 | 출 전 |
|---|---|---|
| 952(光宗 2)년 | 開京 皇城 남쪽에 大奉恩寺를 세워 태조의 願堂으로 함. 이 때 봉은사 眞殿도 건립되이 대조 왕건의 청동상이 안치된 것으로 추정됨. | 《사》 권2 |
| 988(成宗 7)년 12월 | 五廟를 정함. | 《사》 권61 |
| 989(성종 8)년 4월 | 太廟 조영을 시작 | 위와 같음. |
| 992(성종 11)년 11월 | 太廟가 완성됨. | 위와 같음. |
| 1011(顯宗 2)년 | 太廟가 戰禍를 입어 時祭를 각 릉에서 지냄. | 《사》 권61 諸陵 |
| 1018(현종 9)년 정월 | 西京 聖容殿의 太祖 肖像을 重新함. | 《사》 권4 |
| 1021(현종 12)년 월 일 | 玄化寺眞殿에 考妣의 眞影을 모심. 仲尼의 가르침을 쫓아 眞影을 모신 제사를 거행하고, 伽文의 가르침을 따라 精舍를 세워 돌아가신 영혼을 천도하고자 함. | 〈玄化寺碑〉 |
| 1027(현종 18)년 2월 | 太廟를 중수하여 신주를 다시 모심. | 《사》 권61 諸陵 |
| 현종대 | (崔士威 961~1041가) 시의에 따라 처리하라는 왕명을 받고 玄化寺, 奉恩寺, 大廟를 세움.(현화사는 창건, 봉은사·태묘는 중건) | 《고려묘지명집성》 《최사위묘지명》 |
| 현종대 | (최사위가) 왕께 아뢰어 명을 받아 창립하고 고친 15개소 중 하나에 西京 長樂宮 太祖眞殿 포함. | 위와 같음 |
| 1032(德宗 1). 3. 경자 | 한발로 봉은사와 重光寺의 役夫를 해산함. | 《사》 권5 |
| 1032년 6월 | 태조의 諱辰(기일) 도량으로 奉恩寺에 왕이 행차함. | 《사》 권5 |
| −1032년 7월 경인 | 왕이 皇妣의 기일이라 봉은사에 행차함. | 《사》 권5 |
| −1032년 8월 | 왕이 봉은사에 가서 승려 法鏡을 국사로 삼았다. | 《사》 권5 |
| 1038(靖宗 4)년 2월 계미 | 燃燈에 왕이 奉恩寺에 행차하여 태조 眞을 알현하고, 燈夕에 眞殿에 親히 行香하는 것을 常式으로 함. | 《사》 권6 |
| 1039(정종 5)년 2월 을해 | 연등에 왕이 봉은사에 행차함. | 《사》 권6 |
| 1041(정종 7)년 6월 | (皇)城 남쪽 聖祖의 眞을 봉안한 봉은사에 정종이 행차함. | 《조선금석총람 上》 p.269 |
| 1042(정종 8)년 2월 무자 | 연등에 왕이 봉은사에 행차함. | 《사》 권6 |
| 1043(정종 9)년 2월 임자 | 연등에 왕이 봉은사에 행차함. | 《사》 권6 |
| 1047(文宗 1)년 2월 기미 | 연등에 왕이 봉은사에 행차함. | 《사》 권7 |

| 연 도 | 사 실 | 출 전 |
|---|---|---|
| 1047년 6월 을사 | 왕이 봉은사에 행차함. | 《사》권7 |
| -1047년 6월 을묘 | 왕이 공경대부를 거느리고 봉은사에 가서 王師 決凝을 國師로 삼았다. | 《사》권7 |
| 1048(문종 2)년 6월 무진 | 왕이 봉은사에 행차함. | 《사》권7 |
| 1051(문종 5)년 2월 을미 | 연등에 왕이 봉은사에 행차함. | 《사》권7 |
| -1058(문종 12)년 5월 무자 | 왕이 봉은사에 가서 海麟을 국사로, 爛圓을 王師로 책봉함. | 《사》권8 |
| 1060(문종 14)년 2월 갑술 | 연등에 왕이 봉은사에 행차함. | 《사》권8 |
| 1061(문종 15)년 6월 계축 | 왕이 봉은사에 행차하고, 마침 국자감에 감. | 《사》권8 |
| 1070(문종 24)년 2월 임신 | 연등에 왕이 봉은사에 행차함. | 《사》권8 |
| 1071(문종 25)년 2월 신미 | 연등에 왕이 봉은사에 행차함. | 《사》권8 |
| 1073(문종 27)년 2월 정유 | 왕이 봉은사에 행차하여 연등회를 특설하고, 신조 불상을 慶讚함. 길거리에는 이틀 밤 동안 등불 3만 잔을 킴. | 《사》권9 |
| 1073년 6월 갑술 | 왕이 봉은사에 행차함. | 《사》권9 |
| 1076(문종 30)년 | 景靈殿使의 녹봉규정. | 《사》권80 權務官祿 |
| -1085(宣宗 2)년 8월 | 景靈殿에 文宗의 神御를 봉안함. | 《조선금석총람 上》권10 |
| 1086(선종 3)년 6월 정해 | 왕이 봉은사에 행차함. | 《사》권10 |
| -1086. 6. | 송에서 귀국하는 煦(義天)를 마중하려 왕이 태후를 모시고 봉은사에 나가 기다림. | 《절요》권6 |
| 1087(선종 4)년 2월 정유 | 연등에 왕이 봉은사에 행차함. | 《사》권10 |
| 1087년 6월 임오 | 왕이 봉은사에 행차함. | 《사》권10 |
| 1092(선종 9). 1. 신묘 | 연기 같은 기운이 봉은사 太祖眞殿에서 피어남. | 《사》권54 오행 金 |
| 1095(獻宗 1)년 2월 경진 | 연등에 왕이 봉은사에 행차함. | 《사》권10 |
| 1095(헌종 원)년 6월 癸巳 | 봉은사 眞殿의 태조(상)의 御榻(넓은 의자)이 스스로 움직임. | 《사》권54. 오행 木 |
| 1096(肅宗 1)년 2월 을해 | 연등에 왕이 봉은사에 행차함. | 《사》권11 |
| 1097(숙종 2)년 2월 기사 | 연등에 왕이 봉은사에 행차함. | 《사》권11 |
| 1097년 6월 갑신 | 왕이 봉은사에 행차함. | 《사》권11 |
| 1098(숙종 3)년 2월 갑오 | 연등에 왕이 봉은사에 행차함. | 《사》권11 |

| 연 도 | 사 실 | 출 전 |
|---|---|---|
| 1098년 6월 무인 | 왕이 봉은사에 행차함. | 《사》 권11 |
| 1099(숙종 4)년 2월 정해 | 연등에 왕이 봉은사에 행차함. | 《사》 권11 |
| 1099년 6월 계유 | 왕이 봉은사에 행차함. | 《사》 권11 |
| 1100(숙종 5)년 2월 신혜 | 연등에 왕이 봉은사에 행차함. | 《사》 권11 |
| 1100년 6월 정유 | 왕이 봉은사에 행차함. | 《사》 권11 |
| 1101(숙종 6)년 2월 병오 | 연등에 왕이 봉은사에 행차함. | 《사》 권11 |
| 1101년 6월 신묘 | 왕이 봉은사에 행차함. | 《사》 권11 |
| 1102(숙종 7)년 2월 경자 | 연등에 왕이 봉은사에 행차함. | 《사》 권11 |
| 1102년 6월 을유 | 왕이 봉은사에 행차함. | 《사》 권11 |
| 1102년 8월 무오 | 서경에서 왕이 太祖眞殿에 배알함. | 《사》 권11 |
| 1103(숙종 8)년 2월 기미 | 연등에 왕이 봉은사에 행차함. | 《사》 권11 |
| 1103년 6월 기유 | 왕이 봉은사에 행차함. | 《사》 권11 |
| -1103년 동10월 병진 | 宋帝의 天寧節이라 태자에게 명하여 봉은사에서 齋를 설행함. | 《사》 권12 |
| 1104(숙종 9)년 2월 경신 | 연등에 왕이 봉은사에 행차함.연등에 왕이 봉은사에 행차함. | 《사》 권12 |
| 1104년 6월 계묘 | 왕이 봉은사에 행차함. | 《사》 권12 |
| 1105(숙종 10)년 춘정월 계축 | 연등에 왕이 봉은사에 행차함. | 《사》 권12 |
| 1105년 6월 정묘 | 왕이 봉은사에 행차함. | 《사》 권12 |
| 1106(睿宗 1년) 6월 신유 | 왕이 봉은사에 행차함. | 《사》 권12 |
| 1106년 8월 신사 | 왕이 봉은사에 행차하여, 太祖眞殿에 배알함 | 《사》 권12 |
| 1106. 8. 무인 | 뱀이 봉은사 太祖眞殿에서 보였는데, 청황색임. 경진에 또 보임. | 《사》 권53 오행 水 |
| -1106(예종 원)년 10월 | 肅宗의 神主를 開國寺에 移安함. | 《사》 권12 |
| 1107(예종 2)년 6월 임술 | 왕이 봉은사에 행차함. | 《사》 권12 |
| 1108(예종 3)년 2월 을미 | 연등에 왕이 봉은사에 행차함. | 《사》 권12 |
| 1108년 6월 경진 | 왕이 봉은사에 행차함. | 《사》 권12 |
| 1109(예종 4)년 2월 기축 | 연등에 왕이 봉은사에 행차함. | 《사》 권13 |
| -1109년 4월 임진 | 봉은사와 미륵사에 왕이 친히 재를 설하고, 전쟁의 승리를 기도하였다. | 《사》 권13 |
| 1109년 6월 갑술 | 왕이 봉은사에 행차함. | 《사》 권13 |

| 연 도 | 사 실 | 출 전 |
|---|---|---|
| 1110(예종 5)년 2월 계미 | 연등에 왕이 봉은사에 행차함. | 《사》 권13 |
| 1110년 6월 무진 | 왕이 봉은사에 행차함. 다음 날 이 절에서 왕이 친히 하늘에 복을 비는 祭를 지냄. | 《사》 권13 |
| 1111(예종 6)년 2월 정미 | 연등에 왕이 봉은사에 행차함. | 《사》 권13 |
| 1111년 6월 임진 | 왕이 봉은사에 행차함.왕이 봉은사에 행차함. | 《사》 권13 |
| -1111년 10월 정사 | 왕이 태후를 봉은사에서 알현함. | 《사》 권13 |
| 1112(예종 7)년 2월 신축 | 연등에 왕이 봉은사에 행차함. | 《사》 권13 |
| 1112년 6월 정해 | 왕이 봉은사에 행차함. | 《사》 권13 |
| 1113(예종 8년) 2월 무술 | 연등에 왕이 봉은사에 행차함. | 《사》 권13 |
| 1113년 6월 | 왕이 봉은사에 행차함. | 《사》 권13 |
| -1113(예종 8년) 7월 | 肅宗妃 明懿太后의 眞(影)을 개국사 肅宗妃眞殿에 봉안함. | 《사》 권13 |
| 1114(예종 9)년 2월 경신 | 연등에 왕이 봉은사에 행차함. | 《사》 권13 |
| -1114년 3월 계사 | 왕이 봉은사에 행차하여 승 曇眞을 國師로 하고, 樂眞을 王師로 삼음. | 《사》 권13 |
| -1114년 5월 신축 | 왕이 봉은사에 행차하고, 太后의 虞宮에 감. | 《사》 권13 |
| 1114년 6월 을사 | 왕이 봉은사에 행차함. | 《사》 권13 |
| 1115(예종 9)년 6월 기해 | 왕이 봉은사에 행차함. | 《사》 권14 |
| -1116(예종11)년 4월 을축 | 평양에 행차하여 태조진전에 알현함. | 《사》 권14 |
| 1116(예종 11)년 2월 경진 | 연등에 왕이 봉은사에 행차함. | 《사》 권14 |
| -1116(예종 11)년 3월 | 肅宗과 明懿太后의 晬容(수용;정면 초상)을 天壽寺에 봉안함. | 《사》 권14 |
| 1116년 6월 갑자 | 왕이 봉은사에 행차함. | 《사》 권14 |
| 1117(예종 12)년 2월 임신 | 연등에 왕이 봉은사에 행차함. | 《사》 권14 |
| 1117년 6월 무오 | 왕이 봉은사에 행차함. | 《사》 권14 |
| 1118(예종 13)년 6월 임자 | 왕이 봉은사에 행차함. | 《사》 권14 |
| 1119(예종 14)년 6월 병자 | 왕이 봉은사에 행차함. | 《사》 권14 |
| 1120(예종 15)년 6월 경오 | 왕이 봉은사에 행차함. | 《사》 권14 |
| 1121(예종 16)년 윤5월 갑자 | 왕이 봉은사에 행차함. | 《사》 권14 |
| 1122(仁宗 즉위)년 6월 무자 | 왕이 봉은사에 행차함. | 《사》 권15 |
| 1123(인종 1)년 2월 무술 | 연등에 왕이 봉은사에 행차함. | 《사》 권15 |

| 연 도 | 사 실 | 출 전 |
|---|---|---|
| 1123년 6월 계미 | 왕이 봉은사에 행차함. | 《사》 권15 |
| -1124(인종 2)년 4월 | 睿宗의 睟容을 景靈殿에 봉안하고, 惠宗의 神主를 順陵으로 遷함. | 《사》 권15 |
| 1124년 6월 정미 | 왕이 봉은사에 행차함. | 《사》 권15 |
| 1125(인종 3)년 6월 임인 | 왕이 봉은사에 행차함. | 《사》 권15 |
| -1119~1125(宣和 말)년경 | 宋의 韓若拙이 고려에 使行으로 와서, 國王의 초상화를 그림. | 《畵繼》 권61 |
| 1126(인종 4)년 6월 병신 | 왕이 봉은사에 행차함. | 《사》 권15 |
| 1128(인종 6)년 2월 무진 | 연등에 왕이 봉은사에 행차함. | 《사》 권15 |
| 1128년 6월 갑인 | 왕이 봉은사에 행차함. | 《사》 권15 |
| 1129(인종 7)년 6월 무신 | 왕이 봉은사에 행차함. | 《사》 권16 |
| 1130(인종 8)년 6월 임신 | 왕이 봉은사에 행차함. | 《사》 권16 |
| 1131(인종 9)년 6월 병인 | 왕이 봉은사에 행차함. | 《사》 권16 |
| 1132(인종 10)년 6월 경인 | 왕이 봉은사에 행차함. | 《사》 권16 |
| 1132. 8. 무자 | 큰 비가 내려 인가가 잠기고 떠내려 간 것이 헤아릴 수 없었고, 또한 봉은사 뒷 산의 古井이 용솟음쳐 큽한 물살이 國學廳으로 들어가 서적들을 표몰시킴. | 《사》 권53. 오행. 水 |
| 1133(인종 11)년 6월 을유 | 왕이 봉은사에 행차함. | 《사》 권16 |
| 1134(인종 12)년 6월 경진 | 왕이 봉은사에 행차함. | 《사》 권16 |
| 1135(인종 13)년 6월 계묘 | 왕이 봉은사에 행차함. | 《사》 권16 |
| 1136(인종 14)년 6월 무술 | 왕이 봉은사에 행차함. | 《사》 권16 |
| 1137(인종 15)년 6월 임진 | 왕이 봉은사에 행차함. | 《사》 권16 |
| 1138(인종 16)년 6월 을묘 | 왕이 봉은사에 행차함. | 《사》 권16 |
| 1139(인종 17)년 6월 경술 | 왕이 봉은사에 행차함. | 《사》 권16 |
| 1140(인종 18)년 6월 갑진 | 왕이 봉은사에 행차함. | 《사》 권17 |
| 1141(인종 19)년 6월 무진 | 왕이 봉은사에 행차함. | 《사》 권17 |
| 1142(인종 20)년 6월 계해 | 왕이 봉은사에 행차함. | 《사》 권17 |
| -1142년 12월 을축 | 중수가 끝나 왕이 봉은사에 행차함. | 《사》 권17 |
| 1143(인종 21)년 6월 정해 | 왕이 봉은사에 행차함. | 《사》 권17 |
| 1144(인종 22)년 6월 신사 | 왕이 봉은사에 행차함. | 《사》 권17 |

| 연 도 | 사 실 | 출 전 |
|---|---|---|
| 1145(인종 23)년 6월 병자 | 왕이 봉은사에 행차함. | 《사》 권17 |
| 1147(毅宗 1)년 6월 계사 | 왕이 봉은사에 행차함. | 《사》 권17 |
| 1148(의종 2)년 1월 계유 | 연등에 왕이 봉은사에 행차함. | 《사》 권17 |
| 1148년 2월 정사 | 仁宗의 大祥齋를 靈通寺에 설하였는데, 太后가 奉恩寺에 齋를 또 설하고 行香함. | 《사》 권17 |
| 1148년 6월 무자 | 왕이 봉은사에 행차함. | 《사》 권17 |
| 1149(의종 3)년 1월 정유 | 연등에 왕이 봉은사에 행차함. | 《사》 권17 |
| 1149년 6월 임자 | 왕이 봉은사에 행차함. | 《사》 권17 |
| 1150(의종 4)년 1월 임진 | 연등에 왕이 봉은사에 행차함. | 《사》 권17 |
| 1151(의종 5)년 1월 병술 | 연등에 왕이 봉은사에 행차함. | 《사》 권17 |
| 1151년 6월 경오 | 왕이 봉은사에 행차함. | 《사》 권17 |
| 1152(의종 6)년 1월 신해 | 연등에 왕이 봉은사에 행차함. | 《사》 권17 |
| 1152년 6월 갑자 | 왕이 봉은사에 행차함. | 《사》 권17 |
| 1153(의종 7)년 1월 갑진 | 연등에 왕이 봉은사에 행차함. | 《사》 권18 |
| 1153년 6월 기미 | 왕이 봉은사에 행차함. | 《사》 권18 |
| 1154(의종 8)년 1월 정묘 | 연등에 왕이 봉은사에 행차함. | 《사》 권18 |
| 1155(의종 9)년1월 임술 | 연등에 왕이 봉은사에 행차함. | 《사》 권18 |
| 1155년 6월 정축 | 왕이 봉은사에 행차함. | 《사》 권18 |
| 1156(의종 10)년 1월 병진 | 연등에 왕이 봉은사에 행차함. | 《사》 권18 |
| 1159(의종 13)년 1월 기사 | 연등에 왕이 봉은사에 행차함. | 《사》 권18 |
| 1160(의종 14)년 1월 을미 | 연등에 왕이 봉은사에 행차함. | 《사》 권18 |
| 1161(의종 15)년 6월 계묘 | 왕이 봉은사에 행차함. | 《사》 권18 |
| 1162(의종 16)년 1월 신사 | 연등에 왕이 봉은사에 행차함. | 《사》 권18 |
| 1162년 6월 정묘 | 왕이 봉은사에 행차함. | 《사》 권18 |
| 1162년 6월 정묘 | 왕이 봉은사에 행차함. | 《사》 권18 |
| 1163(의종 17)년 1월 을사 | 연등에 왕이 봉은사에 행차함. | 《사》 권18 |
| 1164(의종 18)년 1월 경자 | 연등에 왕이 봉은사에 행차함. | 《사》 권18 |
| 1165(의종 19)년 1월 을축 | 연등에 왕이 봉은사에 행차함. | 《사》 권18 |
| 1166(의종 20)년 1월 기미 | 연등에 왕이 봉은사에 행차함. | 《사》 권18 |
| 1166년 6월 계유 | 왕이 봉은사에 행차함. | 《사》 권18 |

| 연 도 | 사 실 | 출 전 |
|---|---|---|
| 1167(의종 21)년 1월 계축 | 연등에 왕이 봉은사에 행차함. | 《사》 권18 |
| 1167년 6월 무진 | 왕이 봉은사에 행차함. | 《사》 권18 |
| 1168(의종 22)년 1월 정축 | 연등에 왕이 봉은사에 행차함. | 《사》 권18 |
| 1169(의종 23)년 1월 신미 | 연등에 왕이 봉은사에 행차함. | 《사》 권19 |
| 1169년 6월 병술 | 왕이 봉은사에 행차함. | 《사》 권19 |
| 1170(의종 24)년 1월 병인 | 연등에 왕이 봉은사에 행차함. | 《사》 권19 |
| 1170년 윤5월 신사 | 왕이 봉은사에 행차함. | 《사》 권19 |
| 의종조 | 연등에 봉은사의 진전에 알현하는 의식. | 《사》 권69 예 謁祖 眞儀 |
| 의종조 | 봉은사에서 祖眞을 알현할 때 등에 왕은 赭黃袍를 입도록 詳定. | 《사》 권72 여복 視 朝之服 |
| 의종조 | 上元燃燈에 奉恩寺眞殿에 친행하는 衛仗. | 《사》 권72 여복 연 등위장 |
| 의종조 | 상원연등에 奉恩寺眞殿에 친행하는 鹵簿 | 《사》 권72 여복 연 등로부 |
| 1171(明宗 1) 6. 갑진 | 왕이 봉은사에 행차함. | 《사》 권19 |
| 1172(명종 2). 2. 계축 | 연등에 왕이 봉은사에 행차함. | 《사》 권19 |
| 1172(명종 2). 3. 기사 | 왕이 靈通寺에 가서 世祖·太祖·仁宗의 眞을 拜謁함. | 《사》 권19 |
| 1172. 6. 무술 | 왕이 봉은사에 행차함. | 《사》 권19 |
| 1173(명종 3). 2. 무인 | 연등에 왕이 봉은사에 행차함. | 《사》 권19 |
| 1173. 6. 임술 | 왕이 봉은사에 행차함. | 《사》 권19 |
| 1174(명종 4). 1. 정유 | 연등에 왕이 봉은사에 행차함. | 《사》 권19 |
| 1174. 6. 병진 | 왕이 봉은사에 행차함. | 《사》 권19 |
| 1175(명종 5). 1. 정유 | 연등에 왕이 봉은사에 행차함. | 《사》 권19 |
| -1175(명종 5). 5 | 毅宗의 眞(影)을 海安寺에 안치함. | 《사》 권19 |
| 1175. 6. 신해 | 왕이 봉은사에 행차함. | 《사》 권19 |
| 1176(명종 6). 2. 경인 | 연등에 왕이 봉은사에 행차함. | 《사》 권19 |
| 1176. 6. 갑술 | 왕이 봉은사에 행차함. | 《사》 권19 |
| 1177(명종 7). 1.병진 | 연등에 왕이 봉은사에 행차함. | 《사》 권19 |
| 1177. 6. 경오 | 왕이 봉은사에 행차함. | 《사》 권19 |

| 연 도 | 사 실 | 출 전 |
|---|---|---|
| 1178(명종 8). 1. 기유 | 연등에 왕이 봉은사에 행차함. | 《사》 권19 |
| 1178. 6. 갑자 | 왕이 봉은사에 행차함. | 《사》 권19 |
| 1179(명종 9). 1. 임신 | 연등에 왕이 봉은사에 행차함. | 《사》 권20 |
| 1179. 6. 무자 | 왕이 봉은사에 행차함. | 《사》 권20 |
| 1180(명종 10). 1. 정묘 | 연등에 왕이 봉은사에 행차함. | 《사》 권20 |
| 1180. 6. 임오 | 왕이 봉은사에 행차함. | 《사》 권20 |
| 1180. 8. 병신 | 太祖·靖宗의 神御를 大安寺로 옮김. | 《사》 권20 |
| 1180. 10. 경자 | 重修가 끝나 왕이 봉은사에 행차함. | 《사》 권20 |
| 1181(명종 11). 1. 신유 | 연등에 왕이 봉은사에 행차함. | 《사》 권20 |
| -1181. 3. 신미 | 群盜가 봉은사에 들어가 태조진전의 銀瓶 30여口를 훔침. | 《사》 권20 |
| 1181. 6. 병오 | 왕이 봉은사에 행차함. | 《사》 권20 |
| -1181. 7. | 宰樞, 重房, 臺諫이 봉은사에 모여 市價 등을 정함. | 《사》 권85형법금령 |
| -1181(명종 11). 12 | 城 동쪽 吳彌院을 宣孝寺로 명칭을 바꾸고, 眞殿을 만들어 毅宗의 眞을 해안사에서 옮겨 옴. | 《사》 권20 |
| 1182(명종 12). 1. 을유 | 연등에 왕이 봉은사에 행차함. | 《사》 권20 |
| 1182. 6. 경자 | 왕이 봉은사에 행차함. | 《사》 권20 |
| 1183(명종 13). 1. 경진 | 연등에 왕이 봉은사에 행차함. | 《사》 권20 |
| 1184(명종 14). 4. 임신 | 연등에 왕이 봉은사에 행차함. | 《사》 권20 |
| 1185(명종 15). 1. 무술 | 연등에 왕이 봉은사에 행차함. | 《사》 권20 |
| 1185. 6. 계축 | 왕이 봉은사에 행차함. | 《사》 권20 |
| 1186(명종 16). 1. 계축 | 연등에 왕이 봉은사에 행차함. | 《사》 권20 |
| 1186. 6. 무신 | 왕이 봉은사에 행차함. | 《사》 권20 |
| 1187(명종 17). 6. 임신 | 왕이 봉은사에 행차함. | 《사》 권20 |
| 1188(명종 18). 6. 병인 | 왕이 봉은사에 행차함. | 《사》 권20 |
| 1192(명종 22). 6. 임인 | 왕이 봉은사에 행차함. | 《사》 권20 |
| 1193(명종 23). 6. 병신 | 왕이 봉은사에 행차함. | 《사》 권20 |
| -1196(명종 26). 2 | 毅宗의 神御를 佛住寺로 옮겨 안치함. | 《사》 권20 |
| 1198(神宗 1). 1. 임자 | 연등에 왕이 봉은사에 행차함. | 《사》 권21 |
| 1199(신종 2). 6. 임술 | 왕이 봉은사에 행차함. | 《사》 권21 |

| 연 도 | 사 실 | 출 전 |
|---|---|---|
| 1203(신종 6). 6. 무술 | 왕이 봉은사에 행차함. | 《사》 권21 |
| 1203(신종 6). 9. | 崔忠獻이 奉恩寺의 太祖眞殿에 제례하고, 겉옷과 속옷을 바침. | 《사》 권21 |
| 1208(熙宗 4) 6. 기사 | 왕이 봉은사에 행치함. | 《사》 권21 |
| 1209(희종 5). 2. 무인 | 연등에 왕이 봉은사에 행차함. | 《사》 권21 |
| 1210(희종 6). 2. 계유 | 연등에 왕이 봉은사에 행차함. | 《사》 권21 |
| 1210. 6. 무오 | 왕이 봉은사에 행차함. | 《사》 권21 |
| 1211(희종 7). 6. 신사 | 왕이 봉은사에 행차함. | 《사》 권21 |
| 1212(康宗 1). 2. 임진 | 연등에 왕이 봉은사에 행차함. | 《사》 권21 |
| 1212. 6. 병자 | 왕이 봉은사에 행차함. | 《사》 권21 |
| 1213(강종 2). 2. 을유 | 연등에 왕이 봉은사에 행차함. | 《사》 권21 |
| 1213. 6. 신미 | 왕이 봉은사에 행차함. | 《사》 권21 |
| 1216(高宗 3). 2. 정유 | 연등에 왕이 봉은사에 행차함. | 《사》 권22 |
| 1216. 6. 계미 | 왕이 봉은사에 행차함. | 《사》 권22 |
| 1217(고종 4). 3. 병술 | 將軍 奇允偉를 顯陵에 보내, 太祖 梓宮을 奉恩寺로 받들어 옮김. | 《사》 권22 |
| 1217. 3. 무자 | 將軍 申宣胄를 보내, 昌陵 梓宮을 奉恩寺로 받들어 옮김. | 《사》 권22 |
| 1217. 6. 정미 | 왕이 봉은사에 행차함. | 《사》 권22 |
| 1218(고종 5). 6. 신축 | 왕이 봉은사에 행차함. | 《사》 권22 |
| 1220(고종 7). 2. 을해 | 연등에 왕이 봉은사에 행차함. | 《사》 권22 |
| 1220. 6. 경신 | 왕이 봉은사에 행차함. | 《사》 권22 |
| 1221(고종 8). 2. 기사 | 연등에 왕이 봉은사에 행차함. | 《사》 권22 |
| 1222(고종 9). 2. 계사 | 연등에 왕이 봉은사에 행차함. | 《사》 권22 |
| 1222. 6. 무인 | 왕이 봉은사에 행차함. | 《사》 권22 |
| 1223(고종 10). 2. 정해 | 연등에 왕이 봉은사에 행차함. | 《사》 권22 |
| 1223. 6. 계유 | 왕이 봉은사에 행차함. | 《사》 권22 |
| 1224(고종 11). 2. 신사 | 연등에 왕이 봉은사에 행차함. | 《사》 권22 |
| 1224. 6. 정묘 | 왕이 봉은사에 행차함. | 《사》 권22 |
| 1225(고종 12). 6. 신묘 | 왕이 봉은사에 행차함. | 《사》 권22 |
| 1225(고종 12). 6. 신묘 | 왕이 봉은사에 행차함. | 《사》 권22 |

| 연 도 | 사 실 | 출 전 |
|---|---|---|
| 1226(고종 13). 6. 갑신 | 왕이 봉은사에 행차함. | 《사》 권22 |
| 1227(고종 14). 윤5. 기묘 | 왕이 봉은사에 행차함. | 《사》 권22 |
| 1228(고종 15). 2. 무오 | 연등에 왕이 봉은사에 행차함. | 《사》 권22 |
| 1228. 6. 임인 | 왕이 봉은사에 행차함. | 《사》 권22 |
| 1229(고종 16). 2. 계축 | 연등에 왕이 봉은사에 행차함. | 《사》 권22 |
| 1229. 6. 무술 | 왕이 봉은사에 행차함. | 《사》 권22 |
| 1230(고종 17). 2. 정묘 | 연등에 왕이 봉은사에 행차함. | 《사》 권22 |
| 1230. 6. 임술 | 왕이 봉은사에 행차함. | 《사》 권22 |
| 1231(고종 18). 6. 병진 | 왕이 봉은사에 행차함. | 《사》 권23 |
| 1232(고종 19). 2. 을축 | 연등에 왕이 봉은사에 행차함. | 《사》 권22 |
| 1234(고종 21). 2. 계미 | (江都의)故㐘政車倜의 家를 奉恩寺로 하고, 연등에 왕이 봉은사에 행차함. | 《사》 권23 |
| 1234. 6. 기사 | 왕이 봉은사에 행차함. | 《사》 권23 |
| 1235(고종 22). 2. 정축 | 연등에 왕이 봉은사에 행차함. | 《사》 권23 |
| 1235. 6. 계해 | 왕이 봉은사에 행차함. | 《사》 권23 |
| 1236(고종 23). 2. 경자 | 연등에 왕이 봉은사에 행차함. | 《사》 권23 |
| 1236. 6. 병술 | 왕이 봉은사에 행차함. | 《사》 권23 |
| 1243(고종 30). 6. 병오 | 왕이 봉은사에 행차함. | 《사》 권23 |
| 1244(고종 31). 2. 을유 | 연등에 왕이 봉은사에 행차함. | 《사》 권23 |
| 1244. 6. 경오 | 왕이 봉은사에 행차함. | 《사》 권23 |
| 1245(고종 32). 6. 갑자 | 왕이 봉은사에 행차함. | 《사》 권23 |
| 1246(고종 33). 6. 무자 | 왕이 봉은사에 행차함. | 《사》 권23 |
| 1248(고종 35). 6. 병오 | 왕이 봉은사에 행차함. 한발로 繳扇을 쓰지 않음. | 《사》 권54 오행 금 |
| 1249(고종 36). 2. 병술 | 연등에 왕이 봉은사에 행차함. | 《사》 권23 |
| 1249. 6. 임인 | 왕이 봉은사에 행차함. | 《사》 권23 |
| 1250(고종 37). 2. 신해 | 연등에 왕이 봉은사에 행차함. | 《사》 권23 |
| 1250. 6. 병신 | 왕이 봉은사에 행차함. | 《사》 권23 |
| 1250. 8. 신해 | 왕이 봉은사에 행차하여, 慶讚法席을 베풂. | 《사》 권23 |
| 1251(고종 38). 2. 갑진 | 연등에 왕이 봉은사에 행차함. | 《사》 권24 |
| 1251. 6. 경인 | 왕이 봉은사에 행차함. | 《사》 권24 |

| 연 도 | 사 실 | 출 전 |
|---|---|---|
| 1252(고종 39). 2. 정묘 | 연등에 왕이 봉은사에 행차함. | 《사》 권24 |
| 1252. 6. 갑인 | 왕이 봉은사에 행차함. | 《사》 권24 |
| 1253(고종 40). 2. 임술 | 연등에 왕이 봉은사에 행차함. | 《사》 권24 |
| 1254(고종 41). 2. 정사 | 연등에 왕이 봉은사에 행차함. | 《사》 권24 |
| 1254. 6. 임인 | 왕이 봉은사에 행차함. | 《사》 권24 |
| 1255(고종 42). 2. 신사 | 연등에 왕이 봉은사에 행차함. | 《사》 권24 |
| 1255. 6. 병인 | 왕이 봉은사에 행차함. | 《사》 권24 |
| 1256(고종 43). 2. 병자 | 연등에 왕이 봉은사에 행차함. | 《사》 권24 |
| 1256. 6. 신유 | 왕이 봉은사에 행차함. | 《사》 권24 |
| 1257(고종 44). 2. 경오 | 연등에 왕이 봉은사에 행차함. | 《사》 권24 |
| 1257. 6. 을유 | 왕이 봉은사에 행차함. | 《사》 권24 |
| 1258(고종 45). 2. 갑오 | 연등에 왕이 봉은사에 행차함. | 《사》 권24 |
| 1258. 6. 경진 | 왕이 봉은사에 행차함. | 《사》 권24 |
| 1259(고종 46). 2. 무자 | 연등에 왕이 봉은사에 행차함. | 《사》 권24 |
| 1260(元宗 1). 2. 기유 | 연등에 太孫이 봉은사에 감. | 《사》 권25 |
| 1260. 6. 무술 | 왕이 봉은사에 행차함. | 《사》 권25 |
| −1260(원종 원). 6. 병인 | 魂殿의 高宗 木主를 天壽寺에 移安함. | 《사》 권25 |
| 1261(원종 2). 2. 병오 | 연등에 왕이 봉은사에 행차함. | 《사》 권25 |
| 1261. 6. 임진 | 왕이 봉은사에 행차함. | 《사》 권25 |
| −1261. 7. 신유 | 高宗의 眞(影)을 景靈殿에 봉안하고, 肅宗의 眞을 安和寺에 옮김. | 《사》 권25 |
| 1263(원종 4). 6. 경술 | 왕이 봉은사에 행차함. | 《사》 권25 |
| 1264(원종 5). 2. 기미 | 연등에 왕이 봉은사에 행차함. | 《사》 권26 |
| 1264. 6. 을사 | 왕이 봉은사에 행차함. | 《사》 권26 |
| 1265(원종 6). 2. 병진 | 연등에 왕이 봉은사에 행차함. | 《사》 권26 |
| 1266(원종 7). 2. 무인 | 연등에 왕이 봉은사에 행차함. | 《사》 권26 |
| 1268(원종 9). 2. 임진 | 연등에 왕이 봉은사에 행차함. | 《사》 권26 |
| 1268. 6. 임오 | 왕이 봉은사에 행차함. | 《사》 권26 |
| 1269(원종 10). 2. 경인 | 연등에 왕이 봉은사에 행차함. | 《사》 권26 |
| 1269. 6. 병자 | 왕이 봉은사에 행차함. | 《사》 권26 |

| 연 도 | 사 실 | 출 전 |
|---|---|---|
| 1270(원종 11). 5. 을축 | 員外郞 李仁成을 보내 강화에서 太祖眞을 받들어 모셔오게 함. | 《사》 권26 |
| 1270(원종 11). | (개경 환도 후) 泥板洞에 건물을 짓고, 世祖와 太祖의 梓宮, 奉恩寺의 태조 塑像 그리고 九廟의 木主를 假安置함. | 《사》 권26 |
| 1271(원종 12). 2. 무신 | 연등에 왕이 봉은사에 행차함. 楮市橋邊民家 300여 戶가 불이나, 燃燈伎樂을 제하고, 太祖眞殿 알현만을 함. | 《사》 권27 |
| 1271. 6. 갑오 | 왕이 봉은사에 행차함. | 《사》 권27 |
| 1272(원종 13). 2. 계묘 | 연등에 왕이 봉은사에 행차함. | 《사》 권27 |
| 1272. 6. 무자 | 왕이 봉은사에 행차함. | 《사》 권27 |
| 1273(원종 14). 2. 정유 | 연등에 왕이 봉은사에 행차함. 국가에 변고가 많으므로 伎會를 제하고, 寺門 밖에 設燈만 함. | 《사》 권27 |
| 1273. 6. 계미 | 왕이 봉은사에 행차함. | 《사》 권27 |
| 1275(忠烈王 1). 2. 병진 | 왕이 봉은사에 행차함. | 《사》 권28 |
| 1275. 6. 신축 | 왕이 봉은사에 행차함. | 《사》 권28 |
| 1276(충렬왕 2). 2. 기유 | 연등에 왕이 봉은사에 행차함. 士女들이 거리를 매우고 경하하기를 "오늘 다시 태평시의 舊儀를 볼 줄 어찌 알았으리오."라 함. | 《사》 권28 |
| 1276. 6. 을축 | 왕이 봉은사에 행차함. | 《사》 권28 |
| –1276. 6. 병술 | 景靈殿의 仁宗의 眞을 靈通寺에 遷하고, 元宗의 眞을 경영전에 봉안함. | 《사》 권28 |
| 1277(충렬왕 3). 1. | 왕이 元에 들어가려 연등회를 미리 설하고, 봉은사에 감. | 《사》 권89 齊國大長公主傳.《절요》권19. |
| 1278(충렬왕 4). 1. 기해 | 연등에 왕이 봉은사에 행차함. 妓樂은 제함. | 《사》 권28 |
| –1278. 1. 임인 | 왕이 봉은사에 행차하여, 忻都 등과 김방경 등을 국문함. | 《사》 권28 |
| 1281(충렬왕 7). 1. 신해 | 왕이 봉은사에 행차함. | 《사》 권28 |
| 1282(충렬왕 8). 2. 갑진 | 연등에 왕이 봉은사에 행차함. 伎會는 제함. | 《사》 권28 |
| 1282. 6. 기축 | 왕이 봉은사에 행차함. | 《사》 권29 |
| 1285(충렬왕 11). 2. 정사 | 연등에 왕이 봉은사에 행차함. 기악은 제함. | 《사》 권30 |
| 1285. 6. 계묘 | 왕이 봉은사에 행차함. | 《사》 권30 |

| 연 도 | 사 실 | 출 전 |
|---|---|---|
| 1286(충렬왕 12). 2. 신해 | 연등에 왕이 봉은사에 행차함. | 《사》 권30 |
| 1286. 6. 정유 | 왕이 봉은사에 행차함. 이어서 妙蓮寺에 행차함. | 《사》 권30 |
| 1288(충렬왕 14). 6. 을묘 | 왕이 봉은사에 행차함. | 《사》 권30 |
| -1289(충렬왕 15). 8. 무신 | 홍자번 등에게 명하여, 봉은사에 모여 징병 등을 의논하게 함. | 《사》 권30 |
| 1290(충렬왕 16). 6. 계유 | 왕이 봉은사에 행차함. | 《사》 권30 |
| 1296(충렬왕 22). 2. 임자 | 연등에 왕이 봉은사에 행차함. | 《사》 권31 |
| 1299(충렬왕 25). 2. 무진 | 왕이 봉은사에 행차함. | 《사》 권31 |
| -1299. 12. | 行省官과 백관이 봉은사에서 3일간 신년인사의 의식 연습을 함. | 《사》 권67 嘉禮 |
| 1300(충렬왕 26). 2. 경신 | 연등에 왕이 봉은사에 행차함. | 《사》 권31 |
| 1302(충렬왕 28). 2. 무인 | 연등에 왕이 봉은사에 행차함. | 《사》 권32 |
| 충렬왕대 | 봉은사태조진전에 태사국(太史局) 관리가 고삭(告朔)을 거행함. | 《사》 권122 오윤부. 《절요》 권22 |
| 1304(충렬왕 30). 2. 병신 | 연등에 왕이 봉은사에 행차함. | 《사》 권31 |
| 1308(忠宣王 즉위). 2. 신미 | 연등에 왕이 봉은사에 행차함. | 《사》 권33 |
| -1310(충선왕 2). 11. | 충렬왕의 眞을 경영전에 봉안하고, 明宗의 眞을 영통사에 옮김. | 《사》 권33 |
| 1315(충선왕 2). 2. 계사 | 연등에 왕이 봉은사에 행차함. | 《사》 권34 |
| 1315. 6. 정축 | 왕이 봉은사에 행차함. | 《사》 권34 |
| 1319(忠肅王 6). 2. 경자 | 연등에 왕이 봉은사에 행차함. | 《사》 권34 |
| -1322(충숙왕 8). 10. | 靖和公主의 眞을 順天寺에 봉안함. | 《사》 권35 |
| 1325(충숙왕 12). 2. 갑오 | 연등에 왕이 봉은사에 행차함. | 《사》 권35 |
| 1331(忠惠王 1). 2. 기미 | 연등에 왕이 봉은사에 행차함. | 《사》 권36 |
| -1339(충숙왕 후8). 10 | 충숙왕비의 眞을 順天寺에 봉안함. | 《사》 권35 |
| 1345(忠穆王 1). 3. 신미 | 연등에 왕이 봉은사에 행차함. | 《사》 권37 |
| 1345. 6. 갑인 | 왕이 봉은사에 행차함. | 《사》 권37 |
| 1346(충목왕 2). 2. 을축 | 연등에 왕이 봉은사에 행차함. | 《사》 권37 |
| 1346. 6. 기유 | 왕이 봉은사에 행차함. | 《사》 권37 |
| 1347(충목왕 3). 2. 병술 | 연등에 왕이 봉은사에 행차함. | 《사》 권37 |
| 1352(恭愍王 1). 2. 무자 | 연등에 왕이 봉은사에 행차함. | 《사》 권38 |

| 연 도 | 사 실 | 출 전 |
|---|---|---|
| 1352. 3. 정사 | 왕이 봉은사에 행차하여, 태소에게 尊號를 더해 올림. | 《사》 권38 |
| 1352. 8 무신 | 왕이 공주와 함께 福靈寺에 갔다가, 봉은사에 가서 太祖眞殿에 알현함. | 《사》 권38 |
| 1353(공민왕 2). 11. 을유 | 왕이 봉은사에 가서 太祖眞殿에 알현함. | 《사》 권38 |
| 1354(공민왕 3). 6. 임진 | 왕이 봉은사에 행차함. | 《사》 권38 |
| 1354(공민왕 3). 12. 무신 | 왕이 天災로 봉은사 孝思觀에 가서, 태조 眞에 기도함. | 《사》 권38 |
| 1356(공민왕 5). 1. 신묘 | 왕이 봉은사에 가서 太祖眞殿에 알현함. | 《사》 권39 |
| 1356. 2. 을축 | 연등에 왕이 봉은사에 행차함. | 《사》 권39 |
| -1356. 3. 병술 | 왕과 公主가 太妃를 모시고 奉恩寺에 가서 普愚의 說禪頂禮를 들음. | 《사》 권39 |
| 1356. 4. 임술 | 왕이 봉은사에 가서 太祖眞殿에 알현함. | 《사》 권39 |
| 1357(공민왕 6). 1. 임진 | 왕이 봉은사에 가서 太祖眞殿에 알현하고, 漢陽으로 천도하는 것을 점침. | 《사》 권39 |
| -1357(공민왕 6). 9. 무술 | 倭寇가 興天寺에 들어와 충선왕과 韓國公主의 眞을 탈취하여 감. | 《사》 권39 |
| 1358(공민왕 7). 8. 갑신 | 왕이 봉은사에 가서 太祖眞殿에 알현함. | 《사》 권39 |
| 1363(공민왕 12). 1. 계묘 | 왕이 청주에 머물며, 三司右司 李仁復을 開太寺의 太祖眞殿에 보내어 還都를 점침. | 《사》 권40 |
| 1363. 2. 병자 | 어가가 竹州에 행차하여 奉業寺에서 太祖 眞을 배알하였다. | 《사》 권40 |
| -1365(공민왕14). 3. | 왜구가 昌陵에 들어와 世祖의 眞을 탈취해 감. | 《사》 권40 |
| 1373(공민왕 22). 5. 정묘 | 孝思觀을 景命殿으로 고침. | 《사》 권44 |
| 1376(禑王1). 4. | 李仁任이 여러 신하를 거느리고 孝思觀에 나아가 태조의 혼령께 왕위에 도전하는 세력으로부터 신군을 옹위하여 받들 것을 맹세함. | 《절요》 권30 |
| 1378(우왕 4). 9. | 宰樞 등이 봉은사 太祖眞殿에 가서 천도를 점쳤는데 불길하다 하여 그만둠. | 《사》 권133 |
| 1380(우왕 5). | 倭寇를 피해 태조 眞影을 경상도 풍기군 龍泉寺로 옮김. | 《동람》 권25 |
| 1388(우왕 14). 2. 경신 | 연등에 우왕이 봉은사에 감. | 《사》 권137 |

| 연 도 | 사 실 | 출 전 |
|---|---|---|
| 1389(恭讓王 1). 11. | 이성계 등이 창왕을 폐하고 새왕을 옹립하기 위해 啓明殿[景明殿의 오류]에 가서 태조에게 고하고 제비뽑기를 하여 定昌君(공양왕)의 이름을 뽑았다. | 《절요》 권34 |
| 위와 같음 | 沈德符를 領孝思觀事도 임명하였다. | 《사》 沈德符傳. |
| 1389(공양왕 1). 12. | 왕이 孝思觀에 나아가서 禑와 昌을 벤 일을 태조에게 고하였다. | 《사》 권33 |
| 1390(공양왕 2). 1. 신미 | 여우가 壽昌宮 서문에서 나와 달아나 孝思觀으로 들어 갔다. | 《절요》 권34 |
| 1392(공양왕 4). 5. 정해 | 노루가 孝思觀으로 들어갔다. | 《사》 권54 |
| 고려시기, 연대미상 | 高麗太祖影殿 : 米豆山 鳳進寺 남쪽에 있음. 안에 태조의 영정을 봉안했고, 동서쪽 벽에는 37功臣과 12將軍의 像을 그림. 제삿날과 명절에 燃燈함. 端午·秋夕·冬至·立春에는 지방의 首官이 제사지냄. 지금은 없어지고 터만 남음. | 《사》 권52 平安道 永柔縣 古跡 |
| 고려시기, 연대미상 | 安和寺眞殿, 弘圓寺眞殿, 興王寺眞殿, 天壽寺眞殿, 大雲寺眞殿, 重光寺眞殿, 弘護寺眞殿, 玄化寺眞殿, 國淸寺眞殿, 崇敎寺眞殿, 乾元寺眞殿 ; 散職將相 各2. 奉恩寺眞殿; 散職將相 4. | 《사》 권83 圍宿軍 |
| 1392(조선 太祖 1). 7. 28. | 王氏의 후손에게 고려 태조(왕건)의 제사를 麻田郡(지금의 경기도 연천)에서 받들도록 명함. | 《태조실록》 권1 |
| 1392. 8. 8. | 고려 태조에 대한 제사가 마전군으로 옮겨지는 절차가 시작됨. | 위와 같음 |
| 1392. 8. 11. | 고려 혜종, 현종, 충경왕(원종), 충렬왕을 마전의 고려 太祖廟에 合祭하도록 함. | 위와 같음 |
| 1392. 8. 12. | 고려 성종, 문종도 마전의 고려 태조묘에 합제하도록 함. | 위와 같음 |
| 1392. 8. 13. | 고려 태조의 鑄像을 마전군으로 옮김. | 위와 같음 |
| 1392. 10. 13. | 고려왕조의 宗廟를 헐고, 그 자리에 새왕조의 종묘를 짓게 함. | 《태조실록》 권2 |
| 1397(조선 태조 6). 10. 26. | 마전 인근 고을의 丁夫를 동원하여 고려 태조의 사당을 만듬. | 《태조실록》 권12 |
| 1423(世宗 5). 6. 29 | 마전의 고려 태조의 肖像(여기서는 鑄像;저자)을 位版으로 바꾸는 것을 논의함. | 《세종실록》 권20 |

| 연 도 | 사 실 | 출 전 |
|---|---|---|
| 1427(세종 9). 8. 10 | 有司가 왕에게 고려 태조의 영정 3, 태조의 行兵 영정 2, 六功臣 영정 6, 鑄像 1을 고려 태조릉의 옆에 묻을 것을 청하자, 태조와 육공신의 영정을 분리하여 파묻도록 함. | 《세종실록》 권37 |
| 1428(세종 10). 8. 1 | 예조에서 충청도 천안군 소장의 고려 태조 眞影, 文義縣의 고려 태조 眞影 및 鑄像, 공신 影子, 전라도 羅州의 고려 혜종 眞影 및 塑像, 光州의 고려 태조 眞影을 開城 留後司로 모은 다음, 각 능의 옆에 묻기를 청하자, 왕이 그에 따름. | 《세종실록》 권41 |
| 1429(세종 11). 1. 25~2. 6 | 전년 8월1일의 결정에 따라 준비를 하며 나주의 혜종 소상 및 진영을 개성유후사로 옮기는 행렬이 출발. | 《錦城日記》 |
| 1429(세종 11). 3 전후 | 고려 태조의 鑄像을 현릉 옆에 묻은 것으로 추정됨. | |
| –1433(세종 15). 6. 15. | 예조의 청에 따라 마전현의 고려 여러 임금의 진영 18점을 그곳 정결한 곳에 묻게 함. | 《세종실록》 권60 |
| –1437(세종 19). 7. 17 | 안성군 청룡사의 공양왕 영정을 高陽縣 무덤옆 암자로 移安. | 《세종실록》권78 |
| 1456(世祖 1). 9. 8 | 숭의전의 왕태조 영정을 매장하라는 예조의 건의에 대해 왕궁으로 올려보내라 함. | 《세조실록》 권2 |
| –1476(成宗 7). | 俞好仁이 송도 光明寺에서 穆宗의 진영을 봄. | 《濟谿集》 권7 |
| –1476(성종 7). | 俞好仁이 장단 靈通寺에서 宣宗의 진영을 봄. | 위와 같음 |
| –1480년대(성종대) | 개성 光明寺에 穆宗의 眞이 있음. | 《동람》 권4 |
| –1480년대(성종대) | 장단 靈通寺에 文宗의 眞이 있음. | 《동람》 권12 |
| 1576(宣祖 9). | 경상도 풍기군 龍泉寺의 고려태조 진영을 숭의전으로 移安. | 《동람》 권25 |
| 1950년대 초 | 6.25전쟁 중 숭의전 고려태조 진영 불탐. | |
| 1992. 10. | 고려 태조 顯陵 북부에서 왕건 동상이 공사중 발견됨. | |
| 2005. 9. 19 | 개성 고려역사박물관에서 남북역사학자 공동으로 왕건 동상 조사 및 의견교환. | |
| 2006. 6. 13~10. 26. | 서울국립중앙박물관 및 대구박물관에서 왕건 동상 및 북한출토 문화재 전시. | |

※ 연도 앞 – 표; 관련제례 사실. 《사》;《고려사》. 《절요》;《고려사절요》. 《동람》;《신증동국여지승람》.

# 참고문헌

## 【 문헌사료 】

《三國史記》
《三國遺事》
《高麗史》
《高麗史節要》
김용선 편, 2006《제4판 高麗墓誌銘集成》
허흥식 편, 1984《韓國金石全文》

《錦城日記》
《高麗圖經》

《牧隱詩藁》
《潘谿集》

《朝鮮王朝實錄》
　《太祖實錄》
　《定宗實錄》
　《太宗實錄》
　《世宗實錄》
　《文宗實錄》
　《端宗實錄》
　《世祖實錄》
　《成宗實錄》
　《中宗實錄》
　《宣祖實錄》
　《英祖實錄》

《續六典》
《續東文選》
《新增東國輿地勝覽》

《中京誌》

林鳳植, 1933 《開城誌》


《後漢書》

《三國志》

《北史》

《新唐書》

《宋史》

《元史》

《大唐開元禮》

《三禮圖集注》


《中阿含經》

《法苑珠林》

《寶女所問經》


【 단행본 】

고유섭, 1977, 《松都의 古蹟》, 열화당

국립고궁박물관, 서울대 규장각한국학연구원, 2010, 《100년 전의 기억, 대한제국》

김철준, 1975, 《韓國古代社會研究》, 지식산업사

노명호, 2007, 《고려국가와 집단의식 : 자위공동체·삼국유민·삼한일통·해동천자의 천하》,
    서울대 출판문화원

成耆姬, 1971, 《중국역대군왕복식연구》, 열화당

신호철, 2002, 《후삼국시대 호족연구》, 개신

안지원, 2005, 《고려 국가 불교의례와 문화》, 서울대출판부

이기백 편, 1981, 《고려광종연구》, 일조각

이병도, 1980, 《개정판 고려시대의 연구: 특히 도참사상의 발전을 중심으로》, 아세아문화사

이주형, 2003, 《간다라미술》, 사계절

정종수, 최순권, 2003, 《한국의 초분》, 국립민속박물관

최완수, 1984, 《佛像研究》, 지식산업사

황선영, 1988, 《고려초기의 왕권연구》, 동아대출판부

황수영, 1989, 《韓國의 佛像》, 문예출판사

Dietrich Seckel, 1962, *The Art of Buddhism* ; 이주형 역, 《불교미술》, 2002, 예경

周錫保, 1984, 《中國古代服飾史》, 中國戲劇出版社, 北京
黃能馥 陳娟娟, 2004, 《中國服飾史》, 上海人民出版社, 上海
沈從文 편저, 2005, 《中國古代服飾硏究》, 上海書店出版社, 上海
王學理, 2005, 《漢景帝與陽陵》, 三秦出版社, 西安
陝西省考古硏究所漢陽陵考古隊 編, 1992, 《中國漢陽陵彩俑》, 中國陝西省旅遊出版社, 西安
韓世明, 2002, 《遼金生活掠影》, 沈陽出版社, 沈陽
趙芳志 主編, 1996, 《草原文化: 遊牧民族的 廣闊舞台》, 商務印書館, 홍콩
河北省文物硏究所, 2001, 《宣化遼墓 上,下》, 文物出版社, 北京

村山智順, 1931, 《朝鮮の風水》, 朝鮮總督府
齊藤忠, 1996, 《北朝鮮考古學の新發見》, 東京, 雄山閣


## 【 논 문 】

강희웅, 〈고려초 과거제도의 도입에 관한 소고〉《한국의 전통과 변천》
　　고대 아세아문제연구소 편, 1973
김두진, 1979, 〈고려 광종대의 전제왕권과 호족〉《한국학보》 15.
김용덕, 1959, 〈고려광종조의 과거제도 문제〉《중앙대논문집》 4 .
김인철, 2002, 〈고려태조 왕건왕릉발굴보고〉《고려무덤발굴보고》, 평양, 사회과학출판사
김인호, 2005, 〈조선전기 숭의전의 설치와 역사인식〉《사학연구》 78
김철웅, 2005, 〈고려시대 太廟와 原廟의 운영〉《국사관논총》 106, 국사편찬위원회
노명호, 1980, 〈고려의 오복친과 친족관계법제〉《한국사연구》 33
노명호, 1981, 〈백제의 동명신화와 東明廟: 동명신화의 재생성 현상과 관련하여〉
　　《역사학연구》 10, 전남대 사학회
노명호, 〈고려초기 왕실출신의 '향리' 세력 : 려초 친속들의 정치세력화 양태〉
　　《고려사의 제문제》, 변태섭 편, 1986
노명호, 1997, 〈동명왕편과 이규보의 다원적 천하관〉, 《진단학보》 83
노명호, 1998, 〈고려 지배층의 발해유민에 대한 인식과 정책〉《산운사학》 8
노명호, 1999, 〈고려시대의 다원적 천하관과 해동천자〉《한국사연구》
노명호, 2003, 〈한국 고대의 가족〉《강좌 한국고대사 3》
노명호, 2004, 〈高麗太祖 王建 銅像의 流轉과 문화적 배경〉《한국사론》 50, 서울대 국사학과

노명호, 2006, 〈고려 태조 왕건동상의 황제관복과 조형상징〉《북녘의 문화유산》, 국립중앙박물관

박명호, 2000, 〈이규보 '東明王篇'의 창작동기〉, 《사총》 52

박종진, 〈4. 왕릉과 무덤〉, 《고려의 황도 개경》, 한국역사연구회, 2002, 창작과 비평사

박창희, 1984, 〈고려초기 '호족연합정권설'에 대한 검토 : '귀부'호족의 정치적 성격을 중심으로〉《한국사의 시각》, 영언문화사

안계현, 1959, 〈燃燈會攷〉《白性郁博士紀念佛敎學論文集》

안병찬, 〈왕건왕릉에 대하여〉《사회과학원학보》, 1994년 1월호, 평양

엄성용, 〈고려초기 왕권과 지방 호족의 신분변화 : 호족연합정권설에 대한 검토〉 《고려사의 제문제》 변태섭편, 1986

이기백, 1972, 〈신라 五岳의 성립과 그 의의〉《진단학보》 33

이원배, 2009, 〈고구려 시조명 '東明'의 성립과정〉《한국사연구》 146

임명주, 1997, 〈고려 현종대의 현화사진전〉 충남대 석사학위논문

정경현, 1987, 〈고려태조대의 순군부에 대하여〉《한국학보》 48.

정경현, 1992, 〈고려태조의 왕권: 특히 그의 권위의 측면을 중심으로〉 《허선도정년기념 한국사학논총》.

정지영, 〈고려태조의 호족정책〉《고려 태조의 국가경영》, 홍승기편, 1996

최병헌, 1981, 〈고려중기 현화사의 창건과 법상종의 융성〉《한우근박사 정년기념 사학논총》

하현강 〈호족과 왕권〉《한국사 4》 국사편찬위원회, 1974

하현강, 〈고려왕조의 성립과 호족연합정권〉《한국사 4》 국사편찬위원회, 1974

한기문, 2008, 〈고려시대 개경 봉은사의 창건과 태조진전〉《한국사학보》 33


奧村周司, 2003, 〈高麗における謁祖眞儀と王權の再生〉《早實研究紀要》 37

菊竹淳一, 2005, 〈高麗時代の裸形男子倚像〉《デアルテ》 21

山内弘一, 1985, 〈北宋時代の神御殿と景靈宮〉《東方學》 70

今西龍, 1918, 〈高麗太祖訓要十條に就きて〉《東洋學報》 8卷 3號


河北省文物管理會 河北省博物館, 〈河北宣化遼壁畵墓發掘簡報〉《文物》 1975-8

# 【 ㄱ 】

가매장  120

가부장제  115

강도  174

강도 연등 회와 봉은사 태조진전 의식의
  상징적 의미  173

강도江都의 봉은사  172

강도 정부 정통성  173, 174

강사포絳紗袍  103

강조康兆의 정변  155, 161

강화의 봉은사  58

강화 천도  57, 172

개경  127, 128

개경 봉은사 진전  175

개성유후사  211, 212, 213

《개성지開城誌》  192

개경 환도  57, 172, 173, 174

개축전 현릉  23

개태사  181

거란契丹  92, 108, 153, 234

거란 개경 함락  160

거란과 전쟁  156

거란契丹 진용우상眞容偶像  108, 112

건국지역 주민의 문화적 배경과 정서
  128

경덕왕 진영  123

경명전景命殿  178, 183, 186, 187

경성京城(개경)  115

경제景帝 양릉陽陵 출토 남녀 도용陶俑
  107

경종景宗  148

경주  115, 220

계명전啓明殿  183

고구려  127

고구려 건국신화  127

고구려계 신상의 착의형 나신상  106

고구려 문화전통  227, 233, 234

고구려왕족  125

고구려유민의식  128, 227

고구려의 부흥국  128

고구려高句麗의 부흥국을 표방  235

고구려 초기 종묘  120

고구려 후기 고분  29

고대의 토속 제례문화  118

고대 이래 전통적 제례법 및 조각상의 표
  현  141

고대 제례문화 전통  117

고등신高登神  124

고등신묘의 조각상  124

고등신 조각상  125

고려 군주권을 확고히 하는 체제적 기반
  147

고려 군주권의 신성한 권위 확립  150

고려 군주권 정통성의 근원  145

고려군주의 주권자로서의 상징적 지위
  174

고려군주의 제례용 조각상 제작 시기 하한
  선  148

고려 나름의 소천하小天下  236

《고려도경》  113, 127

고려 때 조종祖宗의 영정影幀  225

《고려사》의 황제국 제도 서술  228

고려 사회 국가권위의 원천적 상징이자 정
　신적 지주支柱  177

고려 성균관  106

고려 성균관의 선성상先聖像  227

고려시대 동명신상  114, 124

고려시대 유화의 사당  124

고려시대의 동명왕상  126

고려시대의 토속신상  112

고려시대 토속제례의 조각상  106

고려시대 황제국의 제도에 대한 근원적 부
　정  228

고려시조현릉高麗始祖顯陵  213

고려역사박물관  16

고려왕들의 영정 일부는 남겨두려 한 세종
　223

고려 왕실 서출의 제거  191

고려 왕족 서얼  215

고려의 고구려 부흥국 표방  129

고려의 공신功臣 배향配享  206

고려高麗의 국호  235

고려의 종묘  60, 215

고려 천자가 중심이 되는 천하天下  93

고려 태조에 대해 조선왕실이 특별히 예우
　를 해야 한다는 인식  218

고려高麗 태조太祖 영전影殿  225

고려 태조의 신성한 권위 상징물  149

고려 태조의 이름을 휘諱해야 한다는 영조
　217

고려 태조太祖의 진영眞影  224, 225

고려 태조의 초상을 위판으로 대체  209

고려 태조 제사의 유교적 제례법에 따른
　정비  216

고려 태조 주상鑄像  57, 59, 60

고려 태조 현릉의 표석  213

고삭告朔의 의식  176

고양현高陽縣  223

고유섭  191

고종  174

고종대의 봉은사진전 행차  173

고종황제 어진의 통천관  99

공민왕  95, 177, 183, 186, 187

공복公服 제정 146

공신들의 사병私兵  146

공양왕  177, 183, 186, 199, 224

공양왕의 영정  223

공적 제도와 정부조직으로 충분히 밑받침
　되지 못한 초창기의 군주권  145

과거제도科擧制度  146

관觀  183

관절형 우인상  109, 111

광명사光明寺  225

광종  161, 168, 178

광종의 봉은사 건립  146

광효전廣孝殿  219

구례현求禮縣  114

구묘九廟의 목주木主  57, 175

《구삼국사舊三國史》  127

구토롱  118

국가적 결속을 유지하는 구심력  174

국사國師  232

국왕의 조회복  103

국왕의 태조진 알현  170

국자감  193, 198

국죽순일菊竹淳一  74

국학國學  192

군주권의 체제적 기반  150

궐문교闕門橋　199

《근사록近思錄》　219

금동허리띠고리　101

금박산　85, 95

근박산金博山 문양　94

《금성일기錦城日記》　12, 212, 213

기불역祇弗驛　114

기우祈雨　128

기자箕子　216

김계창金季昌　226

김문정金文鼎　227

김인철　21


【ㄴ】

나주(금성)　211

나주 읍사　212

남근숭배　130, 132

노비안검법奴婢按檢法　146

《논어論語》의 괴력난신 배격　127

능선能宣　114

니사금尼師今　121

니판동泥板洞　175


【ㄷ】

단군檀君　216

단속사斷俗寺　123

단종　206, 217, 224

닫집　183, 184

당唐 무덕武德 4년(621)의 거복령車服令　95

당·송대 원묘의 영정 사용　219

당송唐宋의 문화　162

당송의 제도　164

당풍唐風　162, 163

대거란 동맹　93

대거란 동맹의 맹주　164

디기란전쟁　163

대나무　28

대목곽大木槨　117

대몽전쟁　58

대사大祀　217

대왕당大王堂　112

덕종德宗　157, 166, 167, 168, 169

도관道觀　185, 186

도교의 조각상　106

도교道敎 제례　185

《동국여지승람》　59, 225

동명성제東明聖帝　126, 129

동명성제사東明聖帝祠　124

동명성제사東明聖帝祠 제사　128

동명숭배　126, 129

동명신앙　127, 128, 227

동명신앙 혁파　227

동명신화　125, 126, 128

동명왕 모 소상　123

동명왕상東明王像　141

동명왕상의 양식　227, 234

동명왕 성모聖母 유화柳花의 신상　113

동명왕 신상의 옷을 입히는 양식의 연원　129

동명왕신화　127

〈동명왕편〉　126, 127

동방東方　162

동북아 인접지역의 나체 조각상들　106

동신묘　113

동신사東神祠　114, 123, 124, 127,

128

동신성모東神聖母　113

동악東岳　119

동악산　119

동악(토함산)의 산신　121

동옥저의 대목곽장　118, 120, 122,
　125

동옥저의 조상 목각상　117

동진東晉 원제 초상의 통천관　98

등석燈夕　168, 169


【 ㅁ 】

마음장상馬陰藏相　130

마전군麻田郡　202

마전의 고려 태조묘太祖廟　202, 203

마전현　59, 60, 63, 64, 204, 208,
　209, 210, 216, 222, 223

마전현麻田縣의 암자　54

만주　153, 164

망자의 과거와 연결된 공간　149

망자의 상징물　108

매미〔蟬〕 문양　94, 95

매화　28

머리카락 수염 등의 채색　69

머리카락의 안료　69

면류관冕旒冠　93

명기冥器　107

명종　182, 225

모란리牧丹里　114

목각상을 사용하는 유형　122

목멱묘木覓廟　128

목종穆宗　154, 155

목종의 영정　225

목주木主　151

목청전穆淸殿　220

몽고의 침입　172

묘연사妙蓮寺　225

〈묘연사중흥비妙蓮寺中興碑〉　225

무덤과 사당이 분화되지 않은 단계　118

무신정권　174

《문공가례文公家禮》　219, 220

문묘文廟의 소상　227

문묘제기文廟祭器　227

문무왕　119, 120

문선왕文宣王;孔子　216

문선왕 소상　227

문소전文昭殿　219

문의현文義縣　64, 210

문종　103, 193, 203, 218, 224

문종대왕文宗大王　216

문종대의 효행 표창　116

문종의 영정　225

물소뿔　101

미륵불彌勒佛을 자처한 궁예弓裔　232

미소소정未召疏井 언덕　120

민간의 부모제례용 초상들　114


【 ㅂ 】

박광염朴光廉　114

박장薄葬　149

발해유민　164

발해유민집단　92, 153

방열邦悅　173, 177

백제　127

백호白虎　28

《법원주림法苑珠林》　130

변안열  199

병풍석 십이지신상十二支神像  27

보개寶蓋  183, 184

보상화문寶相花紋  101

보장왕  123

《보한집補閑集》  192

복원궁福源宮  186

복장複葬  120

봉업사奉業寺  225

봉은사奉恩寺  54, 156, 159, 161,
　167, 193, 198

봉은사 사찰전용 공간  170

봉은사의 조선건국 이후 상태에 대한 언급
　회피  191

봉은사의 중수  160

봉은사의 최후  191

봉은사 진전  155, 178, 181

봉은사 진전구역  157, 170, 171

봉은사 진전의 공간 구성과 의례  170

봉은사 진전의 어탑御榻  54

봉은사 진전 태조상의 상징적 중요성
　61

봉은사 태조소상太祖塑像  57, 175

봉은사 태조진전  57, 59, 152, 153,
　160, 161, 162, 165, 168, 169,
　171, 176, 177, 178, 181, 186, 187,
　190, 191

봉은사 태조진전 신료 거행 의례  176

봉은사 태조진전 약칭  182

봉은사 태조진전은 공표된 상징적 공간
　149

봉은사 태조진전의 대대적인 중신  165

봉은사 태조진전의 명칭 변화  178

봉은사 태조진전의 외형  183

봉은사 태조진전太祖眞殿 창건의 정치적
　의미  147

봉은사 태조진전 친행 분향 상식화  170

봉은사 폐사  60

봉신사鳳進寺  225

부모에 대한 제사  115, 116

부석사浮石寺  123

부여신夫餘神  124

부여신묘 조각상  124

부여족夫餘族 계통 토속신앙  127

북부여  127

북한에서 제작한 왕건초상화  102, 104

북한에서 제작한 왕건초상화의 옥대
　102

분황사芬皇寺  122, 123

불교문화  5

불교식 소상  122

불교의 대인상  129

불교의 박장薄葬 풍속  29

불교의 조각상  106

불은사佛恩寺  192

불일사佛日寺  147, 161

비슬산琵瑟山  192

뼛가루를 넣은 목용木俑  110

뼈와 함께 안치되는 조상제례용 목각상
　125

# 【 ㅅ 】

사가독서賜暇讀書  225

사당과 무덤의 기능 분리  125

사당에 무덤으로서의 의미가 부분적으로
　잔존하는 단계  125

사당지기  112

사대이념 228

사신두 29

사원의 진전眞殿 123

사위사四位祠 206, 208, 209, 218

사적私的 주종관계主從關係 145

사직社稷 164

사친관思親觀 183

산자들이 속한 현재의 공간 149

삼국시대 왕관王冠 233

《삼국유사》 119

32길상 130

삼십이대인상三十二大人相 129

〈삼십이상경三十二相經〉 130

상경上京 128

상례 115

상반신의 32길상 관련 표현 136

상의원尙衣院 223

상정소詳定所 219

새로운 군주상과 관인상官人像 234

새로운 시대의 군주상 232

서경 181

서경 동명사東明祠 128

서경 성용전聖容殿 159, 161

서경 장락궁長樂宮 태조진전 159

서경西京 태조진전眞殿 128

서경 태조진전의 중수 159

서경 태조 초상화 61

서경 태조초상의 중신重新 159

서긍徐兢 113, 126

서도西都(평양) 114

서하西夏 234

석관묘 118

석씨왕족의 조상제례 121

석씨昔氏왕족의 토속 종묘 120, 122

석씨왕족집단 120

석주釋珠 116

석탈해昔脫解 119

선성십철先聖十哲 227

선원전璿源殿 220

선조 224

선종 225

선효사宣孝寺 225

설총薛聰 122, 123

성균관成均館 16

성균관 대성전大成殿 226

성모당聖母堂 112

성모당 신상 113

성종 163, 203

성종대의 화이론자 153

성종대 종묘 건립 151

성종대 화이론계 정책 155

세골장洗骨葬 117, 118, 120

세조世祖 175, 207, 223, 224, 226

세종 191, 205, 206, 208, 211,
   212, 213, 215, 218, 224

세종대 고려왕들의 초상물 폐기 221

《세종실록》 지리지 59, 206

세종이 고려왕실의 제례를 개편한 동기
   219

소나무 28

소사小祀 217

소상을 사용하는 유형 122

소천疏川 119

소천 언덕 120

소회의식小會儀式 170

손순흥孫順興 114

송宋 나라 153

송 나라에 대한 사대 165

송대宋代 신어전神御殿 182

송대 효사전孝思殿 185

송도松都 172, 225

송도의 국하 소상 철거 227

송악松岳 113

송악사 113

송악산 112

송흥방宋興坊 115

수장樹葬 111

수창궁壽昌宮 156, 160, 161, 198, 199

숙종肅宗 128

순창군 남근석 132

술이부작述而不作 5

숭산신崇山神 113, 126

숭산신묘 113

숭의전崇義殿 184, 203, 206, 217, 223, 226

숭의전에 한 점 남은 왕건의 영정 223

숭의전의 제례 207

숭의전의 제사 부실화 반복 217

승정원承政院 226

시조묘 121

신궁神宮 121

신년 의례 169

신라 오악 119

신라왕의 진영 123

신라의 군왕에 대한 관념 132

신라 지철노왕 132

신라 탈해왕의 뼛가루 소상 118

신문왕 119

신상申商 219

신어전神御殿 185

신왕조의 종묘 190

신의神衣 112

신종神宗 55

10세기 동아시아 국제문화 234

12류旒 면류관冕旒冠 105

12세기말 고려에서의 동명신화 127

10철哲 소상塑像 106

【 ㅇ 】

안병찬 32

안향安珦의 여지閭址 비각 193

앙암사仰庵寺 190, 203, 204, 205, 206, 215, 216

앙암사 제사의 부실 217

야매산 198

양梁 95, 96

어탑御榻 139, 183, 184

어탑 용상 55

얼굴부분의 안료흔적 71

여신상의 옷 113

여주 127

여진女眞 부족 93, 153, 164

연노부涓奴部 121

연등소회 105

연등회燃燈會 57, 59, 152, 164, 165, 166, 167, 168, 169, 170, 172, 175

연등회 등석 봉은사(태조진전) 친행 169

연등회 봉은사진전 어가 행차의 상례화 166

연등회 어가행렬 175, 176

연등회와 팔관회 부활 155

연등회 첫날의 제의祭儀 173

연일현延日縣 115

영유현永柔縣 225

영정 222

영통시靈通寺 225

영효사관사領孝思觀事 186

예조 223, 224

예종睿宗 128, 182, 186

오공산 198

오대五代 153

오묘五廟 151

오복제도五服制度 152, 164

오악 121

오윤부伍允孚 176

옥대玉帶 100

옥띠장식 56, 101

옹관묘 118

왕건 동상과 함께 반출된 금동허리띠고리
56

왕건 동상 매장의 동기 215

왕건 동상 안료 칠 63

왕건 동상 안료의 손상 64

왕건 동상에 반영된 32상 의미 141

왕건 동상에 표현된 32길상 141

왕건 동상에 형상화된 문화의 부정 226

왕건 동상을 위패로 바꾸는 것 210,
222

왕건 동상을 충청도 문의현으로 옮김
210

왕건 동상의 겉옷과 속옷 56

왕건 동상의 국립중앙박물관 전시 35

왕건 동상의 기능 177

왕건 동상의 두 발과 다리 133

왕건 동상의 매장 211

왕건 동상의 변형된 부분 76

왕건 동상의 수리 흔적 79

왕건 동상의 수염 63

왕건 동상의 안료 성분 67

왕건 동상의 엉치 밑면 80

왕건 동상의 옥띠 56

왕건 동상의 의복 54

왕건 동상의 의복 착용 방식 100

왕건 동상의 제작 양식 60

왕건 동상의 제작의도 141

왕건 동상의 출토과정 31

왕건 동상의 출토지점 30

왕건 동상의 크기 실측 86

왕건 동상의 표면 64

왕건 동상이 출토된 시점 30

왕건 동상 통천관 양梁부분 금도금 100

왕건 동상 통천관의 독창적인 면 99

왕건 동상 표면의 비단조각 56

왕건 사후 영도력의 재생성 146

왕건상의 제례 125

왕건상의 제작 147

왕건 영정 223, 224

왕건의 개인적 영도력 145

왕건의 동상 117, 173, 174, 176,
178, 190, 210, 215, 227, 228

왕건의 동상 강도江都 피난 172

왕건의 동상 금도금 부분 74

왕건의 동상 남근男根 묘사 130

왕건의 동상 엉치 하단부 등의 띠 모양 석
고 잔흔 73

왕건의 동상은 관리에 인력과 비용이 많이
필요 218

왕건의 정치적 영도력 144

왕건의 주상鑄像 209

왕건의 진영眞影 129

왕건이 정립한 거시적인 정책방향의 상징
235

왕권의 체제적 기반 정비   235
왕륜사王輪寺   166, 167, 168
왕사王師   232
왕실의 신성한 권위   149
왕씨의 서얼 후손   217
왕위계승 분쟁   161
왕족의 토속적 조상신 사당   120
왕즉불王卽佛 관념   232
왕통王統의 근원이 되는 권위의 상징
   235
왜구   59, 63, 224
요대遼代 생활상을 그린 벽화묘   110
요遼 상경박물관上京博物館   108
요 상경박물관 목우상   109
요역徭役의 면제   115
용상   183
용천사龍泉寺   224
우왕   63, 177, 224
우인偶人   152
운제현雲梯縣   114
원구圓丘   164
원 나라   227
원대元代 효사전   186
원묘原廟   182, 185, 219
원묘에서도 영정을 사용하지 말아야 한다
   는 세종   220
원 복속기   176, 177
원유관遠遊冠   93, 94, 95
원종   173, 174, 175
원효元曉소상   122, 123, 125
원효의 뼛가루 소상   122
월남越南   234
위판位版   208, 228
위패位牌   235

위패의 사용   210
유교문화   5
유교사관   5
유교의 조각상   106
유교적 제례법   152, 165
유교정치문화   152
유호인俞好仁   112, 225
유화柳花   125
유화상   123
유화의 신상   126
유화柳花의 제사   127
6·25전쟁   224
육조   209
의정부議政府   203, 209, 217
의종毅宗   225
이관李慣   224
이규보   126, 127
이산화티타늄   67
이성계   54, 59, 63, 177, 190, 202,
   215
이성계일파   199
이십사량二十四梁 통천관通天冠   93
이인임李仁任   177
이제현李齊賢   225
인물상人物像 명기冥器   107
인정전   184
인종   192
일관日官   176
임노성任老成   151

## 【 ㅈ 】

자이字伊　115

자황포赭黃袍　103, 105

장곡사 철조비로자나불좌상長谷寺鐵造毘盧
遮那佛坐像　63

장광정묘張匡正墓　110

장년기 왕건의 모습　141

장락궁 진전　160

장례용 목우상　109

장세경묘張世卿墓　110

재추宰樞 등이 봉은사 태조진전에 천도를
점침　177

저시교楮市橋　175

적전籍田　164

적조사 철불　18

전대 왕실에 대한 예우　217

전륜성왕　129, 141

전왕조의 시조에 대한 예우　223

전왕조의 정치적 상징물　190

전왕조의 종묘　190

전조 태조묘太祖廟　204, 206

전조前朝 태조의 주상鑄像　202

전주全州　114, 220

전통적 제례법　165

절충부折衝府 별장別將　115

정강준鄭康俊　115

정란丁蘭의 효　116

정묘正廟　219, 220

정신적 수양으로 내면적 신성한 힘을 갖는
국왕의 이미지　132

정종定宗　146, 166, 167, 169, 170,
171

정종대의 봉은사 태조진전의 제례법 제정
166

정창군定昌君　177

정초鄭招　208, 210, 219

제례용 상징물　112

제례용 착의형 나신상　112

제왕帝王의 복색　103

제후국 제도　153, 165

조상제례가 불교사원을 공간으로 하게 된
경우　125

조서로趙瑞老　208

조선　190

조선 문종　203

조선시대 닫집제도　184

조선왕실의 선대에 대한 제례법의 개편 추
진　219

조선왕실의 종묘　215, 217

조선중앙역사박물관　14

조선초기 성리학자　127

조선 초 정부의 중심세력　160

조선 태조의 지방 소재 어용전御容殿의 축
소 폐지 시도　220

조영趙英　115

종교적인 신비한 권능자를 표방하는 군주
232

종묘宗廟　152, 153, 190, 235

종묘의 신주　58

종묘의 아홉 목주　57

종묘제　165

종부시宗簿寺　224

주몽朱蒙　124

주周 성왕成王이 은殷 나라 후손을 봉封한
중국고사　217

《주자가례》　219, 220

주취珠翠　100

《중경지中京誌》　192

중광사　167

중구 구자감　226

중국상고 건국신화　127

중방重房의 원당願堂　225

중사中祀　121, 216

중화　163

지모신地母神　125, 127

지방호족들의 지배체제　92

지석묘　118

진골眞骨의 골품 관념　232

진영眞影의 사용보다 위판을 사용하는 것
　　이 옳다는 신념　219

진용목우상眞容木偶像　108

진전眞殿　178, 182

짚으로 만든 우인　110


【 ㅊ 】

차달車達　114

착의형着衣形 나체상 양식　106, 108,
　　129, 186, 227

착의형 목각상　124

착의형 조각상　124

창덕궁 인정전　183

창왕　177

채수蔡壽　227

1934년 발행 개성 지형도　193

천기화문穿枝花紋　101, 103

천문도　28

천하다원론자天下多元論者　155, 162,
　　165

청룡靑龍　28

청룡사　223

초분草墳　112, 118

초분 금지 정책　118

초빈草殯　118

최사위　156, 159

〈최사위묘지명〉　155, 159, 160

최사위 봉은사 공사 시점　157

최사위의 봉은사 중건　155

최승로　151, 162, 163, 164

최씨녀　115

최자崔滋　192

최충헌　55, 56

춘궁리불상　139

춘추관　209

충경왕忠敬王　216

충렬왕　63, 105, 128, 175, 176, 225

충선왕　225

충숙왕　227

충주　59

치황의梔黃衣　105

칭제稱帝　92, 93


【 ㅌ 】

탈해사당　121, 122

탈해상　125

탈해소상　122

탈해의 장례 과정　120

탑榻　55

태묘太廟　156, 157, 159, 160

태묘당기太廟堂記　151

태묘당도太廟堂圖　151

태묘 중건　162

태조대의 정치체제　144

태조소상　58, 61

태조신성대왕太祖神聖大王　216

태조와 최승로의 국풍·당풍의 추구 비교
　164

태조 왕건의 기일　57

태조 왕건 동상의 신앙적 대상화　177

태조 왕건의 소상과 주상　63

태조 왕건의 신성한 권위　149

태조 왕건의 원찰願刹　54

태조 왕건의 주상과 진영 폐기　211

태조 왕건의 진영　226

태조의 기제사　168

태조의 원당願堂　147

태조의 유훈　162, 163, 164

태조의 재궁梓宮(관)　175

태조의 정책적 뜻 형해화　165

태조의 천하다원론에 입각한 정책　162

태조진太祖眞　61

태조진 알현 의식〔謁祖眞儀〕　170, 171

태조진전　181

태종太宗　119, 191, 208, 209, 215,
　219, 221

토속문화　164

토속신앙　126

토속윤리의 효　115

토속적 예법　115

토속적 제례 문화 전통　125

토속적 제례법　123

토속적 조상제례　122

토속적 조상제례가 불교와 융합해 나가는
　초기단계　123

토속제례　115

토속제례 부모의 초상물　117

토속제례에서 우인偶人을 사용　152

토속제례의 조각상　117

토풍土風　163

토풍문화　152

토함산　119, 121

통천관　95, 96, 153, 228

통천관 내관의 금도금　74

통천관의 무소뿔로 만든 비녀　94

통천관의 손상　84

통천관 일월상의 손상　82

통천관 정면　94

통천관 제도　93

통천관 측면　96

통천관 후면　97

【 ㅍ 】

파림우기巴林右旗 박물관　108

팔관회八關會　152, 164, 165, 172

평양　220

평양·개성부 학學의 소상　226

평양 동명묘東明廟　128

평양사회과학원　32

평양 인리방仁里坊 동명의 사우祠宇
　128

평양지역의 토속신들에 대한 훈호勳號
　127

풍요와 다산의 신성한 권능을 갖는 한국고
　대 군왕의 이미지　132

피부에 칠한 안료　68

【 ㅎ 】

하륜河崙　208

하백녀河伯女　124

한국고대 동명신화　127

한국고대에 뿌리를 둔 토속문화　5

한국고대의 군왕에 대한 관념　132

한국고대의 문화전통　228

한국고대의 세골장 문화　118

한국고대의 조각상을 사용한 제례의 여러
　유형　125

한국고대의 조상제례 조각상　125

한국고대의 토속적 효　115

한국현대 토속신앙　114

한 나라 양릉 출토 착의형 나체상　107

한반도 중북부 토속신앙　127

한양 천도를 점친 것　177

함부咸富　114

합단哈丹　58

해랑산도海狼山島　114

해안사海安寺　225

해와 달〔日月〕형상　100

현대의 착의형 인형들　108

현대 한반도 중·북부 지역의 무가巫歌
　128

현릉顯陵　12, 149

현릉 개조전 실측도　32

현릉 현실　26

현릉 현실 벽화의 세 층　28

현릉 현실 실측도　27

현릉 현실 충렬왕대 벽화　28

현종顯宗　127, 155, 157, 162, 165,
　168, 169

현종대 봉은사 진전 중시　167

현종대 천하다원론계 정책　155

현종원문대왕顯宗元文大王　216

현종의 왕통 정당성 강화　161

현화사玄化寺　156, 161

〈현화사비〉　157

혜종惠宗　146, 221

혜종릉　212

혜종소상惠宗塑像　12, 117, 148, 210

혜종의 소상塑像 및 진영　212

혜종의 조각상　222

혜종의 초상과 조각상　211

호족세력　145

호족출신 세력의 발호　146

화이론자華夷論者　151, 153, 156,
　162, 164, 165

화장사華藏寺　224, 229

화풍華風　162

화하華夏의 제도　163

확대 개축된 현릉　25

황도皇都　168

황성皇城　54, 160

황실제도皇室制度　92

황제국 제도　92, 153, 165

황제국 제도 부활　155

황제국 제도의 서술 문제　228

황제의 관복冠服　92

황제의 복색　105

황제의 복식　103, 153, 228, 229

황제제도를 중심으로 한 유교정치문화
　233, 234

황희黃喜　219

효사관孝思觀　178, 183, 186, 187,
　198, 199

효행 표창　115

후백제　92

후조선後朝鮮　216

흉례凶禮　152